徳川吉宗の武芸奨励

近世中期の旗本強化策

横山輝樹
YOKOYAMA Teruki

思文閣出版

小性組駈騎馬一之手（大久保彦兵衛組）
左：番頭・大久保彦兵衛忠宜
中：組頭・小幡孫市直昌
右：番士18名

小性組駈騎馬二之手（阿部出雲守組）
左：番頭・阿部出雲守正興
中：組頭・小菅猪右衛門正親
右：番士21名

小性組駈騎馬三之手（松平伊勢守組）
左：番頭・松平伊勢守康郷
中：組頭・小笠原宮内長剛
右：番士22名

書院番駈騎馬一之手（酒井日向守組）
左：番頭・酒井日向守忠佳
中：組頭・三宅惣九郎長房
右：番士23名

書院番駈騎馬二之手（杉浦出雲守組）
左：番頭・杉浦出雲守正奉
中：組頭・戸田外記忠就
右：番士22名

書院番駈騎馬三之手（酒井紀伊守組）
左：番頭・酒井紀伊守忠貫
中：組頭・高城清右衛門清胤
右：番士23名

◆カバーウラ図版（伊達羽織）について

享保11年の小金原鹿狩で駈騎馬（かけきば）を勤めた小性組・書院番の番士たちの伊達羽織。番士の人数は『御遊猟細記』（二）によるが、『柳営日次記』享保11年３月27日の条に記された人数とは若干の差がある。詳細は本書211～214頁を参照。

＊徳川吉宗の武芸奨励——近世中期の旗本強化策——

序論

本書は江戸幕府の八代将軍徳川吉宗（在職　一七一六～一七四五）が実施した武芸奨励、特に旗本（旗本五番方）に対する武芸奨励の実態解明を目的とし、その歴史的意義を見出そうとするものである。

徳川吉宗は、徳川御三家のひとつである紀州藩二代藩主、徳川光貞（在職　一六六七～一六九八）の四男として、貞享元年（一六八四）十月二十一日に和歌山城下に生まれた。幼名は源六という。母親が素性のあやしい者であったため和歌山城内で養育されることを許されず、紀州藩士加納五郎左衛門のもとで五歳まで過ごし、その後和歌山城に引き取られることとなる。

元禄七年（一六九四）に通称を源六から新六郎に改め、実名は頼方と称した。同八年、朝廷官位の従五位下に叙せられ、主税頭に任じられた。同九年、十三歳の時に五代将軍徳川綱吉（在職　一六八〇～一七〇九）への初御目見（将軍に初めて拝謁すること）を果たし、同年十二月には官位が進み従四位下左近衛権少将となった。同十年、江戸の紀州藩邸への綱吉の御成の際、頼方（吉宗）は次兄頼職（光貞三男。光貞の次男は早世）とともに三万石の領地（越前国丹生郡）を与えられたが、実際に領地に赴くことはなく、それまでと同様、和歌山城にとどまっている。同十一年、父光貞が藩主の座から退き、頼方の長兄綱教が三代藩主になった。しかしその七年後の宝永二年（一七〇五）五月、綱教は四十一歳で死去し、次兄頼職が四代藩主になったものの、頼職も同年九月に死去してしまう。同年十月、頼方は五代藩主となり、同年十二月に従三位左近衛権少将に昇進し、将軍綱吉から諱の一字を授けられ、実名を頼方から吉宗に改めた。

吉宗が紀州藩主として藩政を司ったのはおよそ十年間。この間、農政改革を進めると同時に倹約を徹底し、当時財政窮乏にあった紀州藩を立て直した。藩士に対しては「芸目付」を設置して武芸を奨励するなどしてその気風の是正に努めたという。[1]

紀州藩における吉宗の統治が進むなか、江戸にあっては六代将軍徳川家宣が将軍職にあること三年で正徳二年（一七一二）に死去し、その跡を継いだ七代将軍徳川家継も正徳六年（一七一六、六月に享保と改元）四月に夭折し、徳川本家の血筋が絶えるという緊急事態に陥る。本来であれば御三家筆頭の尾張徳川家の藩主がその後継者として招かれる筈であったが、尾張徳川家自体も藩主の相継ぐ死去により傍系が藩主の座にあるという状況にあったため、将軍職を要求することが難しかった。この様な偶然が重なり、同時に紀州藩主としての手腕が評価されたということもあり、吉宗は将軍家の後継者となった。享保元年（一七一六）八月十三日、吉宗は朝廷から征夷大将軍の宣下を受け、その後三十年の間、将軍として幕政に臨むこととなったのである。[2]

享保改革と武芸奨励

将軍となった吉宗は後世に「享保改革」と称される幕政改革に乗り出す。判決の基準となる『公事方御定書』の編纂に代表される司法改革、能力主義に基づく足高制の導入や勘定所の整備といった官僚機構の整備、首都圏の再編、町火消の設置や風紀の取り締まりといった市政改革、上米制や新田開発、倹約令、米価調整、貨幣改鋳などの財政再建策、さらには、国内産業の充実を目論んだ薬種の調査・栽培、海外の実学導入のための漢訳洋書の輸入緩和にいたるまで、その改革は広範にわたるものであった。[3]

こうした種々の施策を推進すると同時に、吉宗は当時安逸に流れていた幕臣の気風を引き締めるため、武芸奨励を推進した。吉宗の年代記である『有徳院殿御実紀』（江戸幕府の正史である『徳川実紀』の一部）の附録、『有徳院殿御実紀附録』には、吉宗のさまざまな言動が記録されている。同書の「御家人太平になれて。武芸にをこた（怠）

らむ事をなげかせ給ひ。ひたすら講武の事を沙汰せられける」[4]という一文は、それを端的にあらわしたものであろう。

さて、吉宗が武芸を奨励したということはすでに広く知られている。徳富猪一郎（蘇峰）『近世国民史』[5]の様な古典的名著をはじめとして、吉宗に関する伝記や概説書の類にあっても言及されているところである。具体的には武芸上覧の度重なる実施、狩猟の復興、在野および非幕臣の武芸者の登用、歩射儀礼・騎射儀礼（歩射とは歩行立ち、すなわち馬に乗らずに行う弓射）の研究と復興、大炮開発、海外武芸の研究・上覧、これに加えて、新刀の開発や馬の品種改良など、多方面に及ぶものであり、これらについての個別研究の蓄積もある。[6]しかし一方で、大きな課題が残っている。それは、旗本五番方（旗本で構成された軍事部隊）に対する武芸奨励についての分析である。

旗本五番方の強化と武芸奨励　吉宗の武芸奨励を俯瞰する時、旗本五番方に対するそれが最も重要な意味を持つ。それゆえに分析を進めねばならない。これが本書の基本的な立場である。それは、五番方がいかなるものであるか、五番方に武芸を奨励せねばならない理由を考えた場合、おのずから導き出されるものであろう。

旗本とは将軍拝謁を許された上級の幕臣である。幕府内にはさまざまな軍事部隊が編成されているが、「五番方」と総称される書院番、小性組、大番、新番、小十人組の各部隊は、すべて旗本によって構成されている。五番方は平時においては重要拠点での駐屯や将軍の護衛、江戸城内の警衛などを主たる任務とし、戦時においては幕軍の主力部隊としての役割を果たすこととなる。すなわち、幕軍の中核として五番方は存在しているのであり、五番方に所属する旗本には戦闘者としての一定の力量が求められるのである。しかしながら、太平の世にあって質実剛健の士風は廃れ、五番方を構成する旗本も惰弱化していく一方であった。

旗本に対する武芸奨励とはこうした風潮に歯止めをかけ、逞しい旗本を増やそうとするものであり、畢竟、幕府の軍事力の土台を保全するということであった。旗本に対する武芸奨励の目的は極めて大きいのである。問題は、武芸奨励がどれほどの効果を発揮したかということである。第一章で取りあげる通り、旗本に対する武芸奨励は吉宗期以前から実施されていたものの、必ずしも旗本が武芸に励むことには繋がらなかった。尚武の気風を次第に失いつつある旗本と、それに対して有効な対策を打てない幕府。この矛盾は解消されないままで吉宗に持ち越された。本書で明らかにする通り、吉宗の武芸奨励とはこの矛盾に対するひとつの解答となるべき水準のものであり、その手法は後世の範となるものであった。吉宗による武芸奨励全体のなかで、旗本五番方に対する武芸奨励を最も重要なものとする所以である。

先行研究の問題点　さて、こうした観点で先行研究の成果をみるならば分析を進める余地は多分にある。つまり、旗本五番方を対象とした武芸奨励、直接的には武芸上覧や狩猟の復興がこれに該当しようが、これら二種の武芸奨励については分析が進んでいないのである。武芸上覧とは将軍みずからが武芸を観閲するというものであるが、その主たる対象（上覧参加者）は五番方であった。また、狩猟、特に大規模な狩猟においては五番方が勢子《せこ》の主役となった（勢子については後述）。いずれも事例は豊富であるにも関わらず、研究が進んでいるとは言い難い。

たとえば武道学の泰斗今村嘉雄氏は、その著作『十九世紀に於ける日本体育の研究』において、『徳川実紀』の記述から歴代の将軍による武芸上覧・狩猟の実施回数を提示するという壮大な成果をあげた[7]。氏の成果は本書の先駆けとして位置づけられるものの、不十分な点もあるといわざるを得ない。吉宗期における武芸上覧や狩猟が、前代までと比して量的に充実したということは分かるものの、その量的な充実がいかなる意味を持つのかというところにまでは論が及んでいないのである。言い換えれば、氏の成果とは、吉宗によって武芸が奨励されたという旧来の言説を、武芸上覧・狩猟の実施回数の提示によって裏打ちしたということにとどまり、そこに何らかの質的な変化を見出すというものではない。質的な変化をそこに見出せないのであれば、吉宗が武芸上覧や狩猟を繰り返したことは、要するに武芸好きの将軍による一過性のものであったということになる。吉宗の取り組みは、その様な評価に甘んじるものであるのか。

また、歴史学の分野にあっては、吉宗の武芸上覧を主題とした研究は筆者の知る限り皆無であり、頻繁に実施されたという事実に言及される程度である。一方で、中絶状態にあった将軍の狩猟を吉宗が復興したことに関する研究は多い。ただしそれは、狩猟の復興による猟場の整備や周辺地域の禁猟政策、鉄炮管理の問題など、狩猟それ自体の研究というよりは、狩猟に関わって実施された地域政策を分析の主題とするもの、あるいは狩猟にかかる儀礼についての研究が中心である。(8)

狩猟の持つ軍事的・調練的な性格、ことに狩猟に際して旗本が勢子として動員されたことの意味について論じた研究としては、高見澤美紀氏の「享保改革期における将軍狩猟と旗本政策――享保一〇年小金原鹿狩の検討から――」(9)がある。氏は享保十年(一七二五)に実施された小金原鹿狩について、旗本層の再編成と将軍権力の強化という観点で評価している。旗本に対する武芸奨励を分析するという本書の目的と極めて近い立場であるといえる。しかし高見澤論文は、同年の小金原鹿狩にいたる勢子運用の試行錯誤についてはほとんど論じていない上に、より大規模な勢子動員が見られる翌十一年の小金原鹿狩についても論じていない。旗本に対する武芸奨励として狩猟を論じる場合、これらの論点を取り入れる必要があると考える。

以下、本書は右の課題を解決すべく分析を進めていく。

第一章では、吉宗期の武芸奨励を論じる上で前提となる問題を把握する。すなわち、五番方の概要とその先行研究の問題点、および吉宗期以前に実施された武芸奨励の限界について論じるということである。さらに、吉宗がなぜ武芸を奨励したのかについても考える必要がある。この点は、武芸の積極的な奨励が吉宗の嗜好によるものという従来の定説に新たな評価を加えることになろう。

第二章では、吉宗期の武芸奨励のなかで、これまでほとんど論じられることのなかった惣領《そうりょう》番入《ばんいり》制度について論じる。同制度は、主として五番方に属する旗本の惣領（旗本家の跡取り、次期当主）を対象とし、惣領各人の武芸への取り組み方を吟味した上で、家を継ぐ前に五番方の一員として召し出すという制度である。制度上の優遇をともなう武芸奨励であり、吉宗期以前にあっては見られなかったものである。

第三章では五番方に属する旗本を対象に繰り返された武芸上覧と、武芸上覧と補完し合う位置にあった武芸見分について論じる。先行研究において明らかにされている武芸上覧の度重なる実施がいかなる意義を持つのか、これを明らかにしたい。

第四章では吉宗によって中絶状態から再興された狩猟について、これを勢子運用の発展という観点から取りあげる。狩猟にあって、獲物を追い出し、あるいは止めをさすのが勢子であるが、中絶状態からの再興という停滞期を経て、勢子の経験者がほぼ皆無であるというなか、吉宗はいかにして高度な勢子運用を実現していったのか。

第五章では、勢子運用の発展を土台として実現した、小金原鹿狩を取りあげる。小金原鹿狩とは享保十年・十一年に小金原（現千葉県松戸市）で実施された狩猟であり、吉宗期の狩猟では最大の規模を誇る。小金原鹿狩で繰り広げられた極めて高度な勢子運用について、その意義を提唱する。

終章では第五章までの分析を統合し、吉宗による旗本に対する武芸奨励がいかなるものであったのか、その歴史的意義について考察する所存である。

なお、本書の目的上、「武芸奨励」とは旗本（旗本五番方）に対するそれを意味することとする。御家人層をも対象とする武芸奨励全体を意味する場合などは、適宜その旨を記載する。また、翻刻史料に付された読点・中黒・傍注・傍点などはすべて本書筆者によるものである。旧字体については原則として新字体に改めた。

（1）『南紀徳川史』（一）、清文堂出版、初版一九三〇年・復刻一九八九年。

（2）以上、吉宗が将軍となるまでの来歴については以下の文献による。徳富蘇峰『近世国民史』（二一、吉宗時代）、民友社、一九二六年／辻達也『徳川吉宗』吉川弘文館、一九五八年／同『徳川吉宗公伝』日光東照宮社務所、一九六二年。

（3）享保改革についての研究をすべてあげることは出来ないが、註（2）にあげたものの他、総論としては辻達也『享保改革の研究』創文社、一九六三年／同『江戸幕府政治史研究』続群書類従完成会、一九九六年／大石慎三郎「享保の改革」、『日本歴史大系』（三）所収、山川出版社、一九八八年／高埜利彦「一八世紀の日本――泰平のなかの転換」、『岩波講座日本通史』（一三）所収、岩波書店、一九九四年／笠谷和比古『徳川吉宗』筑摩書房、一九九五年／大石学『吉宗と享保の改革』東京堂出版、初版一九九五年・改訂二〇〇一年／同「享保改革と社会変容」、『日本の時代史』（一六）所収、吉川弘文館、二〇〇三年などがある。ただし、本文でも指摘した通り、これらの文献にあって、武芸奨励についての記述はほとんどない。

（4）『有徳院殿御実紀附録』、『徳川実紀』（九）所収、吉川弘文館、一九七六年。

（5）前掲註（2）。

（6）吉宗と弓馬儀礼との関係については、小山松吉「日本弓道概論」、『弓道講座』（一）所収、雄山閣出版、初版一九四一年・復刻一九九四年／斎藤直芳「日本弓道史」、同前書所収／「騎射」『日本武道大系』（四、弓術）所収、同朋舎出版、一九八二年／「小笠原流」同前書所収／入江康平「弓術流派としての小笠原流の位置づけについて」、『弓道資料集』（四）所収、いなほ書房、一九九〇年／石川久夫『近世日本弓術の発展』玉川大学出版部、一九九三年などがあげられる。

海外の武芸、馬の品種改良などについては、大庭脩『江戸時代の日中秘話』東方書店、一九八〇年／同「解題」、『享保時代の日中関係資料』（二、朱子三兄弟集）所収、関西大学出版部、一九九五年／同『徳川吉宗と康熙帝――鎖国化での日中交流』大修館書店、一九九九年／濱學「唐人馬医劉経先のこと――近世獣医史の中から――」、『日本獣医史学雑誌』（二五）所収、一九八九年／今村英明「徳川吉宗と洋学」（その一、軍事・工学）、『洋学史研究』（一九）所収、二〇〇二年など。

鉄炮・大炮開発については、同右今村論文、郡司健の「享保期の異国船対策と長州藩における大砲技術の継承――江戸中期の大砲技術の展開――」、笠谷和比古編『一八世紀日本の文化状況と国際環境』所収、思文閣出版、二〇一一年など。

この他、魚住孝至「一八世紀における武術文化の再編成――社会的背景とその影響――」（同前書所収）では、流派武芸との関わりにおいて、吉宗による武芸奨励が論じられている。

（7）今村嘉雄『十九世紀に於ける日本体育の研究』第一書房、一九八九年。

（8）村上直・根崎光男『鷹場史料の読み方・調べ方』雄山閣出版、一九八五年／大石学『享保改革の地域政策』吉川弘文館、一九九六年／根崎光男『将軍の鷹狩』同成社、一九九九年／同『江戸幕府放鷹制度の研究』吉川弘文館、二〇〇八年／岡崎寛徳『鷹と将軍　徳川社会の贈答システム』講談社、二〇〇九年など多数。

（9）高見澤美紀「享保改革期における将軍狩猟と旗本政策――享保一〇年小金原巻狩の検討から――」、『千葉史学』（三〇）所収、一九九七年。

第一章 ■ 衰えゆく尚武の気風と吉宗の登場

序論で述べた通り、本書は吉宗による武芸奨励、特に旗本五番方に対する武芸奨励を論じるものであるが、まずは議論の前提となる問題を整理しておく必要があろう。第一に、五番方番士についての定義と、その先行研究の問題点の把握。第二に、吉宗が五番方番士に武芸を奨励する上で前提となる、吉宗期以前の武芸奨励の限界について。第三に、こうした論点を踏まえ、積極的に武芸を奨励した吉宗の意図を論じることとする。

第一節　旗本五番方について

五番方(1)とは旗本で構成された書院番、小性組、新番、大番、小十人組という五つの番組を総称したものであり、それぞれが複数の組で成り立っていた。いずれも将軍直轄の軍事部隊であり、戦時にあっては幕軍の主力部隊としての働きを担う存在であった。

書院番　平時には江戸城虎之間と中雀門・上埋門の警衛、諸儀式における将軍の給仕、将軍外出時の警備、江戸市中の巡回、駿府在番（駿府城に駐屯、寛政二年まで）などが職務である。時期により組数には増減があるが、本書第二章第三節で取りあげる享保十五年段階では江戸城本丸に八組、西丸に四組あった。各組は番頭一名（若年寄支配、諸大夫《しょだいぶ》、与力十騎、同心二十名）、組頭一名（若年寄支配、布衣《ほい》）、番士定員五十名（番頭支配、御目見以上）で構成されている(2)。諸大夫役にある者は朝廷官位としては従五位以上に位置し、格の上では大名に匹敵する上級旗本である。また、布衣役にある者は幕府内の儀式に際して布衣（無紋の布狩衣）を着する資格を有し、旗本のなかでは中堅に位置する。組を率いる番頭が諸大夫役、その補助を勤める組頭が布衣役というところから分かる通り、書院番とは五番方のなかでも特に格の高い軍事部隊であり、小性組と合わせて「両番」と呼ばれた。

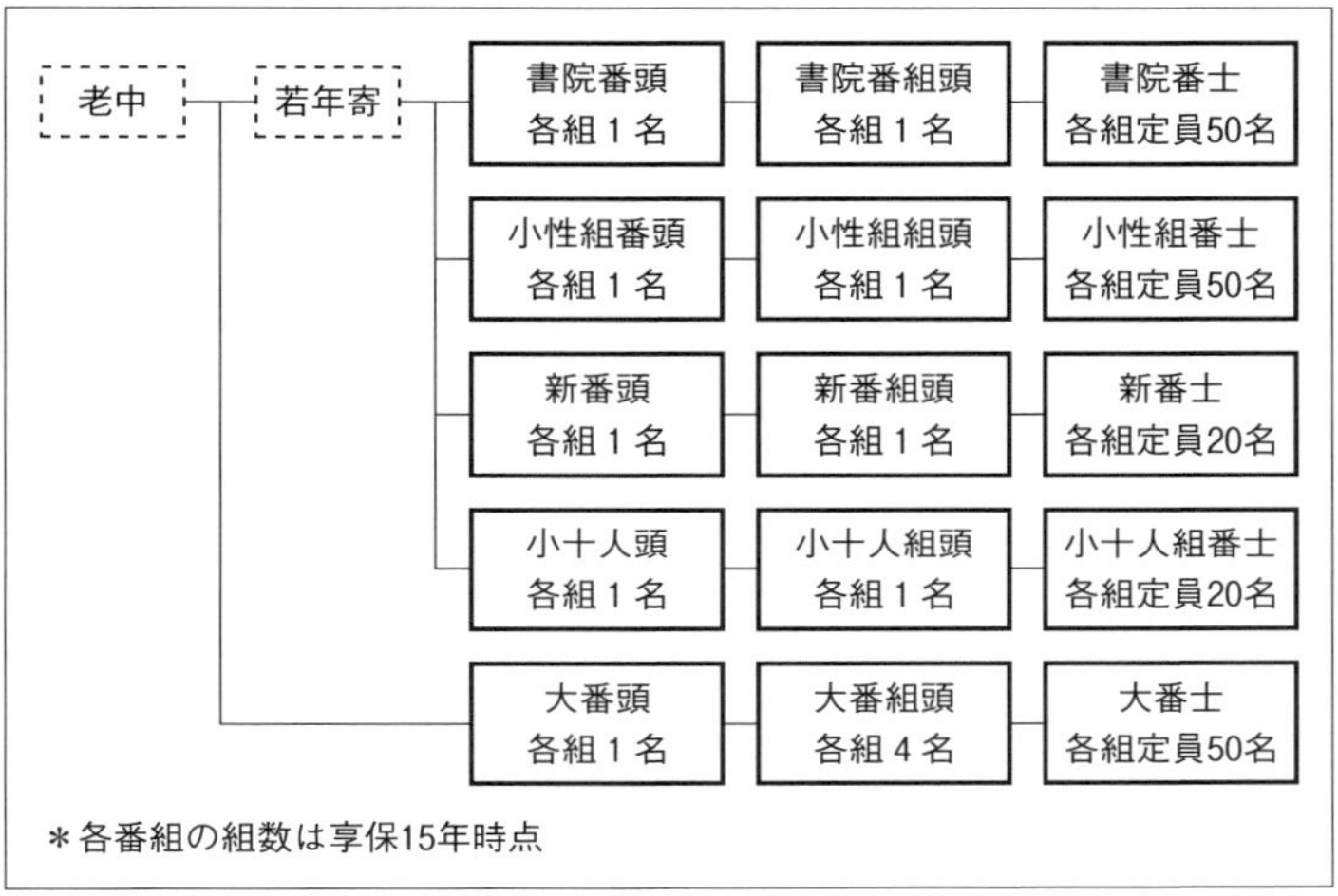

五番方の組織図

小性組　平時には江戸城紅葉《もみじ》之間を詰所とし、将軍外出の際の身辺警固、儀式における給仕などを職務としている。時期により組数に増減はあるが、享保十五年段階では本丸に八組あった。各組は番頭一名（若年寄支配、諸大夫）、組頭一名（若年寄支配、布衣）、番士定員五十名（番頭支配、御目見以上）で構成されている。(3)

新番　江戸城桐之間の勤番（正徳三年、一七一三年以降）、将軍外出の際の前駆、江戸城内の巡察などを職務としている。時期により組数には増減があるが、享保十五年段階では本丸に六組、西丸に三組あった。各組は番頭一名（若年寄支配、布衣）、組頭一名（番頭支配、御目見以上）、番士定員二十名（番頭支配、御目見以上）で構成されている。(4)

大番　平時には江戸城二丸・西丸の警備や江戸市中の巡回の他、上方在番（大坂城・二条城に駐屯）を職務とする。江戸幕府の成立以前から設置されている大番は、五番方のなかで最も古い歴史を持つ番組であり、幕府の軍事部隊としては最大の規模を誇った。組数は寛永九年（一六三二）以来十二組あり、各組は番頭一名（老中支配、諸大夫）、組頭四名（番頭支配、御目見以上）、番士定員五十名（番頭支配、御目見以上）で構成されている。[5] 両番と併せて「三番」と総称されることもある。

小十人組　平時は江戸城内の小十人番所に詰め、将軍外出の際には前駆を勤めた。文化十一年（一八一四）に書かれた幕府職制の手引書である『明良帯録』に「御先御供をいたし駈走第一なり」[6] とある通り、他の四番（書院番・小性組・新番・大番）が騎兵部隊であるのに対し、小十人組は歩兵部隊であり、小禄の旗本で編成されていた。時期により組数に増減はあるが、享保十五年段階では本丸に七組、西丸に四組が設置されている。各組は番頭一名（若年寄支配、布衣）、組頭一名（番頭支配、御目見以上）、番士定員二十人（番頭支配、御目見以上）で構成されている。[7]

さて、歴史学において、これら五番方を扱った研究は多い。戦前にあっては松平太郎氏[8]、三上参次氏[9]、栗田元次氏[10] の研究がその代表例であるが、戦後にあっては北島正元氏[11] や藤野保氏[12]、煎本増夫氏[13] による研究がその先駆けをなすものであった。また、新見吉治氏[14] や進士慶幹氏[15] の旗本に関する研究のなかでも五番方が取りあげられている。研究の蓄積として最も充実しているのが、寛永九年（一六三二）以降の三代将軍徳川家光の親政における五番方の再編と拡充についての研究である。[16] それ以降の時期の研究としては、正徳期（一七一一〜一七一六）の大番・新番・小十人組番士の出自やその転任・昇進などについて扱った横山則孝氏の研究があげられよう。[17]

五番方についての研究は着々と進んでいる訳であるが、一方で問題点もある。それは軍事部隊を構成するに足る、逞しい番士の養成がいかなるものであったか、その方策を取りあげた研究がないということである。そもそも、五番方は戦時にあって幕軍の主力となる軍事部隊である。そうである以上、部隊に人員を配置したのみでは軍事政策にはならない。戦国時代の余風が残っていた頃であれば、五番方に人員を充実させるのみで軍事政策としてては成り立ったかも知れない。しかし、大平の世が続くなかにあって、五番方番士の武勇を保つ施策がなければ、五番方の軍事部隊としての水準は下がる一方であろう。(18)

むろん、江戸時代はその成立期と末期を除いては戦乱のない時代であり、戦国時代の武士と同等の武勇を江戸時代の武士に求めるのは難しいであろうし、その必要もなかろう。しかし、太平の世を維持していくに足るだけの武勇を番士に身につけさせておく必要はあったであろうし、それは軍事組織としてのあり様の前に、武人であるところの武士の本分に関わることでもあったはずである。そのための施策が武芸奨励であったと筆者は考える。言い換えれば、戦乱のない時代には、武芸を奨励するしか番士の武勇を高める術がなかったともいえよう。

吉宗期以前の幕府は、番士に対してどの様な武芸奨励を実施したのであろうか。また、それはどれほどの成果をあげたのであろうか。このことは一方で、吉宗期の武芸奨励を分析する上で前提となる。つまり、吉宗による武芸奨励とはどの様な状況で始まったのか、その点を明らかにした上でなければ、吉宗による武芸奨励の評価は難しいのである。第二節では、家光以降の武芸奨励について、特に五番方番士を対象とした武芸奨励について分析する。

第二節　吉宗期以前の武芸奨励

〈第一項〉家光の憂慮

正保二年（一六四五）八月十五日、三代将軍徳川家光（在職　一六二三〜一六五一）は両番（書院番、小性組）に対して上意を出した。(19)

家光が讃岐守（大老酒井讃岐守忠勝であろう）の下屋敷（別邸）を訪れた際、御供の両番士に水泳を命じたところ（「水あひ可申旨被　仰付候処」）、番士は泳ぎ方を知らないという（「游不奉存由申上候」）。これだけ多くの番士がいるなかで泳ぎ方を知らないという訳はあるまいと家光が重ねて命じたところ、二、三人の番士が泳ぐことになった。しかしその様子は泳いでいるとはとてもいえないものであった（「およき申程之事には無之」）。また番士に乗馬を命じたところ、「地道」（馬を並足で歩かせる乗り方であり、基本の乗り方）が出来る程度であった（「地道計漸乗申候」）。

こうしたあり様に対して家光がいうには、江戸城の堀で泳ぐことを禁じているので、番士が泳げないということは仕方ない。しかし、乗馬については高田馬場で稽古する様に前々から命じているではないか（「馬之事ハ高田馬場を久被　仰付候」）。何の芸であっても二、三年稽古すれば出来ないものではないのに（「何之芸も弐三ヶ年稽古仕候得者不成儀者無之物ニ候」）、こんなあり様は番士として嗜みがないということである（「右之仕合無嗜ニ被　思召候事」）。

さらに家光の上意は続く。水泳や馬術に限らず、弓術や馬術など、武芸には色々ある。自身の才能によってそれぞれに巧拙はあるであろうから（「其身器用ニより甲乙ハ有之事に候」）、すべての武芸に堪能であれと思っている訳ではない（「万を上手ニ罷成候得との　思召ニ茂無之候」）。侍の芸である武芸を心がけ、嗜もうという心を持つことが大事なのである（「侍之芸をは先心懸、嗜心添専一ニ候」）。武芸は侍の学ぶべきものであり、本来、上から武芸に励めと命じるには及ばないことである（「武芸ハ侍之道ニ而候間、上ゟ不及被　仰聞候」）。それなのにこうしたあり様であるというのは番士を率いる番頭の意識が低いためであると考える。今回こうして上意を発するからには、大方の者にはこの道理が分かるであろう。上意の趣はおよそこの様なものであった。

『徳川実紀』の一部であり将軍家光の事歴が編年で記されている『大猷院殿御実紀』[20]によると、この上意が出された八月十五日、家光は頭痛を患っており、讃岐守の下屋敷（別邸）に訪れたのは別の日であろうが、ともあれ、両番士の武芸への取り組み方に不満を示し、懇切に武芸励行を命じていることが分かる。

高田馬場とは寛永十三年（一六三六）、現在の東京都新宿区に設けられた幕臣のための馬術稽古場である。同馬場の設置は正月十日に発表され、その際、三番（書院番・小性組・大番）の番士から家禄二百石につき一人ずつ人足を出すことが命じられ、工事は同月十六日から始まった。[21]完成したのがいつであるかは不明であるが、翌二月六日には小性組土井遠江守組の番士に乗馬を命じていることから、[22]それまでには完成したのであろう。また、同二月には高田馬場における規程が出されているが、[23]その一条には小性組・書院番・大番の番士は一日に一組ずつ馬術の稽古をせよとある（「小性組・書院番・大番之面々、一日ニ一組宛可乗之」）。これが三番すべてで一組ずつであるのか、それぞれの番組で一組ずつであるのかは分からないが、それなりの稽古量が求められていることは明らかである。家光の上意にあるところの「馬之事ハ高田馬場を久被　仰付候」とはこの様な稽古命令を指しているのであろうが、高田馬場設営より九年後の正保二年には前述の状態であった。

この正保二年という年は、寛永十五年（一六三八）の島原の乱鎮圧から七年後に当たる。また、正保元年には中国で王朝の交替があったが（明清交替）、この際、明から日本に援兵の要請があった（幕府は拒絶）。すなわち内外の緊迫した雰囲気が残っているはずであるのが正保二年という年なのである。そうしたなかで自身の親衛隊である両番士に武芸に励めと諭さねばならない家光の心境はいかばかりのものであったか。

残念ながら、この上意の後も家光の憂慮は解消されなかったと思われる。翌正保三年六月十四日、老中から諸番頭への申渡には、「於高田馬場馬乗候事幷水稽古事、近頃令懈怠之由被　聞召之、無油断可相嗜之旨、其組々え可相達」とある。[24]高田馬場の馬術稽古および「水稽古」（水泳の稽古か、あるいは騎乗したまま川を渡る「水馬」の稽古であろう、第三章第一節第一項参照）について、近頃番士が怠けているという話があるが油断なく稽古するように、という家光の命令が下っているのである。正保二年、あれほど丁寧に武芸への取り組みを説いたにも関わらず、その一年後には再びこうした命令を出さねばならなかった訳である。

同様の事例は家光以降にも見られるところである。

元禄七年（一六九四）七月十八日、五代将軍徳川綱吉（在職　一六八〇～一七〇九）は諸番組を率いる番頭に対して番士の学問励行・弓馬励行を命じた。[25]

口上之覚

一、御番衆、学問常々心掛候様、弥可被申聞事

一、御番衆、的可被　仰付候間、可有其心得候、弓矢等かさり候様成義ハ、堅無用候、手前あたり等専要之事、

右者、不限今度、常々相嗜候様ニ、組中可被達候、惣而賭的之類者可為無用候事

以上

七月十八日

口上之覚

一、御番衆、高田馬場におゐて乗馬申付、番頭可致見分旨被　仰出候事

一、馬つくろい候様成義者堅無用ニ候事

一、馬具等取餝候事、不入義ニ候、馬達者ニ乗候義、専要候事

一、高田馬場へ罷出候時分、道中又は先におゐても、従者之儀作法能様ニ可被申聞事

一、今度ニ不限、乗馬之義常々相嗜候様ニ組中江可被達之候事

以上

七月十八日

右之通相触候者也

右の覚よりも明らかな通り、番頭による番士の弓術・馬術についての見分を命じ、今回の触に限らず常々弓馬の稽古をする様に（稽古をさせる様に）と命じている。番士に対する武芸の見分がこの時に始まったのかどうかは

不明であるが、少なくともこの時点で、武芸見分が番士への武芸奨励の一環として考えられていたことは明らかである。しかしながら、この命令のあった七年後の宝永四年（一七〇七）十一月には、「弓馬之儀、怠不申候様ニと被　思召、毎年被仰出候処、罷出候者次第ニ令減少、別而当年抔ハ人少ニ罷成候」(26)という状況に陥っている。この文言から判断するに、どうやら綱吉期にあっては毎年弓馬励行の命令が出ていた様であるが、それでもこの様な状況に陥っているのである。

〈第二項〉家宣・家継期の武芸見分と上覧

綱吉の死後、徳川家宣が朝廷から征夷大将軍に任命されるまでの間に当たる宝永六年三月五日（家宣の将軍宣下は同年五月一日、在職一七〇九～一七一二）、大番に対しては老中から、他の四番に対しては若年寄から、将軍宣下の後で五番方番士の弓馬上覧を実施する旨が申し渡された(27)。さらにこの申渡は、上覧に先立って番頭による弓馬見分の実施をも命じ、御目見以下の御家人で構成される鉄炮部隊には鉄炮稽古、歩兵部隊である徒組《かち》には水泳の稽古など、広範囲にわたって武芸を奨励するものであった。

将軍　宣下、御観式も相済候ハヽ、御番衆弓馬被遊　上覧候義可有之候、右之段被
仰出候節者、其前各可致見分候、只今迄之通御番衆弓馬定式之見分者致間敷候間、向後者本郷馬場ニおゐて、
乗馬順之番頭衆、無懈怠見分可有之候

右は若年寄から両番頭や新番頭などに対して出された申渡の一部であり、特に注目したい部分である。大番や小十人組に対する申渡にも同様の文面が見られる。今までの若年寄による番士の定例弓馬見分は実施しないものの、上覧の前には若年寄による弓馬見分をする、番頭も見分を実施する様にというものである。今村嘉雄氏によれば綱吉期にあっては若年寄による弓馬見分が実施されており(28)（弓術は三十五回、馬術は四十一回）、右の箇所はそ

れに関わるものであろう。

『徳川実紀』の一部、家宣の事歴を記した『文昭院殿御実紀』[29]によると同年九月二日に弓術見分、同月十二日に馬術見分が若年寄加藤越中守明英によって実施された。同書には記載されていないものの、番頭による弓馬見分は若年寄による見分に先立って実施されたものと思われる。番頭・若年寄による見分を経て、九月二十三日には五番方番士一四三名の参加した弓術上覧が、三日後の二十六日には一六九名の参加した馬術上覧が実施された。相当に大規模な武芸上覧が実施されたといえる。

この様な、上覧の実施とそれに先立つ見分の実施という図式はその後も見られるところであり、たとえば正徳元年（一七一一）の場合、四月五日に弓術見分、同月十三日に馬術見分が若年寄久世大和守重之によって実施され、同月二十六日に弓術上覧、翌月七日に馬術上覧が実施されている[30]。第三章で論じる通り、上覧と見分との連携は吉宗期にあっても見られるところであり、そうした意味で、家宣期の武芸奨励は吉宗期のそれに先立つものといえる。しかしながら将軍家宣が正徳二年（一七一二）十月十四日に急死したことにより、上覧と見分との連携は解消されてしまった。

数え年三歳で家宣の跡を継いだ幼君家継（在職　一七一三〜一七一六）の代にあっても弓馬見分は実施され（家継の年齢ゆえか、上覧の事実はない[31]）、それに関わる若年寄による見分や番頭による見分の諸規定も二度にわたって発せられているものの[32]、一方で正徳六年（一七一六）二月二十九日には五番方それぞれに対して、以下の様な申渡が出される事態になっている[33]。

御番衆弓馬之義、前御代被仰出通、弥精出心懸候様可仕候、組中不精ニ候も有之候様相聞候、古来ハ番頭中遂見分、吟味有之候処、近来者頭中見分無之旨に候、向後ハ前々之通、弓ハ頭之宅、乗馬ハ本郷馬場に於て不絶可有見分候、不時に若年寄見分も可有之候間、可有其意候

右之通大番・御書院・番御小性・新番頭江同文言小十人頭ハ文言御番衆之所作役中

右之書付大番頭江河内守其外江鳥居伊賀守渡之

御番衆の弓馬鍛錬について、「前御代」（家宣）に仰せがあった通り、いよいよ出精すべきである。（しかし）番士が怠けているということも聞いている。昔は番頭が弓馬見分をするはずであったのに最近は実施されていない。今後は前々のとおり弓馬見分を実施せよ。臨時に若年寄による見分もあるのでそのつもりでいる様に。およそこの様な内容である。家宣の死とともに、上覧と見分の連携は崩れてしまったのである。

第三節　吉宗の登場と武芸奨励の意図

享保元年（一七一六）に将軍となって以来、吉宗は幕臣に対してさまざまな武芸奨励を実施した。その詳細は第二章以降で詳細に論じるが、そもそもなぜ吉宗が武芸を奨励したのかについて、明らかにしておく必要がある。吉宗が武芸を奨励した動機については、従来、以下の二点から説明されてきた。

第一点は、吉宗自身の嗜好である。吉宗は将軍就任以前から武芸に対して並々ならぬ関心を寄せた人物である。「御みづからの射芸は。御幼き時よりすぐれさせ給へり。御壮年の比は一度に六千本づゝ。指弓を射給ひしとぞ」「御政務のいとま。弓馬の道を調練し給ふはつねのこと」など、『有徳院殿御実紀附録』には吉宗が武芸を好んだという逸話が多数収録されている。

第二点は、吉宗が番士の武芸鍛錬の不足、ひいては士風の頽廃を問題視したということである。

享保四己亥年五月廿三日

御支配方御列座、岡部左衛門佐・酒井対馬守江、石川近江守殿被仰渡候

於吹上一昨日廿一日、両人組乗馬被　仰付候処、未熟成様子、あやふミ候乗形ニ而、常々馬取扱不申様

ニ相見へ候、其内左様ニ無之も相見へ候、或者乗損候歟、落馬等之義者可有之事ニ付、乗形取繕見分能様ニ候との義ニ而ハ無之候、兼々弓馬稽古之義被 仰出候処、無心懸故と被 思召候、向後相嗜候様可相心得之旨、両人江被仰渡候様、右御番衆召呼可申渡之由、被仰聞候

右は、享保四年五月、吉宗が書院番（岡部左衛門佐組）・小性組（酒井対馬守組）の番士の馬術を上覧したところ、その技術が非常に低劣であり、番頭両名が訓戒を与えられたという記録である[34]（第三章にて詳述）。第二節で番士の馬術未熟を嘆いた家光の事例を取りあげたが、吉宗もまた、番士の馬術の未熟さを問題視しているのである。大御所時代の吉宗の言動を記録した『渋谷隠岐守筆記』（『柳営夜話』）には、「武芸を習ふ事、人々器用・不器用あれば、必ずしも上手に成らんことにはあらず。只、武士の家業なれば、習はずして叶はむ事と思ひて、勤むべきなり[35]」と吉宗が語ったとある。後述する通り、実際のところ吉宗が番士に求めた技量は、吉宗の主観はさておき、かなり高度なものであるものの、武士たる者が武芸に精を出すことを吉宗は当然と考えていた。序論で引用した「御家人太平になれて。武芸にをこたらむ（怠）事をなげかせ給ひ。ひたすら講武の事を沙汰せられける」という一文、すなわち吉宗が士風の頽廃を問題視したゆえに武芸を奨励したという説明は極めて妥当であって、恐らくはこの動機が最も大きい。

さらにもう一点付け加えるのであれば、五番方番士との親和を意図したという点も考えられよう。武芸上覧や狩猟を通じて、吉宗が五番方番士との交流を深めていったことを物語る逸話は多い。堪能であるはずがその日に限って騎射に失敗した番士に対して愛馬を与えて再挑戦させた逸話（『はつか草[36]』）や、狩猟の際、どうしても鳥を射落とせない番士に堀の鯉を射させ、汚名を返上させたという逸話（『有徳院殿御実紀附録』）がある。また、第三章・付論で取りあげる通り、武芸上覧や御供弓で活躍した番士は吉宗の面前で褒賞されるという名誉を獲得している。また、吉宗自身の弓術や砲術の腕前、身体能力の高さを見た幕臣が驚歎したという逸話も『有徳院殿御

実紀附録』には多数収録されている。

こうした出来事が繰り返されたとするならば、五番方番士の吉宗に対する思いは、漠然とした君主への忠義心にとどまらず、より実感をともなった尊敬の念として醸成されていったと考える。これも吉宗の意図するところであったということは、側近である渋谷隠岐守良信を通じて吉宗が世子家重（のちの九代将軍）に与えた訓戒に見出せる。吉宗は五番方の番士に狩猟の場で武芸の腕前を披露させ、褒賞を与えるということについて、

其有功《ウコウ》・無功《ムコウ》を試《コヽロミ》て金銀衣服《イフク》をとらする事ハ、第一旗《ハタ》本の者、外《ト》様に居る者にても、予を見知り見知らるゝ事なり、殊に両番の者共歴《レキ》々にて予《ヨ》が手足茂同意なれとも、近習《シユ》え（ママ）へハ遠し、紋付の衣類を貰《モラ》ふことすくなし、加様の時とらするハ其身も骨髄《コツズイ》にてつして難レ有と可存なり、然ハ手足にも可成儀なり

と述べている[37]。武芸に堪能の番士を褒賞することで信頼を獲得せよということであるが、これは褒賞に限らず、武芸奨励を通じた交流すべてに適用が出来よう。紀州藩主から将軍となり譜代・門閥層に対して一定の配慮を必要とした吉宗にとって[38]、五番方番士からの信頼獲得が見込める武芸奨励は不可欠の施策であったと思われる。

以上、吉宗その人に注目して武芸奨励の動機をあげるならば、右の三点に収斂される。ただし、第二節で明らかにした通り、そもそも五番方番士に対する武芸奨励は、吉宗期以前からの一貫した幕閣の姿勢であったことも忘れてはなるまい。それがどれほどの効果をあげたのかはともかくとして、士風頽廃を問題視し、武芸奨励を通じて五番方番士の逞しさを涵養しようという試み自体は、吉宗が将軍となる以前から存在した。すなわち吉宗は従来の方針を継承・発展させたという評価も十分に可能なのである[39]。第二章以降で論じる種々の武芸奨励は、吉宗自身の資質・信条・事情に加えて、幕府内で受け継がれた方針に基づいて実施されたのである。

軍事部隊であるところの五番方番士の武勇を保つため、吉宗期以前から武芸は奨励され続けた。しかし、第二節で確認した通り、番士が武芸に励むという成果には結びつかなかった。

小括

この点についてさらに分析を加えたい。家光が番士の馬術の未熟さに不満を示し、馬術出精を命じたということ、しかしその一年後には再度命じねばならないという事態を迎えたということは確認した通りである。注目したいのは正保二年八月十五日に番士の馬術励行を命じてから翌年六月十四日に再び励行を命じるまで、一度も馬術上覧が実施されていないということである。今村氏によれば家光の馬術上覧自体は十数度実施されている様であるが[40]、それは馬術励行令と一体のものではなく、家光自身が命令の効果を確認していないということになる。この間、家光による狩猟は複数回にわたって実施されており[41]、番士の馬術鍛錬（番頭による番士への馬術励行）の成果を確認する機会はあったであろうが、そうしたなかで六月十四日の命令は出された。

また、綱吉の場合、弓馬を奨励しつつも、番士を対象とした弓術上覧は一度、馬術上覧は二度に過ぎない[42]。さらに綱吉は狩猟を廃絶した訳であるから、狩猟の際に番士の弓馬を確認することも出来ない。前述の通り若年寄による弓馬見分は数十度にわたって実施されているものの、それが効果をあげなかったことは、第二節に引用した「弓馬之儀、怠不申候様ニと被　思召、毎年被仰出候処、罷出候者次第ニ令減少、別而当年抔ハ人少ニ罷成候」という一文から明らかである。

結局のところ、番士に武芸を奨励したところで（番頭に番士の武芸出精に関する指導を命じたところで）、将軍みずからの確認をともなわねば意味がないのである。これを如実に示しているのが家宣・家継期の事例であり、家宣の死去により武芸上覧が実施されなくなった後は、武芸見分も実施されなくなった。

この様な事例から、番士に武芸出精を促すには、将軍みずからが奨励に乗り出すということが不可欠であるということが分かる。吉宗の武芸奨励が際だっているのはまさにこの点である。武芸奨励そのものではなく、その奨励の手法に吉宗の独自性があるということなのである。

(1) 横山則孝「江戸幕府番方の範囲をめぐって」、『歴史学論文集』(日本大学史学科五十周年記念号) 所収、一九七八年。『近世中期大番筋旗本覚書』(八千代出版、二〇一一年) に再録。
(2) 『国史大辞典』「しょいんばんぐみ　書院番組」の項。
(3) 同右「こしょうぐみ　小性組」の項。
(4) 同右「しんばんぐみ　新番組」の項。
(5) 同右「おおばんぐみ　大番組」の項。
(6) 『明良帯録』、『史籍集覧』(一一) 所収、近藤活版所、一九〇一年。
(7) 『国史大辞典』「こじゅうにんぐみ　小十人組」の項。
(8) 松平太郎『江戸時代制度の研究』(上) 武家制度研究会、一九一九年。
(9) 三上参次『江戸時代史』冨山房、一九四三年。
(10) 栗田元次『江戸時代』(上)、内外書籍、一九二七年。
(11) 北島正元『江戸幕府の権力構造』岩波書店、一九六四年。
(12) 藤野保『幕藩体制史の研究』吉川弘文館、一九六三年／同「寛永期の幕府政治に関する研究」『幕藩制国家成立過程の研究』所収、吉川弘文館、一九七七年。
(13) 煎本増夫「初期江戸幕府の大番衆について」、『日本歴史』(一五五)、一九六一年。
(14) 新見吉治『旗本』吉川弘文館、一九六七年。
(15) 進氏慶幹『江戸時代の武家の生活』至文堂、一九六六年。
(16) 藤井讓治『江戸幕府老中制形成過程の研究』校倉書房、一九九〇年／同「平時の軍事力」、『日本の近世』(三) 所収、

中央公論社、一九九一年／小池進「将軍「代替」における江戸幕府軍隊の再編について」、『東洋大学大学院紀要』（二五）所収、一九八九年。『江戸幕府直轄軍団の形成』（吉川弘文館、二〇〇一年）に再録／同「幕府直轄軍団の形成」、『新しい近世史』（一）所収、新人物往来社、一九九六年。同前書に再録／同「旗本「編成」の特質と変容」『歴史学研究』（七一六）所収、一九九八年。同前書に再録／根岸茂夫『近世武家社会の形成と構造』吉川弘文館、二〇〇〇年。

(17) 横山則孝「江戸幕府新番成立考」、『日本歴史』（三〇二）所収、一九七三年／同「正徳元年末の新番衆について」、『史叢』（三〇）所収、一九八三年／同「『御家人分限帳』所載の小十人組衆について」、『商学集志』（人文科学篇一四―三）所収、一九八三年／同「正徳元年末の江戸幕府大番組頭について」、『総合文化研究』（一四―三）所収、二〇〇九年。いずれも前掲註(1)『近世中期大番筋旗本覚書』に再録。同書には書き下ろしの「近世中期の大番衆」という論考も所収されている。

(18) 近年においては、たとえば小倉宗氏が近世前期から中期にいたる上方の幕府軍事機構について分析している（「江戸幕府上方軍事機構の構造と特質」、『日本史研究』（五九五）所収、二〇一一年）。幕府の軍事組織についての研究が充実していくなかで、幕府の軍事機構を支える五番方番士を鍛える方策、すなわち武芸奨励を論じることに意義はあると考える。

(19) 『教令類纂』初集四十九「武術之部」、『内閣文庫所蔵史籍叢刊』（二二）所収、汲古書院、一九八二年。

上意之覚

一、讃岐守下屋敷江被為　成、御小性組・御書院番、両組御供番之者ニ水あひ可申旨被　仰付候処、游不奉存由申上候を、余多之中ニ水を不存儀ハ有之間敷と、重而被　仰付候処、其上にて二三人罷出候得共、およき申程之事には無之、其後馬を御乗セ被成候処に、地道計漸乗申候、水之儀ハ御堀を御法度被　仰付候間、縦練致候ハぬとも可申上儀ニ候、馬之事ハ高田馬場を久被　仰付候、何之芸も弐三ヶ年稽古仕候得者不成儀者無之物ニ候処、右之仕合、無嗜ニ被　思召候事

[中略]

一、川をおよき、馬を乗に不限、弓・鉄炮をはしめ、武芸色々有之内、其身器用ニより甲乙ハ有之事に候間、萬を上手ニ罷成候得との　思召ニ茂無之候、侍之芸をは先心懸、嗜心添専一ニ候、武芸ハ侍之道ニ而候間、上ゟ不及

被　仰聞候を、無心掛之段、頭中心入悪故と被　思召候、如斯利（理）を分候而申聞候ハヽ、十方（途方）もなきものハ格別、
大かた之者ハ得心不仕儀者有之間敷と被　思召候
八月十五日

(20)『大猷院殿御実紀』正保二年八月十五日の条、『徳川実紀』（三）所収、吉川弘文館、一九七六年。
(21)『江戸幕府日記』寛永十三年一月十六日の条、『江戸幕府日記　姫路酒井家本』（五）所収、ゆまに書房、二〇〇三年。
(22) 前掲註(20)、『大猷院殿御実紀』、寛永十三年二月六日の条。
(23) 前掲註(19)、『教令類纂』初集四十九「武術之部」。
(24) 同右。
(25) 同右。
(26) 同右。
(27) 同右。
(28) 序論註(7)、今村嘉雄『十九世紀に於ける日本体育の研究』。
(29)『文昭院殿御実紀』、『徳川実紀』（七）所収、吉川弘文館、一九七六年。
(30) 同右。
(31) 序論註(7)、今村嘉雄『十九世紀に於ける日本体育の研究』。
(32) 前掲註(19)、『教令類纂』初集四十九「武術之部」。
(33)『柳営日次記』、雄松堂フィルム出版、マイクロフィルム版。『柳営日次記』とは、文化年間（一八〇四～一八一七）における『徳川実紀』の作成にあたり、御用部屋日記を土台として作成された幕府の記録である。
(34)『教令類纂』（二集七十三）「武術之部」、内閣文庫所蔵史籍叢刊』（二六）所収、汲古書院、一九八三年。
(35)『古典大系　日本の指導理念』（二）、第一法規出版、一九八三年。
(36) 国立公文書館所蔵。
(37)『渋谷隠岐守聞書』、『賜盧拾葉』（八九）所収、国立公文書館所蔵。
(38) 序章註(3)、辻達也『江戸幕府政治史研究』。

(39)『有徳院殿御実紀附録』によれば、かつて老中であった酒井雅楽頭忠挙は、吉宗に対して「御家人の風俗よろしからず。文武の芸をたしむ人甚《(な欠カ)》少く。散楽。乱舞をのみこと、し。これにふける人多し。それも家の有無をかむがへ。文武の芸を講習するいとまあらば。なすまじきものにあらねども。家財乏しくしてありながら。をのが学ぶべき事をよそにして。遊学にのみふけること。いかにもあるまじきならはしなり。諸士の遊芸を禁じ給はゞ。風俗もをのづから正しくなるもとひともなり侍るべきにやと申す」と進言しているが、この文章からは、「御家人」（この場合、旗本を含めた幕臣一般を意味する）が文武の修行を怠っていること、遊芸に耽っていることを忠挙が問題視していることが分かる。士風の刷新と武芸奨励の必要性が吉宗と幕府上層部との間で共通認識であったことが見て取れる。なお、この進言がいつのことであったかは不明であるが、忠挙の没年が享保五年であることから、吉宗期の初期であると考えられる。

(40) 前掲註(28)。

(41) 同右。

(42) 同右。

第二章 ■ 惣領番入制度

——旗本惣領に対する武芸奨励——

本書は吉宗によって推進された、旗本五番方に対する武芸奨励を分析するものであるが、第一章で論じた通り、五番方に対する武芸奨励自体は吉宗が将軍となる以前からあった。問題はそれがどの程度の成果をあげたかというところであるが、少なくとも、五番方に対して武芸を奨励したという一点において、吉宗期以前と吉宗期の間には連続性がある。

それでは、両者の間にある違いは何であるのか。従来の武道学にあっては、弓馬や鉄炮を好んだという吉宗の個人的嗜好と、その武芸奨励の規模の大きさのみに視点が集中し、前時代との比較においていかなる質的な変化が生じたのかというところにまで論が及んでいない。また、規模の大きさがいかなる意味を持ったのかという点についての分析も不足している。

吉宗期以前と吉宗期の間に、質的な変化が見出せないとするならば、吉宗期における武芸奨励の規模の大きさとは、要するに吉宗の個人的な嗜好に基づいた奨励、武芸を好んだ将軍による一過性の奨励から生じた結果に過ぎないということになる。果たして、吉宗期の武芸奨励とはそういうものであったのか。

そこで本章では、吉宗期に創設された新制度を取りあげたい。同制度によって、旗本の惣領（跡取り）、特に当主が五番方番士である旗本家の惣領は、家を継ぐ前に（当主の引退による家督相続、あるいは当主の死去による跡目相続の前に）番士となることが可能となった。この制度による番入には武芸吟味（実技試験）の結果が大きく影響する。すなわち旗本の惣領が武芸に励むことに対して、幕府が制度的な恩恵を初めて与えたということである。対象が旗本の惣領であるということ、同制度において惣領が五番方の番士として召し出されるということから、これも広い意味で旗本五番方に対する武芸奨励として捉えられよう。同制度は吉宗の死後にも廃絶することなく受け継がれ、寛政期には文武の試験を兼ね備えた制度として拡充されることとなる。吉宗による武芸奨励の画期性と永続性を示す特徴的な事例である。

なお、同制度を示す明確な学術用語はない。そこで本書では仮に「惣領番入制度」と呼ぶこととする。これは幕府職制の手引き書である『仕官格義弁』（寛保四年、春日行清。春日は幕臣、八五〇石）の「惣領御番入之事」という項目で同制度が解説されていることによる。(1)

さて、享保期の惣領番入制度については、すでに橋本昭彦氏による言及があるが、(2)氏の関心は寛政期以降の学問吟味（惣領番入制度との兼ね合いにあっては「部屋住学問試」）を中心とする試験制度にあり、享保期の惣領番入制度については若干の分析が加えられているのみである。文武両道という近世武士の理想像を鑑みるならば、文教同様武教も重要であるはずである。学問吟味が文教に大きな意味を持っているのと同様、武芸吟味が武教のなかで果たした役割も決して小さくないだろう。

ところで、幕府には惣領番入制度の前身と位置づけるべき旧制度が存在している。旧制度は吉宗期以前に停止してしまったものの、旗本の惣領を家を継ぐ前に番入させるという点で、惣領番入制度の原形としての性格を有している。旧制度については横山則孝氏による研究があるが、(3)氏の研究は大番士や新番士、小十人組番士の前身を問うという研究のなかで旧制度を扱っているのであって、吉宗期に創設された惣領番入制度との比較には及んでいない。本章ではこの点についても分析を進める。

さらに、足高制との関係はどうであろうか。足高制は享保八年（一七二三）、惣領番入制度が導入される一年前に定められた。同制度は各役職に基準の石高を定め、これに満たない石高の者がその役職に就いた際には、在任中その差分を与えるというものである。同制度の導入により、小禄であっても能力のある者の登用が実現されることとなった。役方（司法や行政等に関わる役職）、特に幕府財政を担当する勘定所にあってそれは著しい。これに対し、番方（軍務に関わる役職）はどうであるか。

泉井朝子氏は足高制の導入以後、役方である大目付・町奉行・勘定奉行に小禄の者の起用が増えたのに対し、番方である大番頭にあってはそうした傾向が見られないとし、こうした差について「番方の役職は戦時にはその存在価値も高かったが、社会秩序が安定し、行政組織が整備されてくると実質的な重要性は少くなり、形式的な格式を重んじる名誉職に転化」し、「番方の役職には［中略］伝統的に家格の高い者を就任」させたとしている(4)。また、笠谷和比古氏は同制度の意義について「能力主義的抜擢人事を展開しながら、なおかつ同時に旧来の権利関係を尊重した身分制的原理の擬制がどこまでも貫かれている」とし、「名誉職的な軍職については従来通り、身分主義的な家禄相当の原理がそのまま働いていることが分かるとともに、［中略］行政能力の要求される役職については、きわめて低い身分の者からの登用が進んだ」としている(5)。つまり番方にあっては役方にみられる人材登用の傾向に乏しいということであるが、この様な従来の評価は妥当であるのか。

本章では、まず吉宗期以前の旧制度の概観と廃絶にいたった経緯を把握した上で（第一節）、享保九年の惣領番入制度の創設とその後の展開を明らかにし（第二節）、さらに惣領番入制度によって番入することの利点を分析する（第三節）。足高制との関係についてはこれら三点の分析を踏まえ小括で論じたい。

第一節　総番入制度の停止

享保九年（一七二四）以前の旧制度とは、当主（父）が五番方の番士、あるいは何らかの役職に就いている旗本家の子弟（惣領に限らない）を主として五番方の番士として召し抱えるという制度であった。後段で取りあげる通り、『仕官格義弁』では同制度について、「惣御番入」と呼んでいる。橋本氏によれば「総御番入」とも呼ばれていた様である。(6) 物領番入制度との混同を避けるため、本書では同制度を「総番入制度」と呼ぶこととする。

この制度については進士慶幹氏(7)や橋本昭彦氏(8)の言及があるが、精緻な分析としては横山則孝氏の研究がある。横山氏は正徳元年（一七一一）段階で大番に属した七一一名、同じく小十人組に属した一七七名の前歴を分析するなかで、同制度について、旗本家の収入増加――当主の家禄に加えて番入した惣領への役料が加わる――という経済的な救済策と位置づけている。(9) 惣領番入制度でもその性格は受け継がれており（第三節）、惣領のうちに番入するということは、その惣領の属する旗本家に収入面で恩恵をもたらすことになった。

しかしその恩恵は、一方で人件費の増加を招くこととなる。総番入制度の停止はそれが原因であった。『仕官格義弁』では同制度の停止について次の様に説明している。(10)

天和ノ巳後ハ、御人多ニ成候ニ付、惣御番入モ段々遠ク罷成、元禄四未年十二月四日、御役人惣領斗被　召出、宝永六丑年四月六日、惣御番入以後ハ惣御番入ト申テハ無之候、［中略］昔ゟ寛文ノ始迄ハ、惣領ハ勿論次男・三男・末子迄モ被　召出、御番入被　仰付候儀共候得共、惣領ハ後々父ノ家督ニ成候得共、末子之分ハ一度被下候御切米ヲ以永々別家ニ成候事故、段々御人多ニ罷成候処、神田　御殿・桜田　御殿ゟ被召遣候衆大勢ニ而有之間、只今ハ弥御人多ニ成候由承候

右によると、総番入制度にあっては、のちの惣領番入制度が旗本の惣領のみを対象としているのに対し、「次男・三男・末子迄」その対象としている。同じく部屋住からの番入とはいえ、いずれは当主の跡を継ぐ惣領と違い、次男以下の場合、分家として独立することになる。表1は『御番士代々記』(11)より作成した、小性組一番組に番入した次男以下の一覧である。『御番士代々記』とは江戸幕府番方の補任録であり、収録人数は数千人、全三

表1　次男以下の総番入

番入年月日	番入者の氏名	当主との続柄
寛永10(1633) 5/1	柘植正弘	次男
寛永12(1635)12/23	阿部正義	三男
寛永18(1641) 5/3	伊澤正次	次男
寛永19(1642) −/−	榊原職貞	次男
寛永21(1644) 6/16	山崎正寿(政家)	四男
正保3(1646) 6/11	宮崎重広	三男
慶安2(1649)12/5	佐々長政	次男
寛文3(1663)11/19	渡辺貞	三男
〃	揖斐正利	次男
寛文7(1667)11/21	仙石久尚	次男
〃	前田定武	三男
〃	松浦信勝	四男
〃	川井久文	次男
延宝6(1678) 3/29	永井元儀	次男

註1：『御番士代々記』(『御小性組一番名前目録』)より作成した。
　2：『寛政重修諸家譜』の記述により、寛永12年(1635)12月3日に番入した松浦信豊や本多俊之等、大名家の親族と判別出来た者については省いた。

九四冊から成り、文政三年（一八二〇）、旗本奥野孫十郎融明が編纂し幕府に献上した[12]。同書によると、延宝六年（一六七八）に永井元儀が番入した後、小性組一番組に次男以下の番入は見当たらないが、表1にまとめた通り、永井元儀の番入にいたるまですでに十四の旗本家が成立している。これらに対しても永々と家禄を与えねばならないのである。「昔ゟ寛文ノ始迄」という文言は実態とは異なっているものの、次男以下の登用が人員過多、人件費の増加につながったという『仕官格義弁』の説明は正しいといえる。

また、「神田　御殿・桜田　御殿ゟ被召遣候衆大勢ニ而有之」とは、徳川綱吉、徳川家宣が将軍世嗣として江戸城に入った際、それぞれの家臣団が幕臣として召し抱えられたことを指している（「神田　御殿」、「桜田　御殿」とは綱吉、家宣が将軍後嗣として江戸城に入る以前に住んでいた屋敷である）。深谷雅海氏の研究によれば、綱吉の江戸城入城に際して「神田家臣団」五八二名（四八八家）、家宣の江戸城入城に際して「桜田家臣団」七七六名（六九四家）の士分が幕臣となったという[13]。これらのうちにはもともと幕臣であった者も含まれているが、そうであったとしても大幅な人員の増加である。むろん、人件費も増加する。

これに加えて、『仕官格義弁』では論じられていないものの、総番入制度の規模も問題である。たとえば元禄四年（一六九一）十二月二日に約一五〇名、同六年十二月九日に約三五〇名、[14]宝永六年（一七〇九）四月六日には約七三〇名もの旗本子弟が総番入制度の下で番入している。[15]番入した旗本子弟に与える役料だけでも厖大なものとなろう。

「神田家臣団」や「桜田家臣団」の幕臣化による人件費の増大は致し方ないにせよ、総番入制度については実施すればするほど人件費の増大を招くという問題を抱えていた。綱吉以降財政窮乏に陥っていた幕府にあって、同制度が停止にいたったのは自然の流れであったといえよう。

第二節　惣領番入制度の創設と展開

前節で総番入制度が人件費の増大という問題により停止にいたったことを確認した。本節では惣領番入制度の創設と展開について論じる。

惣領番入制度は享保九年（一七二四）に創設された制度であるが、旗本、特に当主が五番方番士である旗本家の惣領を、家を継ぐ前に番士として召し出すという制度である。同じく旗本惣領を対象とする総番入制度との大きな違いは武芸吟味の存在である。以下、武芸吟味による選抜をともなった惣領番入制度について、その創設と展開、および同制度がもたらす恩恵について明らかにしていく。

〈第一項〉惣領番入制度の創設

（1）創設の申渡

総番入制度停止後、吉宗の将軍就任を経て、惣領番入制度が創設された。享保九年（一七二四）四月十五日、若年寄石川近江守総茂・大久保佐渡守常春によって関係部署に申し渡された内容は以下の通りである。

まずは大目付以下で、布衣役の役人に対する申渡Ⓐ[16]。この場合、町奉行・勘定奉行といった諸大夫役の者も含まれている。

Ⓐ唯今御人多之時節ニ候得共、大目付已下布衣之御役人之惣領、行跡宜敷、諸芸嗜候者、六七人茂可被召出候、
右之通被仰出候上、御役人之子共常々行跡宜敷、諸芸も可嗜事ニ候

次に、両番（書院番・小性組）の番頭に対する申渡Ⓑ[17]。

Ⓑ只今御人多之時候得共、両御番惣領之内、行跡宜敷、其上諸芸精出し心懸候者、壱組より壱人ツヽ成とも可
被召出との御事ニ候

書上之案文　父之名
誰
何歳

一、取廻能相見候

一、行跡等不宜沙汰無御座候、勝而孝心候歟、又者勝而実体ニも候ハヽ、其品書出可申候

一、武芸常々心懸相勤申精出し別而心懸候ハヽ、何之芸、誰弟子ニ而能仕候との義可書出候、弓馬見分有之分ハ其品書出可申候

一、学問心懸申候由、精出候者右同断

これらの書付により、惣領番入制度における選考基準が分かる。当主が番士であるか、あるいは諸大夫役・布衣役に就いている旗本家の惣領のなかから、日頃の行状・人柄が良く、「諸芸」に精を出している者を番入させるというものである（以下、表記の煩雑さを避けるため、たとえば当主が番士である旗本家の惣領を「番士の惣領」と表記

する。当主が他の役職に就いている場合であっても同様の表記方法をとる）。

なお、Ⓐ Ⓑいずれの文面にもある「諸芸」については「武芸」を意味していると思われるが、Ⓑの「書上之案文」から判断するならば何らかの学問に関する要素も含んでいる様にも思われる。この点については、吉宗期の惣領番入制度では学問出精を理由として番入する惣領は皆無であり、それは寛政年間の「学問吟味」、あるいは「部屋住学問試」の創設まで待たねばならなかったという橋本昭彦氏の指摘がある。[18] 吉宗期にも中国から渡来した法律書などを注釈したということで召し出された浅井順次郎奉政の様な事例はあるが（大番士浅井金四郎政朗の惣領、ただし当主となる前に死去）[19]、それは特殊な事例であって、吉宗期の惣領番入制度のなかで学問出精という名目で番入したという事例は、管見によれば見当たらない。

ゆえに、橋本氏の指摘は確かにその通りではあるものの、第三項で取りあげる新番頭大久保弥三郎忠恒の処罰において、その理由のひとつが「素読吟味を怠った」ことであった点を鑑みるならば、経典の解釈にまで踏み込むような高度な学問吟味はともかくとして、経典を正しく読めるかどうかを判断する程度の学問吟味が存在した可能性はある（学問所で実施された寛政期以降の素読吟味とは違い[20]、番頭による吟味ではあろうが）。

しかし、第三項で取りあげる森山源五郎盛芳の番入に関する記録には、武芸吟味（史料に則れば武芸見分と呼称するのが適当であろうが、第三章で論じる五番方番士に対する武芸見分との混同を避けるため、惣領に対する武芸見分は原則として武芸吟味と称することとする。以下同）を受けたということは明記されているものの、学問吟味（素読吟味）を受けたということは書かれていない。また、享保九年に実施された惣領番入について、『仕官格義弁』には武芸吟味が初めて実施されたということは書かれているものの、学問吟味（素読吟味）については一切書かれていない。享保期の素読吟味については今後の調査を期すこととして、とりあえずは「諸芸」を「武芸」という意味で捉えておく。

また、日頃の行状や人柄（「行跡」）というものは判断のつきにくいものであって、不行跡・素行不良の惣領を除くという意味に解釈してよかろう。要するに、享保九年に発表された惣領番入制度における選別の基準とは、実質的には惣領の武芸に対する取り組み方のみであったということになる。

なお、「書上之案文」に「弓馬見分」という文言があることから、弓術・馬術の吟味が実施されていることが分かるが、実施されたのはそれのみではなく、剣術や槍術の吟味も実施された。このことは第三項で扱う森山源五郎盛芳の事例からも明らかであるが、『柳営日次記』享保九年四月十五日の条に、Ⓐや Ⓑ、後段で取りあげる新番頭や小十人頭などに対する申渡の内容に引き続いて、「一、松平能登守・大久保佐渡守宅に《於》をひて御吟味、弓馬幷鑓剱術見分、両御番頭之宅ニ而見分有之」とあることからも分かる。いささか簡略な書き方であるが、ⒶⒷの申渡、および『仕官格義弁』の「御役人惣領ハ若年寄宅ニ而武芸御吟味ノ上新規被　召出」、「御番衆惣領ハ番頭宅ニテ同断」という文章からから鑑みて、当主が大目付以下の諸大夫役・布衣役の惣領は若年寄宅（若年寄松平能登守乗賢・大久保佐渡守常春の邸宅）において、番士の惣領は番頭宅において、「弓馬幷鑓剣術見分」を受けたということであろう。

次節では惣領番入制度の創設からその発展過程について明らかにするが、その前にふたつの疑問点を解決しておく必要がある。すなわち、総番入制度の停止原因となった人員過多・人件費の増大という問題は解決していたのかという疑問と、同制度を創設は誰の発案であったのかという疑問である。

（2）人員過多・人件費増加の問題

結論からいえば、人員過多（人件費の増大）の問題は解決していない。吉宗の将軍就任に関わって紀州藩士二百名程度が幕臣になったということもあり、(21) 状況はさらに悪化しているといえよう。しかし享保九年の時点では、全国の大名に対して一万石につき米百石の供出を命じる上米の制や、定免法（村々の検地帳に記された石高から収穫量の平均値を算出し、一定の割合で年貢率を定める）に代表される年貢増収の施策などが実施されている。すなわち収入が増加している状況であり、そうした背景の下で同制度は始められたのであろう。ただし一方で、人員過多からくる人件費の増大を避けようとする姿勢は保たれている。ゆえにⒶでは六、七人も召し出す、Ⓑでは一組から一人ずつ召し出すという様な、抑制的な表現になるのである（実際、同年の惣領番入はおおむねその通りの規模であった。次項参照）。こうした幕府の姿勢は、ⒶⒷと同じく四月十五日の新番頭・小十人頭・納戸頭・腰物奉行に対する申渡において一層顕著である。[22]

右の申渡には、人員過多ではあるが番士の惣領のなかから素行が良く武芸に励む者を番入させることになり、両番士の惣領を一組より一名ずつ召し出すが、一度に大勢を召し抱えることは難しいので、今回は両番以外の番士の惣領は対象としない（両番の格式が高いために両番が優先されたのであろう）。しかし追々番入させるので、その際には武芸吟味をせよ、とある。武芸出精による番入、という希望を新番士の惣領らに持たせ、来たるべき武芸吟味に備えて武芸に励むよう促しているわけである。そしてそれは、この申渡の翌年に実現することとなる（第二項の1）。

なお、人員過多ということでいえば、小普請《こぶしん》からの番入との兼ね合いも考えておく必要がある。旗本惣領は、当主の隠居・死亡により新たな当主となり、ひとまずは小普請に編入され、番入の機会を待つ。これが本来の番入過程であるが、惣領番入制度による旗本惣領の番入はこの本来のルートと競合してしまう。惣領番入制度による番入の人数が増せば増すほど、小普請のまま番入出来ない旗本が増えるのである。幕府としてはそれも避けたい状況であろう。惣領番入制度による番入の人数に制限が加えられているのは、こうした事情も背景にあったものと考えられる。

（3）室鳩巣の進言

第二の疑問点。同制度の創出は吉宗個人の発案であったのか、周囲からの助言があったのかという点については、室鳩巣（一六五八～一七三四）の『献可録』[23]にその答えがある。儒者室鳩巣は吉宗の侍講として数々の提言をした人物で、『献可録』は鳩巣が吉宗からの諮問に対して書き上げた意見書である。同書に収められている「歴代選挙抄」は「歴代選挙の事御尋に付、周漢より宋朝迄有増相考、其内簡要の儀をは抽出いたし、且又段々解釈を加へ指上」たものである。「歴代選挙抄」において鳩巣は、前漢の郷挙里選や曹魏の九品官人法、北魏以来の科挙といった中国における官吏任用制度について説明した上で、諸組の嫡子の選抜については、

一、行状　行状にふけらず、不行儀成事なく、其外士の大筋に違はぬ程之事有之
一、弓馬　弓は的を射候ほどの事にて、馬はせめ馬いたし候ほどの事
一、学問　四書の素読慥に覚え申ほどの事

という三点で判断すべきであるとしている（「向後御番入等被仰付候節は、此格にあひ申者を可被召出候」[24]）。この三ヶ条は申渡Ⓑの「書上之案文」にある三ヶ条に極めて似ている（素読吟味の存在自体はここからも推察出来る）。実際の運用では先に述べた通り武芸の吟味（弓馬剣槍の吟味）が重視されているが、鳩巣の提言は惣領番入制度創出に当たって大きな影響を及ぼしたと思われる。

なお、宮崎市定氏の研究によると[25]、科挙には文科挙と武科挙があった。通常、科挙という言葉からイメージされるのは儒学の教典に基づいた試験というものであろうが、それは文科挙であり、文官の任用試験である。これに対して武科挙は弓馬、薙刀（青竜刀）、重量挙げ、兵書の暗記などを試験内容とする武官任用試験であった。しかしどうやら武科挙で武官となった者は兵卒からの信頼は得られず、信頼されたのは兵卒からの叩き上げの軍人であったようである。二種類の科挙が本来の姿であるという点から鑑みると、鳩巣は日本の実情に沿った提案を

したと考えられる。

以上、惣領番入制度が、武芸吟味という選抜方法を有するものとして創設されたことが明らかになった。吉宗治世下にあっては、享保九年（一七二四）、十年、十五年、十六年、二十年、元文四年（一七三九）、寛保二年（一七四二）に惣領番入が実施される。

〈第二項〉惣領番入制度の展開

（1）惣領番入制度の開始（享保九年、同十年の惣領番入）

享保九年　享保九年（一七二四）四月十五日の申渡から三ヶ月後の七月二十六日、惣領番入制度によって初めて旗本の惣領が番入した。総勢三十名、内訳は諸大夫役・布衣役の惣領十一名と書院番士の惣領九名、小性組番士の惣領十名である。第二節で引用した申渡Ⓐに「大目付已下布衣之御役人之惣領、行跡宜敷、諸芸嗜候者、六七人茂可被召出候」とあることからすれば、諸大夫役・布衣役の番入惣領が十名というのは若干多いものの、申渡Ⓑの様に明確な人数を定めているわけではないので誤差の範囲であろう。

また、小性組番士の惣領は全十組より一名ずつ書院番に番入しているのでⒷの「壱組より壱人ツ、成とも可被召出」との記述に合致するが、書院番士の惣領の場合、全十組中、酒井日向守組を除いてそれぞれ一名ずつが小性組に番入している。酒井日向守組は当時駿府在番として江戸より離れていたという事情があり、七月二十六日の番入には間に合わなかったのであろう。ただし、同年十二月十二日、酒井日向守組の番士である栗原仁右衛門利規の惣領平十郎利秋が小性組に番入している。よって、書院番士の惣領も十名が番入したことになり、最終的には総勢三十一名が番入した。

以上の事柄、すなわち惣領それぞれの番入先、番入の理由、当主の役職をまとめたのが表2である。『柳営日

表2　享保９年(1724)の惣領番入【総勢31名】

番入先(人数)	番入の理由(人数)	内訳	
		当主の役職	人数
小性組(16)	不　明(16)	勘定奉行	1
		新番頭	1
		目付	2
		先手鉄炮頭	1
		二丸留守居	1
		書院番士	10
書院番(15)	不　明(15)	町奉行	1
		新番頭	1
		目付	1
		二丸留守居	1
		勘定吟味役	1
		小性組番士	10

註：『柳営日次記』、『寛政重修諸家譜』より作成した。

表3　享保10年(1725)の惣領番入【総勢46名】

番入先(人数)	番入の理由(人数)	内訳	
		当主の役職	人数
小性組(３)	不　明(３)	大番組頭	3
書院番(２)	不　明(２)	新番組頭	1
		膳奉行	1
大番(27)	不　明(27)	月光院広敷番頭	1
		富士見宝蔵番頭	1
		新番士	5
		西丸新番士	3
		馬預	1
		腰物方	1
		納戸番	2
		西丸納戸	1
		大番士	12
小十人組(14)	不　明(14)	小十人組頭	3
		吹上奉行	1
		小十人組番士	10

註：『柳営日次記』、『寛政重修諸家譜』より作成した。

次記』七月二十六日の条には「右被召出、両御番江被仰付、新規三百俵宛被下之旨、老中列座、対馬守(安藤信友)申渡之」とあるのみで、番入した惣領がいかなる名目で番入したのかは書かれていない。しかし、第一項で論じた通り、その三ヶ月前の申渡で武芸吟味の実施が明言されているわけであるし、『仕官格義弁』にも「右之衆ハ武芸御吟味御番入初発ニテ候」とある。三十一名全員が武芸吟味を経た上での番入と考えて差し支えなかろう。また、番士の惣領が各組より一名ずつ番入したという点から、武芸吟味を受けた惣領全体から成績の良かった上位二十名が選出されたのではなく、各組ごとの成績優良者が選出されたことが分かる。Ⓑの「壱組より壱人ツ、成とも可被召出」とは、「一組より一人ずつ（武芸吟味の成績優良者を）召し出す」という意味なのである。同制度を通じた物領の番入はこうして始まった。

なお、第一節でも若干言及した通り、両番士（書院番・小性組番士）として召し出された惣領には役料が三百俵支給される。このことについては第三節で再度論じる。

享保十年　享保九年に引き続き、翌十年十月二十五日にも惣領番入制度によって四十六名の惣領が番入した。その内訳は表3の通りである。享保九年の申渡で予告された通り、九年の番入対象から外された大番士や新番士などの物領が多く番入し、大番士になった物領に対しては二百俵、小十人組番士となった物領には百俵十人扶持（百五十俵）が与えられた。

享保九年との違いは、大番や小十人組も番入先である点である。これは当主の役職による違いであろう。当主が大番士や新番士である惣領は、両番よりも格の低い大番や小十人組に番入しているのである（同じく御目見格ではあっても大番組頭や新番組頭、膳奉行の惣領は両番に番入している）。一方で大番、新番、小十人組の各組より一名ずつ番入している点は享保九年の物領番入と共通している。これらの点から、享保九年・十年の物領番入はひとつのまとまりとして捉えられる。

ところで、新番への番入がないのはなぜだろうか。横山則孝氏によれば、寛永二十年（一六四三）の新番創置の際、新番士となった者はすべて大番・小十人組からの転出であり、さらに、その様な新番の特徴は正徳元年（一七一一）から二年の新番にも受け継がれていて、「他の番方がいきなり小普請（もしくは部屋住）から直接に入番するのと趣を異にしている」とのことである。(26) こうした他の番組とは異なる傾向は惣領番入制度にも見られ、享保十年をはじめとして、後段で論ずるすべての時期にあって、はじめから新番士になった物領はいない。

なお、享保九年の惣領番入と同じく、同十年の惣領番入の場合も、『柳営日次記』に番入の理由は書かれていない。『有徳院殿御実紀』[27]享保十年十月二十五日の条には「父の庇蔭によて入番するもの四十七人」（同日番入の小普請一名を加えて「四十七人」）とあり、四十六名全員が享保十二年の惣領番入で見られる当主の勤務年数による番入（本項（2））であったと書いてあるが、それは疑わしい。他ならぬ『有徳院殿御実紀』の記述、すなわち同年六月二十日の条には「諸番士の子。身の行ひ正しく。才芸に努力するものは。一隊より一人づゝ。撰び聞えあぐべしと仰出さる」との記述があるからである。また、寛政十年（一七九八）に幕臣近藤重蔵守重によって編まれた私撰の法律書『憲教類典』にもこの一文に該当する申渡が記録されている[28]。

加えて、前述した通り、享保九年、十年でひと括りの惣領番入とすれば、当然十年においても武芸吟味は実施されたものと考えられるし、『仕官格義弁』にも享保十年の番入について「武芸之義、御役人之子ハ若年寄衆宅、御番衆ノ子ハ頭ノ宅ニテ御吟味之上、御番入被　仰付」[29]とある。

これら諸々の点を考え合わせれば、当主の勤務年数による番入があったとは考えにくく、四十六名は武芸吟味の結果により番入したのであろう。

（2）選抜基準の拡大（享保十二年の惣領番入）

享保十二年（一七二七）五月二十一日の惣領番入では、新たな選抜の基準が加わることになる。それは、当主の勤務年数による惣領番入、そして大奥からの推挙による惣領番入である。後者については当然のことながら、大奥に仕える広敷用人《ひろしきようにん》の惣領である。また、武芸吟味による番入は小納戸岡山佐五右衛門之於の惣領新十郎之英のみである。これら五十八名をまとめたのが表4である。諸大夫役・布衣役にある旗本の惣領が対象であるから か、番入先はすべて両番になっている。

当主の勤務年数という選抜基準について検討してみよう。『柳営日次記』同日の条には「親共久々布衣以上之御役相勤候ニ付、此度悴共被召出」とある。「久々」とは何年に当たるのか。『仕官格義弁』には「布衣御役十ヶ年已上」とあるが、実際にはどうだろうか。表5は、享保十二年に番入した惣領のうち、武芸吟味で番入した岡山之英と広敷用人の惣領を除いた五十一名の一覧である。右端の列は当主が諸大夫役・布衣役に就任した日であるが、その日から享保十二年五月二十一日までの年数を数えてみると、諸大夫役・布衣役を足掛け十年以上勤めた者の惣領が番入したということが分かる。第三項で取りあげる通り、当主の勤務年数によって番入した者で

表4　享保12年(1727)の惣領番入【総勢58名】

番入先(人数)	番入の理由(人数)	内訳	
		当主の役職	人数
小性組(33)	武芸出精(1)	小納戸	1
	当主の勤務年数(25)	鎗奉行	1
		京都町奉行	1
		仙洞附	2
		奈良奉行	1
		駿府町奉行	1
		小普請組支配	1
		佐渡奉行	1
		先手弓頭	1
		持筒頭	1
		西丸先手弓頭	1
		西丸先手鉄炮頭	3
		目付	2
		小納戸	2
		西丸小納戸	2
		宗尹附近習	1
		鉄炮方	1
		納戸頭	1
		腰物奉行	1
		勘定吟味役	1
	御女中方願ニ付(7)	月光院用人	1
		瑞春院用人	2
		養仙院用人	1
		竹姫用人	2
		天英院用人	1
書院番(25)	当主の勤務年数(25)	大目付	1
		鎗奉行	2
		普請奉行	1
		小普請奉行	1
		西丸留守居	1
		佐渡奉行	1
		新番頭	1
		西丸新番頭	2
		先手弓頭	3
		西丸先手鉄炮頭	4
		留守居番	1
		目付	1
		西丸裏門番頭	1
		小十人頭	2
		船手	1
		二丸留守居	1
		納戸頭	1

註：『柳営日次記』、『寛政重修諸家譜』より作成した。

表５　享保12年に番入した惣領一覧①

惣領氏名	番入先	当主氏名	当主役職	当主の役職就任年月日
松平正命	書院番	松平正常	大目付	元禄14(1701)12/15　小性組組頭
建部広喜	書院番	建部広明	鑓奉行	宝永元(1704)－/－　西丸小姓
土屋縄直	書院番	土屋茂直	鑓奉行	元禄10(1697)７/18　徒頭
朽木尹綱	小性組	朽木貞盛	鑓奉行	宝永４(1707)１/11　徒頭
鈴木英政	書院番	鈴木直武	普請奉行	宝永２(1705)１/11　目付
加藤明義	書院番	加藤明教	小普請奉行	元禄16(1703)11/15　徒頭
小幡直好	小性組	小幡直昌	京都町奉行	元禄10(1697)２/23　小納戸
本多栄文	小性組	本多直上	仙洞附	宝永５(1708)７/１　徒頭
細井安定	小性組	細井定明	奈良奉行	宝永元(1704)12/22　小納戸
大久保忠真	小性組	大久保忠義	仙洞附	宝永５(1708)７/25　使番
小幡直好	小性組	小幡直昌	駿府町奉行	元禄10(1697)２/23　小納戸
松平乗重	書院番	松平直由	西丸留守居	元禄５(1692)６/27　書院番組頭
松平政尹	書院番	松平政穀	佐渡奉行	元禄11(1698)８/21　小納戸
曾我善祐	小性組	曾我長祐	小普請組支配	正徳２(1712)６/25　使番
窪田安永	小性組	窪田忠任	佐渡奉行	宝永５(1708)５/１　西丸小納戸
榊原忠久	書院番	榊原忠知	新番頭	元禄13(1700)10/15　使番
杉浦貞隣	書院番	杉浦貞宜	西丸新番頭	元禄16(1703)１/15　小十人頭
建部広長	書院番	建部広次	先手弓頭	宝永元(1704)12/12　西丸桐間番組頭
平岩親照	書院番	平岩親賢	西丸新番頭	享保２(1717)１/28　使番
朝倉孝知	書院番	朝倉景孝	先手弓頭	元禄６(1693)２/11　小納戸
堀田通矩	書院番	堀田通右	先手弓頭	元禄10(1697)９/15　小十人頭
日根野弘恒	小性組	日根野弘長	先手弓頭	宝永４(1707)８/28　徒頭
松田勝説	小性組	松田勝広	持筒頭	元禄３(1690)８/27　使番
伏屋為勝	小性組	伏屋為貞	西丸先手弓頭	元禄７(1694)９/18　小納戸
筒井義武	小性組	筒井義勝	西丸先手鉄炮頭	元禄10(1697)１/28　徒頭
梶正胤	書院番	梶正容	西丸先手鉄炮頭	宝永４(1707)１/11　使番
戸田直清	書院番	戸田直供	西丸先手鉄炮頭	宝永元(1704)12/12　西丸桐間番組頭
牧野為成	書院番	牧野貴成	西丸先手鉄炮頭	元禄５(1692)６/27　徒頭
細井勝為	小性組	細井勝郷	西丸先手鉄炮頭	宝永６(1709)８/15　使番
金田正次	小性組	金田正在	西丸先手鉄炮頭	宝永７(1710)閏８/11　徒頭
赤井公寛	書院番	赤井盤公	西丸先手鉄炮頭	宝永４(1707)１/11　使番

末高政常	書院番	末高政峯	留守居番	宝永元(1704)12/12　西丸桐間番組頭
松平乗芳	書院番	松平乗有	目付	正徳3(1713)1/28　桐間番組頭
大嶋義勝	小性組	大嶋義浮	目付	元禄15(1702)2/28　小十人頭
筧正逸	小性組	筧正尹	目付	正徳元(1711)6/7　使番
中嶋正勝	小性組	中嶋尚正	小納戸	享保元(1716)6/25　小納戸
中條惟常	小性組	中條惟栄	小納戸	享保元(1716)6/25　小納戸
市川清就	小性組	市川清煕	西丸小納戸	享保元(1716)9/9　二丸小納戸
嶋崎忠要	小性組	嶋崎忠政	西丸小納戸	享保元(1716)9/9　二丸小納戸
桜井忠甫	小性組	桜井忠英	宗尹附近習	享保3(1718)6/4　浄円院用人
田付直政	小性組	田付直久	鉄炮方	宝永4(1707)1/11　鉄炮方
松平康平	書院番	松平康郷	西丸裏門番頭	正徳4(1714)6/28　西丸裏門番頭
瀬名義珍	書院番	瀬名貞隅	小十人頭	宝永4(1707)8/12　西丸桐間番組頭
斎藤忠旧	書院番	斎藤忠矩	小十人頭	正徳3(1713)閏5/11　納戸頭
石川某	書院番	石川乗繁	船手	正徳2(1712)10/3　船手
建部秀行	書院番	建部賢弘	二丸留守居	宝永6(1709)7/23　西丸小納戸
武嶋茂広	小性組	武嶋茂孫	納戸頭	正徳2(1712)12/9　納戸頭
渡辺充	書院番	渡辺盛	納戸頭	正徳4(1714)2/15　納戸頭
松平乗道	小性組	松平乗明	腰物奉行	宝永元(1704)2/14　小納戸
杉岡能成	小性組	杉岡能連	勘定吟味役	正徳2(1712)7/1　勘定吟味役

註：『柳営日次記』、『寛政重修諸家譜』より作成した。

表6　享保12年に番入した惣領一覧②（大奥からの推挙）

惣領氏名	番入先	当主氏名	当主役職	当主の布衣役就任年月日
坂部明之	小性組	坂部種之	月光院用人	正徳2(1712)5/15　広敷番頭
鈴木勝盈	小性組	鈴木安通	瑞春院用人	宝永5(1708)9/1　腰物奉行
本多某	小性組	本多正方	瑞春院用人 ※月光院用人	享保元(1716)9/13　※月光院用人
美濃部貞庸	小性組	美濃部貞休	養仙院用人	元禄13(1700)1/11　小納戸
遠山安英	小性組	遠山安遠	竹姫用人	享保11(1726)7/1　竹姫用人
嶋田政温	小性組	嶋田隆政	竹姫用人 ※養仙院用人	享保10(1725)9/11　※養仙院用人
酒井友常	小性組	酒井友完	天英院用人	宝永元(1704)－/－　西丸小納戸

註：『柳営日次記』、『寛政重修諸家譜』より作成した。

あっても武芸吟味を受けている事例もあるので、享保十二年に当主の勤務年数で番入した惣領も武芸吟味を課された可能性はあるが、第三項の事例は享保十六年（一七三一）の話であり、加えて新番士の惣領が番入したという事例であるから、享保十二年における当主の勤務年数による番入は、当主に対する一種の恩典と捉えるのが無難であろう。

次に、大奥からの推挙で番入した惣領をまとめたのが表6である。『柳営日次記』には「御女中方願ニ付被召出」とあり、『仕官格義弁』には「御女中様御願ニ付、父勤年数ニ不限御番入被　仰付」とある。遠山安英の父安遠、嶋田政温の父隆政は布衣役をわずかな年月しか勤めていない。一種の縁故採用とでもいうべき惣領番入である。この理由で番入したと思われる惣領は、同年以外には享保二十年に数名見られるのみであることから、恒久的なものではなかったと思われる。

この様に、同年の惣領番入は、武芸吟味以外の名目で番入した事例がほとんどであるが、享保九・十年との大きな違いとして、番入した者に番士の惣領がいないという点もあげられよう。つまり、享保九年・十年には当主（父）が五番方の番士である惣領が大半を占めるのに対し、十二年の場合それが皆無なのである。

ただし、もともとは番士の惣領も召し出される予定であったのかも知れない。詳細は第三章第一節で論じるが、享保十二年三月十七日に両番士の惣領が弓術の吟味を受け、その結果が若年寄に報告されている。何らかの事情によって番士の惣領が対象外とされた可能性があるが、詳細は分からない。指摘するにとどめておく。

（3）選抜基準の併用（享保十五年、同十六年の惣領番入）

享保十五年　享保十五年（一七三〇）八月十九日に番入した総勢七十二名の内訳は、表7の通りである。享保九年と同じく諸大夫役・布衣役の惣領と両番士（西丸書院番士を含む）の惣領が、武芸吟味あるいは当主の勤務年数によって両番に番入している。

表７　享保15年(1730)の惣領番入【総勢72名】

番入先(人数)	番入の理由(人数)	内訳	
		当主の役職	人数
小性組(39)	武芸吟味(27)	書院番組頭	1
		徒頭	1
		船手	1
		書院番士	16
		西丸書院番士	8
	当主の勤務年数(12)	書院番士	8
		西丸書院番士	4
書院番(25)	武芸吟味(20)	作事奉行	1
		先手鉄炮頭	1
		小性組組頭	1
		西丸徒頭	1
		西丸小十人頭	1
		二丸留守居	1
		小性組番士	14
	当主の勤務年数(５)	小性組番士	5
西丸書院番(８)	武芸吟味(５)	勘定奉行	1
		浦賀奉行	1
		納戸頭	1
		小性組番士	2
	当主の勤務年数(３)	小性組番士	3

註：『柳営日次記』、『寛政重修諸家譜』より作成した。

注目すべきは両番士の惣領の内訳である。表８は同年に番入した惣領のうち、当主が両番士の惣領を抽出したものである。表８から明らかな通り、各組より一名が当主の勤務年数、二名が武芸吟味により番入している。人数の配分が定められている訳である。こうした二つの選抜基準の併用は享保十六年、元文四年（一七三九）、寛保二年（一七四二）の惣領番入でも見られる。すなわちのちの惣領番入のモデルとして位置づけることが可能である。

表8　享保15年の惣領番入で番入した両番番士の惣領一覧

No.	惣領氏名	番入先	番入の理由	当主氏名	当主の所属する組	当主の番入年月日
1	深津正尚	書院番	武芸吟味	深津正房	小性組（滝川播磨守組）	宝永6(1709)4/6
2	諏訪正倫	西丸書院番	〃	諏訪正晴		宝永6(1709)4/6
3	小倉正房	書院番	当主の勤務年数	小倉正矩		元禄4(1691)12/2
4	服部保教	西丸書院番	武芸吟味	服部保昌	小性組（三浦玄蕃頭組）	元禄7(1694)10/28
5	近藤正利	書院番	〃	近藤正英		正徳3(1713)5/18
6	三浦正経	〃	当主の勤務年数	三浦正良		元禄6(1693)12/9
7	金田正弥	書院番	武芸吟味	金田正朝	小性組（松平下野守組）	宝永6(1709)2/21
8	竹田政行	〃	〃	竹田政就		正徳3(1713)5/18
9	山本邑貞	〃	当主の勤務年数	山本邑旨		元禄12(1699)11/25
10	嶋田直良	書院番	武芸吟味	嶋田直寛	小性組（阿部志摩守組）	宝永3(1706)7/21
11	諏訪頼純	〃	〃	諏訪頼定		宝永元(1704)6/11
12	服部信隆	西丸書院番	当主の勤務年数	服部信解		天和3(1683)閏5/21
13	中山時庸	書院番	武芸吟味	中山時富	小性組（水野河内守組）	享保7(1722)2/11
14	深津正峯	〃	〃	深津正照		宝永5(1708)12/21
15	彦坂晴允	西丸書院番	当主の勤務年数	彦坂元晴		天和3(1683)9/25
16	児玉直等	書院番	武芸吟味	児玉直正	小性組（青山丹後守組）	正徳3(1713)5/18
17	佐々正重	〃	〃	佐々成応		宝永4(1707)11/18
18	加藤忠道	西丸書院番	当主の勤務年数	加藤忠政		元禄8(1695)6/1
19	横山知盈	書院番	武芸吟味	横山元直	小性組（松平阿波守組）	宝永6(1709)4/6
20	深津政孟	〃	〃	深津正次		正徳3(1713)5/18
21	山高信蔵	〃	当主の勤務年数	山高信礼		元禄15(1702)12/21
22	堀長寛	書院番	武芸吟味	堀長恭	小性組（渋谷隠岐守組）	元禄15(1702)12/21
23	須田盛与	〃	〃	須田盛澄		元禄11(1698)8/18
24	朝比奈勝乗	〃	当主の勤務年数	朝比奈勝盛		天和3(1683)9/25
25	小長谷政芳	小性組	武芸吟味	小長谷友長	書院番（朽木信濃守組）	正徳2(1712)3/26
26	内藤種丈	〃	〃	内藤種元		享保4(1719)10/18
27	天野雄好	〃	当主の勤務年数	天野雄良		宝永6(1709)4/6
28	戸田政珍	小性組	武芸吟味	戸田政奉	書院番（大久保豊前守組）	宝永6(1709)4/6
29	大河内忠恒	〃	〃	大河内忠政		正徳3(1713)3/11
30	内藤政植	〃	当主の勤務年数	内藤信政		天和元(1681)2/26
31	美濃部茂英	小性組	武芸吟味	美濃部茂孝	書院番（秋元隼人正組）	宝永2(1705)3/29
32	長谷川正直	〃	〃	長谷川正冬		享保2(1717)3/18
33	福嶋正武	〃	当主の勤務年数	福嶋定正		元禄13(1700)3/26

34	下曾根信一	小性組	武芸吟味	下曾根信如	書院番（水谷出羽守組）	宝永元(1704) 6/11
35	川口長達	〃	〃	川口長英		宝永元(1704) 6/11
36	佐野某	〃	当主の勤務年数	佐野綱満		元禄9(1696) 7/5
37	鈴木政成	小性組	武芸吟味	鈴木祐政	書院番（久貝忠左衛門組）	享保3(1718) 3/16
38	酒依義武	〃	〃	酒依昌満		享保4(1719) 3/27
39	嶋津久荏	〃	当主の勤務年数	嶋津久周		天和3(1683) 9/25
40	田付景林	小性組	武芸吟味	田付景厖	書院番（金田周防守組）	享保4(1719) 10/18
41	春田直庸	〃	〃	春田直賢		正徳3(1713) 5/18
42	天野成政	〃	当主の勤務年数	天野興政		宝永元(1704) 6/11
43	山本雅攄	小性組	武芸吟味	山本正延	書院番（高木伊勢守組）	宝永5(1708) 3/25
44	松浦信秀	〃	〃	松浦信福		享保3(1718) 3/16
45	松崎忠富	〃	当主の勤務年数	松崎忠延		元禄5(1692) 3/18
46	松平親精	小性組	武芸吟味	松平堯親	書院番（戸田土佐守組）	享保元(1716) 3/12
47	三田伴成	〃	〃	三田正寛		宝永5(1708) 3/25
48	津田信英	〃	当主の勤務年数	津田信成		宝永元(1704) 5/25
49	永田忠方	小性組	武芸吟味	永田嘉矩	西丸書院番（戸田若狭守組）	正徳3(1713) 5/18
50	松平近繁	〃	〃	松平近則		享保6(1721) 4/2
51	松下綱平	〃	当主の勤務年数	松下貫長		宝永6(1709) 2/21
52	松平康当	小性組	武芸吟味	松平康致	西丸書院番（藤堂肥後守組）	元禄11(1698) 2/5
53	坂部勝興	〃	〃	坂部勝元		正徳3(1713) 5/18
54	塚原昌博	〃	当主の勤務年数	塚原昌親		元禄7(1694) 11/21
55	徳永昌尚	小性組	武芸吟味	徳永昌英	西丸書院番（酒井豊前守組）	元禄6(1693) 12/9
56	西尾教安	〃	〃	西尾貞教		宝永6(1709) 2/21
57	御手洗正良	〃	当主の勤務年数	御手洗正矩		天和3(1683) 9/25
58	六郷政豊	小性組	武芸吟味	六郷政明	西丸書院番（酒井伯耆守組）	元禄8(1695) 9/27
59	佐野仲行	〃	〃	佐野察行		享保9(1724) 10/9
60	松前報広	〃	当主の勤務年数	松前広屯		元禄6(1693) 12/9

註：『柳営日次記』、『寛政重修諸家譜』より作成した。

表9　享保16年（1731）の惣領番入【総勢96名】

番入先（人数）	番入の理由（人数）	内訳	
		当主の役職	人数
小性組（7）	武芸吟味（7）	西丸新番組頭	1
		大番組頭	5
		中奥番	1
書院番（6）	武芸吟味（6）	新番組頭	1
		大番組頭	4
		西丸膳奉行	1
西丸書院番（1）	武芸吟味（1）	大番組頭	1
大番（65）	武芸吟味（46）	蓮浄院用人	1
		裏門切手番頭	2
		二丸広敷番頭	1
		広敷番頭	1
		西丸小納戸組頭	1
		富士見宝蔵番頭	1
		小十人組頭	1
		西丸小十人組頭	1
		金奉行	1
		新番士	5
		西丸新番士	4
		西丸腰物方	1
		納戸番	2
		大番士	24
	当主の勤務年数（19）	西丸裏門切手番頭	1
		天英院広敷番頭	1
		台所奉行	1
		新番士	2
		西丸新番士	1
		納戸番	1
		大番士	11
		西丸小十人組頭	1
小十人組（17）	武芸吟味（10）	小十人組番士	6
		西丸小十人組番士	4
	当主の勤務年数（7）	小十人組番士	4
		西丸小十人組番士	3

註：『柳営日次記』、『寛政重修諸家譜』より作成した。

当主の勤務年数による番入が武芸吟味による番入と同様に組ごとの選抜であった点について付言しておく。たとえば、小性組松平下野守組からは山本八右衛門邑旨の惣領伊織邑貞が当主の勤務年数による番入を果たしているが（表8-9）、これを三浦玄蕃頭組と比較した場合、武芸吟味で番入した服部左京保教の父三郎兵衛保昌の方が勤務年数は長い（表8-6）。山本邑旨が松平下野守組の番士であったならば、その惣領邑貞が当主の勤務年数により番入することはなかったであろう。ゆえに、当主の勤務年数による番入とは、単にその勤務が何年目であるかという話ではなく、組内の他の番士と比して勤務年数がどうであるかが問題になるのである。

書院番朽木信濃守組（表8−27）や書院番戸田若狭守組（表8−51）をはじめとして二十年少々の勤務年数で番入が実現した事例もあるが、概して三十年から四十年の勤務年数があれば惣領の番入に結びつく可能性が高かったのではないか。この点を含め、同年の惣領番入については第三節で改めて分析する。

享保十六年　この年十一月二十五日に番入した惣領の内訳は表9の通りである。九十六名の惣領が召し抱えられた。当主の役職や惣領の番入先などから、九年と十年の惣領番入がひとまとまりであるのと同様に、同年の惣領番入は十五年の惣領番入とひと括りのものとして捉えられる。

このことは二つの選抜方法（武芸吟味、当主の勤務年数）が併用され、十五年の事例と同様の人数配分が見受けられることからも明らかである。表10は大番各組の番士惣領が番入する際の人数配分をまとめたものである。組ごとに武芸吟味による惣領番入が二名、当主の勤務年数による惣領番入が一名であるが、板倉下野守組からは当

表10　享保16年の大番各組からの番入

組名	番入の理由	人数
酒井日向守組	武芸吟味	2
	当主の勤務年数	1
山名因幡守組	武芸吟味	2
	当主の勤務年数	1
阿部出雲守組	武芸吟味	2
	当主の勤務年数	1
酒井紀伊守組	武芸吟味	2
	当主の勤務年数	1
杉浦出雲守組	武芸吟味	2
	当主の勤務年数	1
曾我周防守組	武芸吟味	2
	当主の勤務年数	1
板倉下野守組	武芸吟味	2
	当主の勤務年数	0
市橋壱岐守組	武芸吟味	2
	当主の勤務年数	1
小堀備中守組	武芸吟味	2
	当主の勤務年数	1
戸田右近将監組	武芸吟味	2
	当主の勤務年数	1
森川下総守組	武芸吟味	2
	当主の勤務年数	1
板倉伊予守組	武芸吟味	2
	当主の勤務年数	1

註：『柳営日次記』から作成した。

主の勤務年数による惣領番入は見当たらない。詳細は不明であるが、条件に合う惣領がいなかったのかも知れない（第三節の冒頭参照）。新番や小十人組の場合も、当主の勤務年数による番入がない組はあっても武芸吟味による番入は必ずあった点には注意しておきたい。併用といっても、武芸吟味による選抜方法が本筋であることは明らかである。

（4）繰り返される惣領番入（享保二十年、元文四年、寛保二年の惣領番入）

享保二十年　享保二十年（一七三五）九月十九日の惣領番入（総勢五十一名）についてであるが、『柳営日次記』同日の条には「両御番江御番入被　仰付候」とあるのみで、惣領番入の理由が書かれていない。しかし、手がかりはある。

まず、内訳をまとめた表11を見てみよう。当主の役職はすべて諸大夫役・布衣役であり、そこには広敷用人が含まれ、さらに五番方の番士が含まれていない。表12は同年に番入した惣領のうちから広敷用人の惣領を除いた一覧であるが、諸大夫役・布衣役を足掛け十年以上勤めている旗本の惣領ばかりである。一方、表13は広敷用人の惣領の一覧で、養仙院用人武川彦十郎国隆はその勤務年数が十年に満たない。すなわち、同年の惣領番入でみられる傾向は十二年の傾向と一致し、当主の勤務年数によるものと大奥からの推挙によるものであると推測される。

元文四年　元文四年（一七三九）六月二十九日に番入した惣領の内訳は表14の通りである。同年の惣領番入についても、享保二十年と同じく『柳営日次記』には番入の理由が書かれていない。しかし武芸吟味による惣領番入があった享保九年、十五年の惣領番入と同様に両番士の惣領が対象であることから、武芸吟味が実施され、その成績により番入があったものと考えられる。

表15は同年番入した惣領四十四名の一覧であるが、たとえば小性組皆川山城守組の場合、同組番士千村頼母政

時の惣領弥三吉某が書院番士、同じく野々山弥十郎元長の惣領弥吉兼有が西丸書院番士として召し出されている（表15-3、4）。元文四年六月二十九日段階の皆川山城守組にあって、最古参の番士は山村邑旨であり、野々山元長はそれに次ぐ[30]。しかし山村邑旨の惣領邑貞は享保十五年に番入しており（表8-9）、元文四年の惣領番入の対象からは外れる。同組にあって当主の勤務年数による番入にふさわしいのは野々山元長の惣領兼有となる。他方、千村政時は野々村元長に次ぐ古参という訳ではないので、千村某の番入は武芸吟味によるものと考えられる。

また、書院番高力摂津守組の場合、同組番士本多平右衛門正孟の惣領半之丞正尹が小性組番士、同じく土岐藤兵衛頼堅の惣領治大夫頼克も小性組番士となっている（表15-23、24）。元文四年六月二十九日段階の高力摂津守

表11　享保20年（1735）の惣領番入【総勢51名】

番入先（人数）	番入の理由（人数）	内訳	
		当主の役職	人数
小性組（24）	不明（24）	勘定奉行	2
		作事奉行	1
		小普請奉行	2
		長崎奉行	1
		大坂町奉行	1
		禁裏附	1
		山田奉行	1
		日光奉行	1
		先手弓頭	1
		先手鉄炮頭	5
		西丸裏門番頭	1
		徒頭	2
		西丸小十人頭	1
		留守居番	1
		小納戸	1
		船手	1
		小姓	1
書院番（14）	不明（14）	西丸鑓奉行	1
		駿府町奉行	1
		月光院用人	1
		宗武附用人	1
		先手弓頭	2
		先手鉄炮頭	3
		西丸小納戸	1
		養仙院用人	1
		利根姫用人	1
		二丸留守居	1
		小姓	1
西丸書院番（13）	不明（13）	勘定奉行	1
		普請奉行	1
		京都町奉行	1
		禁裏附	1
		天英院用人	1
		宗武附用人	1
		先手弓頭	2
		先手鉄炮頭	2
		小納戸	1
		西丸小納戸	1
		西丸目付	1

註：『柳営日次記』、『寛政重修諸家譜』より作成した。

表12　享保20年(1735)に番入した惣領一覧①(当主が広敷用人以外)

惣領氏名	番入先	当主氏名	当主役職	当主の布衣役就任年月日
松波正峯	西丸書院番	松波正春	勘定奉行	享保3(1718)閏10/19　徒頭
神谷久武	小性組	神谷久敬	勘定奉行	享保8(1723)5/4　勘定吟味役
石野範至	小性組	石野範種	勘定奉行	享保5(1720)1/11　使番
天野正興	書院番	天野昌孚	西丸鑓奉行	宝永2(1705)1/15　使番
木下信恭	小性組	木下信名	作事奉行	正徳2(1712)6/25　使番
水野忠上	西丸書院番	水野忠伸	普請奉行	享保8(1723)6/6　使番
山岡景之	小性組	山岡景久	小普請奉行	享保4(1719)1/11　小十人頭
石河某	小性組	石河政朝	小普請奉行	享保9(1724)2/15　徒頭
窪田忠一	小性組	窪田忠任	長崎奉行	享保5(1720)5/1　西丸小納戸
向井政強	西丸書院番	向井政暉	京都町奉行	享保4(1719)12/11　徒頭
松平忠刻	小性組	松平勘敬	大坂町奉行	正徳4(1714)3/1　大坂船手
松平忠英	小性組	松平忠一	禁裏附	正徳元(1711)6/7　使番
桑山元如	西丸書院番	桑山元武	禁裏附	宝永6(1709)12/27　小納戸
堀直与	小性組	堀直知	山田奉行	享保11(1726)7/25　小性組組頭
蜂屋貞聴	小性組	蜂屋貞廷	日光奉行	享保11(1726)7/1　徒頭
嶋正備	書院番	嶋政祥	駿府町奉行	享保2(1717)1/28　使番
有田基敦	西丸書院番	有田基建	宗武附用人	享保10(1725)7/11　宗武附近習
坪井長敦	書院番	坪井長記	宗武附用人	享保10(1725)7/11　宗武附近習
小笠原持賢	小性組	小笠原持広	先手弓頭	享保11(1726)2/3　徒頭
渡辺久敦	書院番	渡辺久盼	先手弓頭	享保10(1725)6/28　小十人頭
押田勝輝	西丸書院番	押田栄勝	先手弓頭	享保5(1720)3/21　小十人頭
石尾氏記	西丸書院番	石尾氏茂	先手弓頭	享保9(1724)10/9　書院番組頭
鳥居忠余	西丸書院番	鳥居成豊	先手鉄炮頭	宝永4(1707)8/12　使番
佐々木正敏	小性組	佐々木正庸	先手鉄炮頭	正徳2(1712)6/25　徒頭
高田政峯	書院番	高田政孝	先手鉄炮頭	正徳4(1714)1/11　徒頭
吉田盛美	西丸書院番	吉田盛封	先手鉄炮頭	正徳4(1714)3/15　徒頭
小川正倖	書院番	小川保関	先手鉄炮頭	享保7(1722)1/11　使番
市岡正峯	小性組	市岡正次	先手鉄炮頭	享保6(1721)1/11　小性組組頭
曾我祐弘	小性組	曾我助賢	先手鉄炮頭	享保3(1718)5/2　小十人頭
朝岡興戸	小性組	朝岡方喬	先手鉄炮頭	正徳5(1715)1/11　徒頭
戸田忠汎	小性組	戸田忠就	先手鉄炮頭	享保9(1724)12/15　書院番組頭
松平親元	書院番	松平親春	先手弓頭	正徳3(1713)2/29　桐間番組頭
池田政胤	書院番	池田政相	先手鉄炮頭	享保10(1725)6/28　小十人頭
小栗供忠	小性組	小栗忠親	西丸裏門番頭	享保10(1725)3/2　西丸裏門番頭
藤懸永房	小性組	藤懸永直	徒頭	享保9(1724)12/15　徒頭
川勝氏方	小性組	川勝氏令	徒頭	享保9(1724)8/5　徒頭
蜂屋貞恒	小性組	蜂屋可寛	西丸小十人頭	享保11(1726)1/28　西丸小十人頭
岩田俊式	西丸書院番	岩田定勝	小納戸	享保元(1716)6/25　小納戸

小笠原義章	西丸書院番	小笠原義峯	西丸小納戸	享保９(1724)12/11	二丸小納戸
玉虫茂雅	小性組	玉虫茂喜	留守居番	享保４(1719)７/７	京都代官
高山利雄	西丸書院番	高山記通	西丸目付	享保６(1721)５/20	徒頭
稲垣正喜	小性組	稲垣正武	小納戸	享保10(1725)12/１	小納戸
富松広儔	書院番	富松基春	西丸小納戸	享保元(1716)９/２	二丸小納戸
新見正仲	小性組	新見正員	船手	享保11(1726)11/28	船手
飯塚忠餘	書院番	飯塚昭之	二丸留守居	享保元(1716)９/９	小納戸
磯野政武	書院番	磯野政昉	小姓	享保元(1716)６/25	小姓
喜多村政峯	小性組	喜多村正矩	小姓	享保元(1716)６/25	小姓

註：『柳営日次記』、『寛政重修諸家譜』より作成した。

表13　享保20年に番入した惣領一覧②（当主が広敷用人）

惣領氏名	番入先	当主氏名	当主役職	当主の布衣役就任年月日	
桜井信周	西丸書院番	桜井正充	天英院用人	正徳２(1712)６/16	小納戸
安藤信形	書院番	安藤信秀	月光院用人	享保９(1724)８/５	月光院用人
武川恒充	書院番	武川国隆	養仙院用人	享保17(1732)１/15	養仙院用人
太田正房	書院番	太田正員	利根姫用人	享保10(1725)１/28	西丸納戸頭

註：『柳営日次記』、『寛政重修諸家譜』より作成した。

表14　元文４年(1739)の惣領番入【総勢44名】

番入先(人数)	番入の理由(人数)	内訳	
		当主の役職	人数
小性組(20)	不明(20)	書院番士	14
		西丸書院番士	6
西丸小性組(４)	不明(４)	書院番士	2
		西丸書院番士	2
書院番(12)	不明(12)	小性組番士	6
		西丸小性組番士	6
西丸書院番(８)	不明(８)	小性組番士	6
		西丸小性組番士	2

註：『柳営日次記』、『寛政重修諸家譜』より作成した。

表15　元文4年(1739)に番入した惣領一覧

№.	惣領氏名	番入先	当主氏名	当主の所属する組	当主の番入年月日
1	河野通賢	西丸書院番	河野通春	小性組(青山備後守組)	宝永2(1705)10/13
2	本多久時	書院番	本多久命	〃	宝永元(1704)6/11
3	千村某	書院番	千村政時	小性組(皆川山城守組)	享保3(1718)3/16
4	野々山兼有	西丸書院番	野々山元長	〃	宝永2(1705)10/13
5	片岡信允	西丸書院番	片岡和隆	小性組(神尾大和守組)	正徳3(1713)5/18
6	松田某	〃	松田某	〃	宝永元(1704)6/11
7	織田信允	書院番	織田長喬	小性組(松平豊前守組)	宝永元(1704)6/11
8	大河原信良	〃	大河原光良	〃	宝永6(1709)4/6
9	竹川明清	西丸書院番	竹川明菶	小性組(松平采女正組)	享保9(1724)10/9
10	鳥居信久	書院番	鳥居信安	〃	宝永2(1705)10/13
11	内藤正秀	書院番	内藤正統	小性組(佐野中兵衛尉組)	宝永6(1709)4/6
12	遠山兼忠	西丸書院番	遠山貫慶	〃	宝永6(1709)4/6
13	小花和成広	書院番	小花和成興	西丸小性組(丹羽五左衛門組)	正徳3(1713)5/18
14	松野親喜	西丸書院番	松野親移	〃	享保9(1724)10/9
15	水野忠祇	西丸書院番	水野忠福	西丸小性組(柴田但馬守組)	享保9(1724)10/9
16	朝比奈泰輝	書院番	朝比奈泰尚	〃	宝永4(1707)11/18
17	曾根長頭	書院番	曾根定信	西丸小性組(中根大隅守組)	享保3(1718)3/16
18	松平康敬	〃	松平康門	〃	元禄6(1693)12/9
19	瀧川一因	書院番	瀧川一徧	西丸小性組(松平備後守組)	宝永6(1709)4/6
20	小堀政明	〃	小堀政良	〃	享保3(1718)3/16
21	土岐頼門	小性組	土岐頼在	書院番(青山丹後守組)	享保3(1718)3/16
22	遠山景次	西丸小性組	遠山景信	〃	宝永6(1709)4/6
23	本多正尹	小性組	本多正孟	書院番(高力摂津守組)	正徳3(1713)3/11
24	土岐頼克	〃	土岐頼堅	〃	元禄14(1701)4/23
25	阿部正輔	小性組	阿部正敏	書院番(酒井越中守組)	享保2(1717)3/18
26	三枝国中	〃	三枝守景	〃	元禄11(1698)3/19
27	窪田正忠	小性組	窪田正勝	書院番(米津周防守組)	正徳3(1713)5/18
28	山本正守	〃	山本正伸	〃	宝永6(1709)4/6
29	大井昌克	小性組	大井昌全	書院番(戸田備後守組)	正徳3(1713)5/18
30	戸川安長	〃	戸川安通	〃	宝永元(1704)6/11
31	永井尚照	小性組	永井尚広	書院番(嶋津山城守組)	享保7(1722)3/28
32	神保長照	〃	神保長休	〃	宝永6(1709)4/6
33	松平正淳	小性組	松平正命	書院番(船越駿河守組)	享保12(1727)5/21
34	布施正久	西丸小性組	布施正隆	〃	宝永6(1709)4/6
35	上田貞朋	小性組	上田敬貞	書院番(大久保対馬守組)	享保元(1716)3/12
36	菅沼定矩	〃	菅沼定泰	〃	宝永6(1709)4/6
37	大野定良	小性組	大野定穏	西丸書院番(青木縫殿頭組)	宝永6(1709)4/6
38	斎藤正右	〃	斎藤正久	〃	享保4(1719)10/18
39	依田盛憙	西丸小性組	依田盛紀	西丸書院番(水野河内守組)	宝永6(1709)2/21
40	山口直救	小性組	山口直倫	〃	享保13(1728)9/13
41	斎藤総摸	小性組	斎藤総成	西丸書院番(酒井出雲守組)	享保7(1722)2/7
42	南条俊名	〃	南条俊賢	〃	宝永6(1709)4/6
43	神忠強	西丸小性組	神忠聴	西丸書院番(戸田遠江守組)	元禄11(1698)8/18
44	河野通虎	小性組	河野通壽	〃	享保9(1724)10/9

註:『柳営日次記』、『寛政重修諸家譜』より作成した。

組で最古参の番士は内藤久四郎信政であり、(31) 土岐頼賢はそれに次ぐ。しかし内藤信政の惣領久之丞政植は享保十五年に番入しており（表8-30）、元文四年の惣領番入制度の対象からは外れる。同組にあって当主の勤務年数による番入にふさわしいのは土岐頼賢の惣領頼克となる。他方、本多正尹の番入は表15-3の千村某と同じく武芸吟味によると見られる。

以上の事例から、同年の惣領番入にあっては、各組から番士の惣領二名が番入し、うち一名は武芸吟味による番入、一名は当主の勤務年数による番入であると結論づけられる。同じく両番士の惣領が対象となった享保十五年の惣領番入では各組より三名の惣領が番入したことと比して、元文四年のそれは各組より二名であり、規模が縮小している。その要因については不明であるが、人件費（役料）の増加を警戒したということ、小普請からの番入との兼ね合いが考慮されたということ、恐らくはこの辺りが要因であろう。

なお、同年以降、惣領番入制度によって番入したものの、その後病気などで番士として勤められなくなった惣領に対して、これまでは番士であった時のまま役料が支給されていたが、今後は支給しないということになった。(32) ここにも無駄な人件費を削ろうとする幕府の姿勢が見て取れる。

寛保二年　寛保二年（一七四二）十二月三日に実施された惣領番入の内訳は表16の通りである。総勢九十七名の番入である。同年の惣領番入について、『柳営日次記』には武芸吟味による番入、当主の年数による番入の他、「芸術年数ニ付」番入との表記がある。表16の「番入の理由」欄に「武芸／当主」としてあるのがそれである。「芸術」とは武芸吟味による惣領番入であろうし、「年数」とは当主の勤務年数による惣領番入であろう。それぞれの惣領の番入理由を書き分ける手間を省いたものと推測される。

また、番士の惣領についてであるが、元文四年（一七三九）六月二十九日の惣領番入においては両番士の惣領が対象とされたためか、同年の惣領番入では大番・新番・小十人組番士の惣領が対象とされている。大番各組か

表16　寛保２年(1742)の惣領番入【総勢97名】

番入先(人数)	番入の理由(人数)	内訳	
		当主の役職	人数
小性組(８)	武芸/当主(８)	新番組頭	2
		大番組頭	6
書院番(７)	武芸/当主(７)	大番組頭	7
西丸書院番(１)	武芸/当主(１)	新番組頭	1
大番(62)	武芸/当主(６)	納戸組頭	2
		小十人組頭	3
		西丸小十人組頭	1
	武芸吟味(36)	新番士	6
		西丸新番士	2
		腰物方	1
		納戸番	1
		西丸納戸番	1
		大番士	25
	当主の勤務年数(20)	新番士	6
		西丸新番士	2
		納戸番	1
		大番士	11
小十人組(19)	武芸吟味(11)	小十人組番士	7
		西丸小十人組番士	4
	当主の勤務年数(８)	小十人組番士	6
		西丸小十人組番士	2

註：『柳営日次記』、『寛政重修諸家譜』より作成した。

らは武芸吟味による番入が二名、当主の勤務年数による番入が一名。新番、小十人組からはそれぞれ武芸吟味による番入が組ごとに一名、当主の勤務年数による番入も組ごとに一名である。小十人組については当主の勤務年数による番入が見られない組があるが、おおむねはこの通りである。

ところで、新番士の惣領が番入した事例については補足をしておく必要がある。新番松前八兵衛組に属する番士の惣領二名が番入したのは寛保三年三月十一日のことであり、他組の番士惣領よりも数ヶ月遅れている。[33]この遅延の理由は、同組の武芸吟味で不正が発覚し、同組の新番頭が更迭されるという混乱があったためである。この点については次項(2)で詳述する。

〈第三項〉惣領番入制度の実像

（1）森山源五郎盛芳の番入

ここまでで吉宗期における惣領番入制度の展開は明らかになったであろう。それでは実際のところ、番士の惣領はどの様な過程で武芸吟味を受け、番士として召し出されたのであろうか。

そこで旗本森山家の事例を取りあげたい。『寛政重修諸家譜』[34]によれば同家の祖先は武田家に仕え、その後、徳川家に仕えている。駿河大納言（徳川忠長）の改易に際して退身するが、再び召され、家禄三百石を与えられている（元禄年間に廩米百俵加増）。後年当主になる源五郎孝盛は『賤のをだ巻』、『蜑の焼藻』等の著作で知られる。同家の記録である『自家年譜』（『森山孝盛日記』[35]）には、孝盛の先々代森山源五郎盛芳が享保十六年（一七三一）に大番に惣領番入する過程が書かれている。以下、時系列で盛芳が番入するまでを見ていこう。

盛芳は新番小笠原石見守組の番士森山佐右衛門盛寿の惣領である。同人の武芸吟味は、享保十六年三月二十九日の新番頭による弓術吟味（「大的見分《おおまとけんぶん》」。第三章参照）を受けたことに始まる。[36]

『自家年譜』によれば、当日の「大的見分」は「御番入願之子共」のみではなく、新番四組（大岡忠四郎組、倉橋内匠助組、小笠原石見守組、朽木五郎左衛門組）の番士も対象とされたらしい（第三章参照）。見分を受けた総勢二十五名のうち、何人が「御番入願之子共」であったかは不明であるが、盛芳も参加している。また、「御番入願之子共」という文言からは、事前に武芸吟味を受けたい旨を申し出る必要があったことが分かる。

弓術吟味から一ヶ月ほどを経た五月八日、「御番入願之悴共」の武芸吟味が新番頭小笠原石見守政登宅で実施された[37]。盛芳も小笠原宅に赴き、弓術・槍術・剣術の吟味を受けた。この際、新番小笠原平兵衛組番士・久保新右衛門正通の惣領久米之助正肥、同組番士・横地助太夫正長の惣領縫殿助正矩、同小笠原石見守組番士・須田彦兵衛将寛の惣領鉄之助祇脩も武芸吟味を受けている。また、同席の面々から判断するに、新番頭倉橋内匠助久富や高力平八郎長行も同席している様であるが、両名の組に属する番士の惣領は当日の吟味を受けていない様である。とはいえ、『柳営日次記』によれば、同年の惣領番入にあっては、倉橋内匠助組番士・佐久間権八郎信貞の惣領三左衛門信厚（武芸吟味による番入）、同組番士・井戸佐左衛門英弘の惣領佐太郎某（当主の勤務年数による番入、家を継ぐ前に死去）、高力平八郎組番士・余語金十郎勝之の惣領八十郎勝清（武芸吟味による番入）が大番士となっているので[38]、別の日に吟味を受けているのであろう。

小笠原宅における弓術・槍術・剣術吟味の四日後、将軍家別邸の浜御殿（現東京都中央区浜離宮恩賜庭園）の馬場において、馬術の見分が実施された[39]。この際は三月二十九日の「大的見分」と同じく、番士に対する吟味も同時に実施されたらしい。この時点で、弓術・馬術・槍術・剣術、それぞれの武芸吟味を経たことになる。この後、武芸吟味の記事は見当たらない。結果待ちというところであろうか。

武芸吟味を終えてから半年後の十一月二十五日、盛芳は久保正肥とともに大番士となった[40]。須田祇脩、横地長孝は選に洩れた訳である。武芸吟味が形ばかりのものではなく、実をともなう試験であった証左であろう。ただし、久保正肥の番入理由は武芸吟味によるものではなく、当主の勤務年数によるものであった。しかし前段まで明らかな通り、同人も武芸吟味を受けている。どうやら仮に当主の勤務年数による番入であっても、武芸吟味は受けねばならなかった様である。武芸吟味が、特に番士の惣領を対象とする惣領番入の土台であったということに他ならない。

（2）吟味の怠慢

『自家年譜』の事例は惣領番入制度における武芸吟味の重要さを示す好例であるが、一方で武芸吟味が不十分なまま済まされた事例もある。前項末尾で言及した、武芸吟味の不正発覚とそれにともなう新番頭更迭がそれである。

この事件で処罰されたのは大久保弥三郎忠恒という人物である。『寛政重修諸家譜』によれば、忠恒は正徳元年（一七一一）に家を継ぎ（家禄千五百石）、享保三年（一七一八）三月十六日に小性組番士となり、同十年九月二十八日に小性組組頭に昇進、同十六年八月十五日に新番頭に任命された(41)。

さて、寛保二年十一月十四日、大久保忠恒に対して次の申渡があった(42)。

新番頭
大久保弥三郎

其方、組之子共諸芸見分事ニ付而、人数四人之内、弓馬計致見分、鑓・剣ハ四人共見分不仕、素読も壱人承、三人者不承候、右之通ニ而ハ、組中武芸無油断心懸候と申書付ニ者相違仕、不埒成吟味之仕方ニ候、追而上意御沙汰有之候迄ハ先御番差扣可罷在候

大意は以下の通りである。その方（忠恒）は組下の番士の惣領の諸芸見分（吟味）をするにあたって、見分に出た四人の弓術見分・馬術見分はしたものの、槍術・剣術見分はしなかった。また、素読吟味も一人にはしたものの三人にはしなかった。これは組中の番士に武芸を励ませるという書付（新番頭になった際に提出した誓詞の類であろう）に反しており、不埒なことである。追って処分が下されるまでは謹慎しておく様に。

右の申渡の五日後の十九日、忠恒は新番頭を罷免され、小普請入を命じられている（翌年二月十八日に赦免）。その後任には松前八兵衛端広が任命されたのであるが、それは同年十二月四日のことであった(43)。惣領番入のあった十二月三日時点では、同組に番頭はいなかったということになる。その後の動向は不明であるが、前述の通り

翌年の三月十一日まで松前八兵衛組番士惣領の番入が遅れたということから鑑みるに、不十分であった武芸吟味のやり直しがあったのであろう。

この事件の原因が大久保忠恒の怠慢であることはいうまでもない。しかし、享保九年（一七二四）の惣領番入制度発足当時から決められていた「弓馬鑓剣」を対象とした武芸吟味のうち、実施されなかったのが槍術見分と剣術見分であるという点には（前述の通り、素読吟味については余りに史料が不足しているため、言及は避ける。ただし右の文中に「組中武芸無油断心懸」とあることから、素読吟味の怠慢は二次的な処罰理由であると思われる）、忠恒の怠慢ということだけで片付けられない背景がこの事件に存在していると思われる。その背景を解き明かすには吉宗期において実施された他の武芸奨励を考慮に入れる必要がある。ゆえにここでは事件の概要を述べておくだけにしておき、第三章において結論を述べたい。

第三節　惣領番入制度のもたらす恩恵

第二節の分析により、旗本惣領、特に五番方番士の惣領が同制度によって番入しようとする場合、武芸吟味を課されるということが明らかになった。また、前節第三項（1）で確認した通り、当主の勤務年数によって番入した惣領であっても武芸吟味を受けていたことも明らかになった。ただし、当主の勤務年数による番入が可能な惣領が武芸吟味を受け、不本意な結果であった場合、どうなるのかは不明である。前節第二項（3）（4）において、当主の勤務年数による番入が見られなかった事例があるとしたが、武芸吟味の不本意な結果によるものかも知れない。

本節では惣領番入制度が惣領にもたらす恩恵について分析する。家を継ぐ前に番入することに恩恵がないのであれば、惣領が武芸吟味に備えて武芸に励むことにはつながりにくいからである。言い換えれば、惣領が武芸に精を出すに足る恩恵を明らかにした上でなければ、武芸奨励としての惣領番入制度の画期性を証明したことにはならないのである。

そこで第一項では、書院番朽木信濃守組、小性組瀧川播磨守組を取りあげて、これを考察する。より具体的には、両番士の惣領を対象とした二度目の惣領番入が実施された享保十五年八月十九日段階で、朽木・瀧川両組に所属していた番士とその惣領を対象とする。

第二項では、惣領番入制度によって番入することがその後の昇進に結びついたのかどうかを検証する。

なお、議論の前提として、二点を確認しておく。

第一点は、当主の勤務年数による番入を目論む場合の限界についてである。前節で論じた通り、同条件による番入とは、当主が何年間勤めたからその惣領の番入が叶うというものではない。その組にあって、どれほど古参の番士であるかという問題なのである。仮に三十年間の勤務実績のある番士がいたとしても、同じ組に四十年間の勤務実績を持つ番士がいるとするならば、当主の勤務年数による番入の権利は後者の惣領にある。番入を望む惣領としては、当主の勤務年数による番入は甚だ期待し辛いといわざるを得ない。惣領が家を継ぐ前に番入を望むのであれば、武芸吟味による番入を狙う方が遥かに可能性のある話であって、努力次第でその道は開けるのであるし、第三章以降で明らかにする通り、惣領の間に武芸に励んでおけば、たとえ惣領の間に番入出来ず、家を継いでから番入したとしても、武芸上覧や狩猟において活躍出来るのである。

第二点は、武芸吟味による選抜の結果に、それぞれの旗本家の禄高は影響したのかという点である。高禄の家の惣領が選抜に際して優遇されるのであれば、惣領に武芸を励ませようとする吉宗の意図が歪められてしまう。そこで表17を見てみよう。表17は享保十五年に番入した惣領のなかから、両番士の惣領を抽出し禄高を示したものであり、当主の勤務年数によって番入した惣領には網掛けしている。家禄三千五百石の佐野吉之丞信行の惣領

表17　惣領の属する旗本家の禄高

No.	惣領氏名	惣領の家の禄高	No.	惣領氏名	惣領の家の禄高
1	深津正尚	700石	31	美濃部茂英	510石余
2	諏訪正倫	400俵	32	長谷川正直	1,450石余
3	小倉正房	1,200石	33	福嶋正武	500石
4	服部保教	300俵	34	下曾根信一	900石
5	近藤正利	330俵余	35	川口長達	300石
6	三浦正経	800石	36	佐野某	700石
7	金田正弥	1,050石余	37	鈴木政成	1,000石
8	竹田政行	300俵	38	酒依義武	430石余
9	山本邑貞	300石	39	嶋津久茌	500石
10	嶋田直良	300俵	40	田付景林	300俵
11	諏訪頼純	700石	41	春田直庸	500石
12	服部信隆	1,200石	42	天野成政	500石
13	中山時庸	1,500石	43	山本雅攄	600石余
14	深津正峯	750石	44	松浦信秀	400石
15	彦坂晴允	600石	45	松崎忠富	500石
16	児玉直等	300俵	46	松平親精	700石
17	佐々正重	200石100俵	47	三田伴成	300俵
18	加藤忠道	600石	48	津田信英	300俵
19	横山知盈	500石	49	永田忠方	300俵
20	深津政孟	500石	50	松平近繁	300俵
21	山高信蔵	1,800石	51	松下綱平	500石
22	堀長寛	500石	52	松平康当	300石
23	須田盛与	450俵	53	坂部勝興	300俵
24	朝比奈勝乗	500石	54	塚原昌博	450石
25	小長谷政芳	1,000石	55	徳永昌尚	1,100石
26	内藤種丈	600石	56	西尾教安	300俵
27	天野雄好	1,800石	57	御手洗正良	500石
28	戸田政珍	400石	58	六郷政豊	600石
29	大河内忠恒	750石	59	佐野仲行	3,500石
30	内藤政植	300石	60	松前報広	500石

註：『柳営日次記』、『寛政重修諸家譜』から作成した。

隼人仲行（表17－59）から家禄三百俵の服部三郎兵衛保昌の惣領左兵衛保教（表17－4）や竹田源兵衛政就の惣領民部政行（表17－8）にいたるまで、武芸吟味によって番入した惣領の家だけをみても相当な開きがあるということが分かる。よって、武芸吟味にあっては家柄が幅を効かせるというような横車は通用しないということになる。

以上の分析から、惣領番入制度による恩恵を受けようとするならば、基本的には前もって武芸に励んでおくしかないという前提が確認された訳である。以下、この前提の下で分析を進めていく。なお、この後に提示する経歴や年数、年齢などはすべて『寛政重修諸家譜』の記述に従っている。

〈第一項〉両番士の惣領と惣領番入制度

（1）書院番士の惣領の事例

表18は享保十五年（一七三〇）八月十九日時点で書院番朽木信濃守組に属した番士の一覧であり、これに惣領の氏名を付したものである。網掛けは総番入制度・惣領番入制度によって番入した者であり、このうち、※がついているのは総番入制度によって番入した者、太字は享保十五年以前・以後を問わず、惣領番入制度によって番入した者を意味している。また、惣領番入制度と惣領との関係を考えるのが目的であるから、享保十五年段階で惣領であったものの家を継ぐ前に死去してしまった者、あるいは同年の段階では未だ生まれていない惣領や、養子として迎えられる以前であると考えられる者なども含まれている。

同日は両番士の惣領を対象とした二度目の惣領番入が実施された日であるが、この組への番入はない。当時信濃守組には四十七名の番士が所属しており（一組ごとの定員は五十名）所属番士の少ない組に振り分けられたと考えられる（たとえば書院番秋元隼人正組の場合、所属番士が三十八名であるところに五名の惣領が配属されている）[44]。同日の段階で、総番入制度を通じて番入した番士は四十七名中十名（表18-1、3〜9、14、37）。多くは宝永六年（一七〇九）総番入制度で番入した者である。また、享保九年、十二年に惣領番入制度を通じて番入した番士は三名である（表18-34、39、40）。この他の三十四名は家を継いだ後で番入した番士である。

惣領のうちに番入した者　信濃守組の番士四十七名の惣領のうち、享保十五年より前に番入を果たしているのは藤掛勘解由永貞（表18-1）と曲淵孫市保照（表18-2）の二名である。享保十五年に番入を果たした惣領は天野左門雄好（表18-5、家を継ぐ前に死去）と小長谷喜太郎政芳（表18-11）、内藤右近種丈（表18-21）の三人である（氏名

表18　書院番朽木信濃守組番士とその惣領（享保15年８月19日時点）

No.	番士氏名	惣領氏名	No.	番士氏名	惣領氏名
1	藤掛永則　※	藤掛永貞　※	25	小林正興	小林正勝
2	曲淵信興	**曲淵保照**	26	横田豊松	横田松興
3	坪内定冨　※	坪内定次	27	松平忠全	松平忠郷
4	松浪明教　※	松波明清	28	横田由松	横田松春
5	天野雄良　※	**天野雄好**　〇	29	冨永勝清	冨永高則
6	弓気多昌行　※	弓気多昌芳	30	小出尹一	小出尹寧
7	遠山景信　※	**遠山景次**	31	久留正至	久留朁富
8	横山一孝　※	**横山一貞**	32	真田助信	真田某
9	岡田由茂　※	岡田由先	33	伊丹忠寄	伊丹勝英
10	阿倍政恒	阿倍政以	34	**須藤盛包**	須藤盛春
11	小長谷友長	**小長谷政芳**　〇	35	間宮信盛	間宮信栄
12	高木正方	高木正栄	36	横山一久	横山一至
13	久世広氏	久世広厚	37	若林直道　※	若林直良
14	戸田忠城　※	**戸田忠則**	38	岡野辰明	岡野明従
15	松浦信正	松浦信程	39	**牧野為成**	牧野美成
16	小笠原信親	小笠原信安	40	**赤井公寛**	赤井忠光
17	土岐頼在	**土岐頼門**	41	小笠原信用	小笠原信甫
18	溝口勝文	溝口勝豊	42	小幡景利	小幡景房
19	花房正充	花房正甫	43	小栗信倚	小栗信霽
20	有馬重尚	有馬尚久	44	稲葉栄通	稲葉種通
21	内藤種元	**内藤種丈**　〇	45	松平乗政	松平乗備
22	本多重雅	本多重隆	46	松田貞弘	松田貞東
23	丸山友栄	**丸山友生**	47	能勢頼薫	**能勢頼俟**
24	後藤長記	後藤応勝			

註１：『御番士代々記』（『御書院番一番名前目録』）、『寛政重修諸家譜』から作成した。
２：網掛けは総番入制度・惣領番入制度により番入した者。このうち、※は総番入制度による番入、太字は惣領番入制度による番入、〇は享保15年の惣領番入制度による番入を示す。表19も同様。

の後ろに○を付した）。この後、元文四年（一七三九）に遠山多宮景次（表18-7、家を継ぐ前に死去）と土岐彦九郎頼門（表18-17）、寛延三年（一七五〇）に横山藤四郎一貞（表18-8）と能勢勘十郎頼侯（表18-47、家を継ぐ前に死去）、宝暦十三年（一七六三）に丸山権十郎友生（表18-23）が番入している(45)。

番入から家を継ぐまでの期間を計算すると、天野雄好が十一年、小長谷政芳が一年、内藤種丈が二十三年、土岐頼門が十三年、横山一貞が十五年、丸山友生が十二年となる。この期間が何を意味するのかといえば、当主の家禄に加えて番入した惣領にも役料三百俵が支給される期間、すなわち家の収入が増加する期間であるが、もしも家を継ぐまで番入出来なかったとすれば、何をするということもなく、文字通り厄介者として部屋住を続けることになったかも知れない期間なのである。番入後一年で家を継いだ小長谷政芳であればともかく、番入と家を継ぐまでに二十年以上の差がある内藤種丈であれば収入の面において段違いの結果を生み出すこととなる。これこそ惣領番入制度の恩恵のひとつである。

同制度には別の恩恵もある。そもそも、彼らは五番方に召し出される格を持つ家に生まれたのであるから、たとえ家を継ぐ前に番入出来なかったとしても、家を継ぎさえすれば数年のうちに番入は叶う。しかし、それはある種の危険をともなう。それは、家を継ぎ番入するまでに死去してしまい、小普請のままで生涯を終えるという事態である。この様な事態を回避する可能性が高まることも恩恵であろう。

たとえば寛延三年（一七五〇）に惣領番入した横山一貞の場合、明和二年（一七六五）に家を継いだ六年後の同八年には死去してしまう。享保十五年に番入した内藤種丈は宝暦三年（一七五三）に家を継ぎ、翌年に死去している。宝暦十三年（一七六三）年に番入した丸山友生は、安永四年（一七七五）に家を継ぎ、その二年後に死去している。

これら三名、特に五十歳を過ぎるまで家を継げなかった内藤種丈や丸山友生は、惣領番入制度を通じて、小普請のままで生涯を終えるという事態を回避したということになる。家を継ぐ前に死去してしまったものの、惣領番入制度によって番入はしていた曲淵保照や遠山景次、能勢頼倎もこれに類するものとして数えることが出来よう。番入の翌年に家を継いだ小長谷政芳の様に、仮に惣領番入の選に漏れたとしても経歴に大きな違いはなかったと思われる惣領もいるが、一方で小普請のままで生涯を終えるのを惣領番入制度によって避けた惣領がいるということなのである。

家を継いでから番入した者　家を継いでから番入した惣領（家を継いだ以上当主と呼ぶのが適当であるが、便宜上惣領と呼称する。以下同）の経歴からはどの様なことがいえるだろうか。全体的には二十代から三十代で家を継ぎ、その数年後に番士になっている惣領がほとんどであるが、高木政之助正栄、花房喜三郎正甫、小林十大夫正勝の様に、そうではない惣領もいる（表18-12、19、25）。

高木正栄は宝暦九年（一七五九）に四十二歳で家を継ぎ、その九年後の明和五年（一七六八）に小普請のまま五十一歳で致仕（引退）、安永四年（一七七五）に死去している（五十八歳）。享保十五年段階では十三歳であり、番入することは年齢的に難しいであろうが、同年と同じく書院番士の惣領を対象とする惣領番入が実施された元文四年（一七三九）時点で二十二歳、寛延三年（一七五〇）時点で三十三歳であり、番入にふさわしい年齢になっているにも関わらず、番入していない。

花房正充は寛保元年（一七四一）に二十二歳で家を継ぐものの宝暦四年（一七五四）に三十五歳の若さで小普請のまま死去している。

小林正勝は宝暦七年に家を継ぎ（三十八歳）、その十五年後の安永元年（一七七二）に西丸小性組番士になるが（五十三歳）、その翌年には勤めを辞し、天明六年（一七八六）に死去する（六十七歳）。家を継いでから番入まで十五年かかったという点は他の事例に比して明らかに長い。

これら三名、特に高木正栄・小林正勝の二名は惣領番入制度を活用出来なかった事例ともいえようが、断言は避けたい。家を継いだ後の番入も遅れている点から、家を継ぐ前の番入にせよ家を継いだ上での番入にせよ、それを妨げる何らかの要因（病気など）があったとも考えられるからである。他の事例と比して特殊な事例とはいえるが、『寛政重修諸家譜』の記述からはこれ以上の検討は難しい。これら三名の事例および惣領のうちに番入した事例を除けば、二十代から三十代の間に家を継ぎ、その後数年で番入が叶うという事例が大多数であり、わざわざ惣領の間に番入せずともどうにかなるともいえる。しかしそれは結果論であって、高齢を迎えるまで家を継げないということも十分にあり得たのである。

（2）小性組番士の惣領の事例

表19は享保十五年八月十九日時点で、小性組瀧川播磨守組に属した番士の一覧である。体裁その他、すべて表18に準じている。

同日の惣領番入直前で播磨守組に属した番士は三十九名。これに書院番水谷出羽守組番士・下曾根新五郎信如の惣領三十郎信一、同金田周防守組番士・田付又四郎景厖の惣領文五郎景林、同高木伊勢守組番士・松浦忠右衛門信福の惣領求馬信秀、西丸書院番酒井豊前守組番士・徳永帯刀昌英の惣領八郎五郎昌尚、以上四名が加わり（表19-40～43、◎を付した）、合計で四十三名の番士が所属することとなる。

この段階で、総番入制度を通じて番入した番士は四十三名中十一名（表19-1、7～16）。（1）の書院番朽木信濃守組と同じく、宝永六年（一七〇九）に番入した番士が多い。また、享保九年（一七二四）に惣領番入制度を通じて番入した惣領は二名である（表19-26、27）。これら十三名と前段にあげた四名以外が、家を継いでから番士になった者ということになる（二十六名）。

惣領のうちに番入した者　単なる偶然であろうが、播磨守組の番士四十三名の惣領のなかには享保十五年より前

表19　小性組瀧川播磨守組番士とその惣領（享保15年８月19日時点）

No.	番士氏名	惣領氏名	No.	番士氏名	惣領氏名
1	小倉正矩　※	小倉正房　○	23	冨永泰兼	冨永方泰
2	本多久命	本多久時	24	戸川安章	戸川安勝
3	椿井政好	椿井安長	25	小笠原正淳	小笠原正方
4	九鬼隆之	九鬼隆相	26	赤井忠通	赤井忠晶
5	河野通春	河野通賢	27	冨永記淳	冨永記雄
6	榊原秀豊	榊原有秀	28	岡部長威	岡部長説
7	佐久間信詮　※	佐久間信秋	29	長田安都	長田房明
8	小俣敬中　※	小俣政章	30	三好善政	三好政幹
9	諏訪正晴　※	諏訪正倫　○	31	佐橋佳遠	佐橋佳太
10	花房正敏　※	花房正路	32	朝比奈義忠	朝比奈某
11	安西元春　※	安西元栄	33	中根政秀	中根正明
12	朝岡国隆　※	朝岡清長	34	疋田正誰	引田正綱
13	筧為照　※	筧為昇	35	小栗信道	小栗信久
14	深津正房　※	深津正尚　○	36	曾我助理	曾我某
15	横田栄松　※	横田尚松	37	小倉正致	小倉正孝
16	松崎良時　※	松崎良純	38	朝倉教周	朝倉勝寿
17	榊原清庸	榊原久友	39	筧正逸	筧正知
18	荒川匡冨	荒川義周	40	下曾根信一　◎	下曾根信胤
19	内藤信安	内藤信就	41	田付景林　◎	田付景利
20	阿部正在	阿部正顕	42	松浦信秀　◎	松浦信邦
21	山木正信	山木正篤	43	徳永昌尚　◎	徳永昌康
22	木村安根(安益)	木村安存			

註：『御番士代々記』(『御小性組一番名前目録』)、『寛政重修諸家譜』から作成した。

に番入している惣領はいない。享保十五年に番入した惣領は小倉吉之丞正房（表19-1）、諏訪友之助正倫（表19-9）、深津頼母正尚（表19-14）の三人である（○を付した）。この後、元文四年（一七三九）に本多靫負久時（表19-2）と河野十郎右衛門通賢（表19-5）、寛延三年（一七五〇）に朝岡喜七郎清長（表19-12、家を継ぐ前に廃嗣）と木村安存（表19-22、家を継ぐ前に死去）が惣領番入制度を通じて番士となっている。これに加えて、表には書いていないものの、家を継ぐ前に廃嗣されてしまった清良に替わって朝岡家の惣領となった新七郎国休が宝暦十三年（一七六三）に惣領番入制度を通じて番入している。[46]

『寛政重修諸家譜』によると、番入から家を継ぐまでの期間は、小倉正房が六年、深津正尚が十三年、本多久時が十二年、諏訪正倫と河野通賢、朝岡国休が一年となる。書院番同様、この期間は役料三百俵が支給される期間であるが、（1）で述べた通り、家を継ぐまで番入出来なかったとすれば、当主の家禄と役料に依存し厄介者として部屋住を続けることになったであろう期間である。（1）の事例ほど極端な事例は見当たらないものの、深津正尚や本多久時は番入と家を継ぐまでの間に十数年の開きがある。また、（1）で見た曲淵保照や遠山景次、能勢頼倹の様に、家を継ぐ前に死去してしまった木村安存もこの制度の恩恵を受けた事例として数えられるであろう。

家を継いでから番入した者　では、家を継いでから番入した惣領の経歴からは、どの様なことがいえるか。同組番士の惣領には家を継いだものの小普請のままで死去してしまったという事例が多い（このこと自体は偶然であろう）。このうち、佐久間金十郎信秋（表19-7、二十二歳で死去）や小俣幾之助政章（表19-8、二十九歳で致仕、三十二歳で死去）、榊原織江久友（表19-17、二十歳で死去）、長田新十郎房明（表19-29、二十二歳で死去）など、若死してしまった事例については、惣領番入制度との関係の上で論じることは出来ない。

注目すべきは比較的高齢で家を継いでから番入した、横田半十郎尚松（表19-15）、松崎善五郎良純（表19-16）、朝倉多宮勝寿（表19―38）である。

横田尚松は宝暦六年（一七五六）に四十二歳で家を継ぎ、翌年、西丸小性組番士となり、明和元年（一七六四）に五十歳で死去するまで八年間番士を勤めている。

松崎良純は寛延二年（一七四九）に五十五歳で家を継ぎ、翌年書院番士となり、宝暦九年（一七五九）に六十五歳で死去するまで九年間番士を勤めている。

朝倉勝寿は安永元年（一七七二）に四十五歳で家を継ぎ、同五年、四十九歳で書院番士となるものの翌年に番士を辞め、その三年後には致仕（引退、五十三歳）、さらにその三年後に死去している（五十六歳）。

いずれも家を継ぐまで番入せず、番入後ほどなく死去してしまった事例である。『寛政重修諸家譜』によれば三人はすべて実子、すなわち若いうちからそれぞれの家の惣領として惣領番入制度を活用出来る立場にあった者ばかりである。（1）で特殊な事例としてあげた高木正栄や花房正充とは違い、三人とも家を継いでからすぐに番入しているわけであって、番入を妨げる事情がなかった可能性が高い。つまり、惣領である間も番入を望みながら選に漏れ続け、結果として番士としての実働期間も短くなってしまったと考えられるのである。（1）で取りあげた横山一貞・内藤種丈・丸山友生の事例とは正反対である。書院番杉木信濃守組の傾向と同じく、基本的には二十代から三十代で家を継ぎ、数年で番入するという履歴を有する者が大半ではあるものの、横田・松崎・朝倉の様な事例も一方では存在したのである。

惣領番入制度の恩恵　以上、享保十五年八月十九日段階で書院番杉木信濃守組・小性組瀧川播磨守組に所属した番士とその惣領を対象に、惣領番入との関係を分析した。その結果明らかになった惣領番入制度の恩恵とは次の二点である。

第一に収入の増加という恩恵である。惣領のうちに番入すれば役料が支給され、当主の家禄・役料に上乗せされることになる。この期間は家の収入が増加する期間ということになるが、二十年以上もそれが継続される事例もある（表18–21）。家を相続するまで番入出来なかった場合と比べて収入の面で格段の差があった。

第二に経歴上の恩恵である。高齢になるまで家を継ぐことが出来ず、継いだ後に番入したもののほどなく死去してしまう事例（表19–15、16、38）があった。惣領番入制度を活用出来ていれば、こうした事態は避けられるはずであった。

何らかの事情によって惣領番入制度を活用出来なかった事例、活用しきれなかった事例もあろうが、少なくとも前段に掲げたふたつの恩恵は、旗本惣領には十分に魅力的なものであったと考えられる。

ただし、第二の点については、もう少し掘り下げる必要がある。本項で取りあげた事例は、長らく番入出来ないまま人生を浪費することを「避けられる」という、どちらかといえば後ろ向きな意味での恩恵ということになるが、惣領番入制度で番入するということが、のちの昇進につながるとすればどうであろうか。より前向きな意味での恩恵ということになろう。次項では惣領番入制度と昇進との関係について分析する。

〈第二項〉昇進と惣領番入制度

（1）番入後の経歴

惣領番入制度によって番入するということは、その後の昇進に影響したのであろうか。影響したのであればどの程度影響したのであろうか。たとえば昇進を保障する免許の様な効力を発揮したのであろうか。

表20は享保十五年（一七三〇）八月十九日に惣領番入制度によって番入した旗本惣領のうち、父（当主）が両番士である旗本惣領六十名を抽出したものである。以下、『寛政重修諸家譜』の記述を元に、表20に記された六十名の番入惣領の経歴を、その惣領の父（当主）やそれ以前の当主との経歴と比較しながら、惣領番入制度と昇進

表20　享保15年８月19日に番入した両番士惣領の一覧

No.	惣領氏名	No.	惣領氏名
1	深津正尚	31	美濃部茂英
2	諏訪正倫	32	長谷川正直
3	小倉正房	33	福嶋正武
4	服部保教	34	下曾根信一
5	近藤正利	35	川口長達
6	三浦正経	36	佐野某
7	金田正弥	37	鈴木政成
8	竹田政行	38	酒依義武
9	山本邑貞	39	嶋津久荏
10	嶋田直良	40	田付景林
11	諏訪頼純	41	春田直庸
12	服部信隆	42	天野成政
13	中山時庸	43	山本雅攄
14	深津正峯	44	松浦信秀
15	彦坂晴允	45	松崎忠富
16	児玉直等	46	松平親精
17	佐々正重	47	三田伴成
18	加藤忠道	48	津田信英
19	横山知盈	49	永田忠方
20	深津政孟	50	松平近繁
21	山高信蔵	51	松下綱平
22	堀長寛	52	松平康当
23	須田盛与	53	坂部勝興
24	朝比奈勝乗	54	塚原昌博
25	小長谷政芳	55	徳永昌尚
26	内藤種丈	56	西尾教安
27	天野雄好	57	御手洗正良
28	戸田政珍	58	六郷政豊
29	大河内忠恒	59	佐野仲行
30	内藤政植	60	松前報広

註：『柳営日次記』、『寛政重修諸家譜』より作成した。

との関係について検討していく。

当主・先代当主の経歴を越えた惣領　表20にあげた六十名のうちから、当主・先代当主の経歴を上回る惣領の事例をあげてみよう。

小長谷喜太郎政芳（表20-25、第一項参照）は、享保十五年に小性組に番入し、その翌年に家を継ぐ。西丸小性組に転属したのち、宝暦八年（一七五八）に布衣役である西丸小性組組頭に昇進、以後、本丸・西丸への転属を経た後、同十三年に死去している（五十三歳）。政芳が番入した享保十五年段階で小長谷家の当主であったのは喜八郎友長、その先代は六郎左衛門政友であるが、いずれも書院番士のまま生涯を終えている。『寛政重修諸家譜』によるとこの家系で布衣役にまで昇進したのは政芳が初めてである。

大河内杢之助忠恒（表20-29）は、享保十五年に小性組番士となり、その二年後に布衣役である小納戸になっている。忠恒が番入した時点で大河内家の当主であったのは丹下忠政であるが、忠政は書院番士のまま生涯を終えている。また、その先代兵左衛門忠勝は小普請のまま死去している。大河内家にとっては先々代当主の兵左衛門忠次が納戸頭まで昇進して以来、久しぶりの布衣役昇進者である。

山本大膳雅攄（表20-43）は、享保十五年に小性組番士となり、その二年後に家を継ぎ、寛保二年（一七四二）には布衣役である小性組組頭に昇進、宝暦四年（一七五四）には奈良奉行に就任している。雅攄が番入した時点で山本家の当主であったのは縫殿正延であるが、正延は書院番士のまま生涯を終えている。その先代四兵衛正貞も小性組番士で生涯を終えている。雅攄の昇進はめざましい。

この他、福嶋助市正武（表20-33）、川口千之助長達（表20-35）や松浦求馬信秀（表20-44）もそうした事例として数えることが可能である。これらの事例からは、惣領番入制度と昇進が密接に絡み合っている様に思える。

当主・先代当主の経歴を越えられなかった惣領　しかし、それを覆す反例は多々ある。たとえば嶋田小三郎直良（表20-10）であるが、先代五郎左衛門直勝、当主忠四郎直寛同様、当人も両番士のままその役職遍歴を終えている。惣領本人を含めて三代続いて番士のままであった事例はおよそ三十例ほどある。

深津頼母正尚（表20-1、第一項参照）の場合、享保十五年に書院番士となった後は昇進することもなく、七十一歳の引退を迎えている。これに対して、享保十五年段階で深津家の当主であった八郎右衛門正房は二丸納戸頭、二丸留守居を勤めている。また、その先代の八郎右衛門正国は下田奉行や駿河町奉行を勤めている。正尚が番入したのは三十五歳、引退したのは七十一歳であるから、およそ三十年の間、書院番士のままであったということになる。正房や正国の経歴を鑑みれば、正尚とて何らかの昇進があってしかるべきであるが、そうではなかった。第一項においては正尚が比較的高齢（四十八歳）になってから家を継いだことから、役料の面から惣領番入制度の恩恵を享受したとしたが、その後の経歴を鑑みれば必ずしも恵まれた役職遍歴とはいい難い。

この様に、先代当主・当主らが昇進しているにも関わらず、当人が両番士のまま生涯を終えている事例は、深津正尚をはじめとして、金田新蔵正弥（表20-7）や堀又十郎長寛（表20-22）、須田甚三郎盛与（表20-23）など、十数例見出せる。

当主・先代当主の経歴と同等の惣領　また、中山五郎左衛門時庸（表20-13）は享保十五年に書院番士となった後、中奥番を経て、布衣役である小十人頭、目付、大坂町奉行、勘定奉行を歴任している。享保十五年段階で中山家の当主であった半右衛門時富は小性組番士として昇進することもなく生涯を終えているものの、その先代出雲守時春は目付や大坂町奉行、勘定奉行など、要職を歴任している。時庸の昇進は中山家とすればすでに時春の代に実現済みのことであり、際だったものではない。

中山時庸の経歴の様に、昇進したのが惣領番入制度を通じて番入した世代のみではないという事例は、美濃部豊三郎茂英（表20-31）、長谷川小膳正直（表20-32）など、十数例見出せる。

惣領番入制度と昇進の関係　惣領番入制度を通じて番入するということが昇進に直結しているのであれば、この様な結果になるであろうか。冒頭の小長谷政芳らの事例を根拠として、惣領番入制度が昇進に直結すると考えるのは無理がある。惣領番入制度によって番入するということは、昇進を保障する免許、権利を獲得するというものではないのである。

それでは、惣領番入制度は昇進に何の影響も及ぼさなかったのかといえば、実はそうではない。別の観点で分析を進めた場合、昇進との関係を確認出来る。第一項と同じく、番入の時期と家を継ぐ時期との差に注目するのである。

冒頭で取りあげた大河内忠恒の経歴を再度確認してみよう。忠恒が小性組に番入したのは享保十五年、二十三歳の時である。その二年後に小納戸に昇進し、その後小姓、小納戸と布衣役を勤め、原因は不明であるが、役職を辞して寄合に列している。以上の経歴はすべて家を継ぐ前なのである。家を継いだのは宝暦三年（一七五三）、四十六歳の時である。仮にこの時まで惣領番入制度の選に洩れ続けたとすると、忠恒は四十六歳で家を継ぎ、番入し、しかる後に布衣役を目指すということになる。二代続けて番士のままで終わった大河内家にあって昇進した忠恒ではあるが、家を継いだ十五年後に死去することを鑑みれば、四十六歳で家を継ぐまで番入出来なかったとすれば、本来の経歴通りの昇進が叶ったか、甚だ心許ない。

同じことが美濃部茂英の事例からもいえる。茂英は享保十五年に番入した後、中奥番を経て、宝暦八年に家を継ぎ、翌年徒頭に昇進している。番入してから二十九年目の布衣役昇進である。美濃部家は享保十五年段階で当主であった茂孝も書院番組頭や佐渡奉行といった布衣役を歴任しているので、美濃部家としては、茂英の経歴は出色のものではなく、妥当なものである。しかしそれは、茂英が惣領のうちに番入したからこその話である。四十七歳で家を継ぐまで無役であった場合、茂英は徒頭まで昇進出来たのであろうか。

この他、長谷川小膳正直（表20-32、第一項参照）や酒依権之丞義武（表20-38）、田付文五郎景林（表20-40、第一項参照）なども、それぞれ番入と家を継ぐまでの間に二十数年の開きがあり、布衣役昇進は家を継ぐ前に実現している。いずれも、家を継ぐまで番入出来なかったならば実現しなかったであろう経歴である。(47)

以上の分析から、惣領番入制度が昇進に与えた影響とは、昇進の免許・資格を得るという様な直接的なものではなく、昇進までの勤務年数を上積みするという間接的なものであったという結論に落ちつく。この結論をさらに確固としたものとするため、享保～宝暦間（一七一六～一七六四）を対象期間として、両番士から布衣役である両番組頭（書院番組頭・小性組組頭）に昇進した者の経歴を分析してみよう。

なお、両番士の昇進については、寛文四年（一六六四）の事例を取りあげた藤井譲治氏の研究、(48)正徳期（一七一一～一七一五）の事例を取りあげた武井大侑氏の研究(49)があるが、いずれも昇進と総番入制度との関係には踏み込んでいない。以下、惣領番入制度との関係を中心に論じることになるが、総番入制度との関係にも若干の分析を加える。

（2）両番組頭へ昇進した番士の経歴

両番の各組に一名ずつ置かれた組頭は、江戸幕府の役職の手引き書である『明良帯録』の「両御番組頭」の項に「組中の差引諸願進達を取次て通帳を以て番頭へ達す、御触幷申渡事先例の如く申渡す」とある通り[50]、両番頭の下で組の管理・運営に当たる役職であった。江戸幕府の諸役人の任免を記した『柳営補任』によると、本項で対象とする享保～宝暦年間（一七一六～一七六四）において、書院番組頭（西丸書院番組頭を含む）になった者は合計で七十五名、このうち、両番士から組頭に昇進したのは六十六名である[51]。小性組組頭（西丸小性組組頭などを含む）になった者は合計で六十三名、このうち、両番士からの昇進は五十四名である[52]。また、両番士から両番組頭に昇進した事例のほとんどはその組の生え抜きであるが、それは組の管理・運営に携わる役職ゆえのことであると思われる。

表21、22は対象期間に番士から組頭に昇進した者の一覧である（表21が書院番組頭への昇進、表22が小性組組頭への昇進）。これらの事例は、①家を継いでから番入しその後両番組頭に昇進した者、②総番入制度によって番入しその後両番組頭に昇進した者（備考欄に「総」と記した）、③惣領番入制度によって番入しその後両番組頭に昇進した者（備考欄に「惣」と記した上で太字にした）という三種に分類出来るが、このうち、③について検討してみよう。なお、氏名については『柳営補任』と『寛政重修諸家譜』で一致しないものがあるが、表21、22のいずれも『寛政重修諸家譜』の表記に従った。

③のうち、書院番組頭に昇進した者は、杉浦弥一郎貞隣（表21-23）、諏訪七左衛門頼均（表21-28）、山本新五左衛門正相（表21-30）、梶四郎兵衛正胤（表21-47）、石尾七兵衛氏記（表21-52）、山田主計勝之（表21-53）、池田数馬政胤（表21-60）、以上七人である。

表21　書院番組頭一覧（享保～宝暦年間）

No.	名前	番入から昇進まで(年)	家を継いでから昇進まで(年)	備考
1	戸田氏紀(氏記)	13	12	総
2	松野昉義(防義)	9	1	総
3	川勝隆明	28	4	総
4	大岡忠恒	13	22	
5	三枝守信	16	10	総
6	秋元賀朝	12	1	総
7	高城清胤	25	28	
8	三宅長房	32	—	
9	石尾氏茂	6	16	
10	戸田忠就	16	1	総
11	内藤貞恒	6	—	
12	能勢頼庸(頼族)	18	1	
13	朽木長綱(長恒)	3	—	
14	溝口塡勝	13	18	
15	久貝俊斎	23	25	
16	長谷川正誠	6	17	
17	美濃部茂孝(茂存)	25	34	
18	栗原利規	27	—	
19	奥津忠季	13	27	
20	逸見義教	23	18	総
21	田付景彪	13	—	
22	都筑政方	31	35	
23	杉浦貞隣	7	7	惣
24	久世広氏	22	25	
25	松平尭親(幸親)	19	20	
26	曲渕勝延	12	36	
27	川口勝保	17	19	
28	諏訪頼均	13	－5	惣
29	猪飼正昌	25	29	
30	山本正相	15	7	惣
31	大井昌全	32	—	
32	設楽貞根	10	12	
33	安藤(安部)信歴	16	7	
34	戸田忠城	31	15	総
35	松平定為	33	22	総
36	太田資弘	16	19	
37	阿部正敏(正般)	27	39	
38	菅沼正於	35	15	総
39	平岡資賢	36	21	総
40	榊原長国	36	18	総
41	近藤用穹	38	5	総
42	本多秋信(攄信)	14	20	
43	瀬名貞栄	32	45	

44	大久保忠顕(忠頭)	19	25	
45	服部貞陳	42	38	総
46	村上正満	18	20	
47	梶正胤	25	0	惣
48	天野康建	19	22	
49	遠山景信	44	23	総
50	伊勢貞恒(貞軽)	19	30	
51	安藤定英(定房)	18	19	
52	石尾氏記	18	16	惣
53	山田勝之	30	12	惣
54	間宮信盛	30	40	
55	長山直幡(直英)	15	22	
56	能勢頼種	27	29	
57	小出有陟	6	16	
58	平岡正敬	31	37	
59	和田惟貞	40	44	
60	池田政胤(正胤)	23	20	惣
61	逸見義次	21	22	
62	諏訪盛恭(盛泰)	27	43	
63	水野忠尭	37	38	
64	鵜殿長矩	24	26	
65	仁賀保誠之	27	34	
66	堀田一龍	38	57	

註1：『柳営補任』、『寛政重修諸家譜』より作成した。
2：番入から昇進までの期間について、処罰などで職歴が途切れている者については組頭につながる職歴で年数を計算した。
3：家を継いでから昇進までの期間について、家を継いでから組頭に昇進するまでの職歴が途切れている者は分析の対象外とした。

表22　小性組組頭一覧

No.	名前	番入から昇進まで(年)	家を継いでから昇進まで(年)	備考
1	本多忠英	10	4	総
2	水野忠欽	22	34	
3	市岡正次	30	19	総
4	小菅正親	19	29	
5	進成睦	24	24	
6	永見為位	4	5	
7	森川俊勝	10	—	
8	榊原職長	21	—	
9	大久保忠恒	7	14	
10	堀直方	17	6	総
11	菅沼定勝	33	12	総
12	長塩正徳	18	4	総
13	堀利庸	8	10	

14	松平近郷(近平)	10	20	
15	神保忠正	11	20	
16	安部信之	22	7	総
17	山田利延	15	25	
18	山高信礼	33	22	総
19	加藤正景	16	19	
20	山木正信	16	36	
21	武田信温	10	11	
22	渥美友武	12	13	
23	菅谷政鋪	5	11	
24	戸田直之	13	21	
25	大橋親義	6	15	
26	大津勝岑	29	20	総
27	脇坂安繁	14	24	
28	織田信義(信興)	3	10	
29	田中勝芳(勝方)	20	27	
30	桜井政甫	14	−3	惣
31	山本雅攄	12	10	惣
32	牟礼葛貞(菖貞)	12	5	惣
33	坂部明之	16	5	惣
34	松平正輔	21	37	
35	赤井忠道(忠通)	22	16	惣
36	別所貢長	40	48	
37	松平勝周	7	20	
38	有馬純意	3	22	
39	大久保康致	25	26	
40	宅間良豊	31	34	
41	田付景林	20	−5	惣
42	坪内定央	5	8	
43	稲葉正長	7	10	
44	久世広慶	30	33	
45	遠山安英(康英)	28	9	惣
46	神保(神尾)長勝	25	19	惣
47	天野富房	32	33	
48	松平近富	12	23	
49	大久保忠厚	8	12	
50	小長谷政芳	28	27	惣
51	小出英通	15	24	
52	朝岡興戸	27	11	惣
53	清水政意(義永)	22	32	
54	織田信方	15	15	

註1：『柳営補任』、『寛政重修諸家譜』より作成した。

2：番入から昇進までの期間について、処罰などで職歴が途切れている者については組頭につながる職歴で年数を計算した。

3：家を継いでから昇進までの期間について、家を継いでから組頭に昇進するまでの職歴が途切れている者は分析の対象外とした。

このうち、杉浦貞隣は番入した年に家を継ぎ、石尾氏記や池田政胤、山本正相も番入してから十年未満で家を継いでいる。したがって、①との差異を見出すのは難しい。

これに対して、梶正胤は二十五年、山田勝之は十八年の間、惣領として書院番士を勤めた後に家を継ぎ、その後組頭に昇進した。注目すべきは梶正胤の経歴であり、彼は家を継いだ直後（五ヶ月後）に書院番組頭に昇進している。家を継ぐ前からの書院番士の勤務年数が影響しているものと推察される。

また、諏訪頼均は享保九年（一七二四）に番入して十三年後の元文二年（一七三七）に西丸書院番組頭に昇進しているが、それは家を継ぐ五年前にあたる。表21において「家を継いでから昇進まで（年）」欄がマイナス値となっているのはそのためである。これら三人とも、惣領番入制度を十分に活かした経歴といえるであろう。

ついで③のうち小性組組頭に昇進した者は、桜井内蔵助政甫（表22-30）、山本大膳雅攄（表22-31、第一項参照）、牟礼清左衛門葛貞（表22-32）、坂部左大夫明之（表22-33）、赤井五郎作忠道（表22-35）、田付文五郎景林（表22-41、第一項参照）、遠山久四郎康英（表22-45）、神尾新五左衛門長勝（表22-46）、小長谷喜太郎政芳（表22-50、第一項参照）、朝岡八大夫興戸（表22-52）、以上十名である。

このうち、山本雅攄、牟礼葛貞、赤井忠道、神尾長勝、小長谷政芳は番入後十年未満で家を継いでおり、家を継いだ後に番入していたとしてもその後の経歴に大差はなかったであろう。山本雅攄や小長谷政芳はすでに（1）で取りあげた通り、先代や当主よりも昇進している訳であるが、惣領番入制度そのものが昇進に直接的に影響したとは判断できないことは既述した。

一方、惣領番入制度による番入の時期と家を継ぐまでの時期に十年以上の差がある者は坂部明之、遠山康英、朝岡興戸である。特に朝岡興戸の場合、享保二十年（一七三五）に三十三歳で小性組番士となり、その十六年後に家を継ぎ（四十九歳）、さらに十一年後に小性組組頭に昇進するが（六十歳）、死亡するのはその翌年である（宝暦十三年、六十一歳）。惣領時代の小性組番士の勤務年数の加算がなければ組頭に昇進出来なかった可能性が高い。また、惣領である間に書院番組頭に昇進した諏訪頼均と同様に、桜井政甫と田付景林はいずれも惣領のままで小性組組頭に昇進しており、家を継ぐまでに番入していなかった場合との差は大きい。表22で両名の「家を継いでから昇進まで（年）」欄がマイナス値となっているのは、やはりこのためである。

この様に、惣領番入制度によって番入してから家を継ぐまでの期間が長い者ほど、同制度の恩恵は際だつ。惣領という立場のままで昇進出来た諏訪頼均・桜井政甫・田付景林にいたっては、惣領番入制度の活用を抜きにしてはあり得ない経歴となっているのである。

（3）両番組頭昇進時の年齢と昇進までの年数

ここでは両番士から両番組頭に昇進した者全体のなかで、惣領番入制度を通じて番入し、その後両番組頭に昇進した者の位置づけを行う（対象期間は（2）と同じく享保～宝暦年間）。

まず、①家を継いでから番入しその後両番組頭に昇進した者、②総番入制度によって番入しその後両番組頭に昇進した者、③惣領番入制度によって番入しその後両番組頭に昇進した者、それぞれの両番組頭に昇進した時点における年齢の平均を比較する。表23は両番士から書院番組頭に昇進した際の平均年齢をまとめたものである。三十五歳で昇進した長谷川正誠から六十三歳の堀田一龍まで、相当な開きがあるが、四十代から五十代の間に昇進した者が多い（平均四十九・四歳）。また、表24は両番士から小性組組頭に昇進した際の年齢をまとめたものである。二十九歳で昇進した堀利庸・武田信温から六十一歳で昇進した森川俊勝まで、やはり相当の開きがあるが、三十代から五十代までの間に昇進した者がほとんどである。昇進時の平均年数は四十四・五歳であり、書院番組頭に比して若干若い。双方に共通する傾向としては、①②③それぞれ昇進時の平均年齢にさほどの偏りが見られないということである。

表23　書院番組頭昇進時の平均年齢

①家を継いでから番入した者	49.1歳
②総番入制度を通じて番入した者	50.7歳
③惣領番入制度を通じて番入した者	48.7歳
全体の平均年数	49.4歳

註：『柳営補任』、『寛政重修諸家譜』から作成した。

表24　小性組組頭昇進時の平均年齢

①家を継いでから番入した者	44.0歳
②総番入制度を通じて番入した者	48.0歳
③惣領番入制度を通じて番入した者	45.3歳
全体の平均年数	44.5歳

註：『柳営補任』、『寛政重修諸家譜』から作成した。

表25　書院番組頭昇進までの平均年数

①家を継いでから番入した者	20.7年
②総番入制度を通じて番入した者	27.4年
③惣領番入制度を通じて番入した者	18.7年
全体の平均年数	22.0年

註：『柳営補任』、『寛政重修諸家譜』から作成した。

表26　小性組組頭昇進までの平均年数

①家を継いでから番入した者	14.9年
②総番入制度を通じて番入した者	24.0年
③惣領番入制度を通じて番入した者	20.4年
全体の平均年数	17.3年

註：『柳営補任』、『寛政重修諸家譜』から作成した。

次に、番入してから両番組頭に昇進するまでの平均年数を比較したい。表25は番入から書院番組頭昇進までに要した平均年数をまとめたものである。②が比較的長い勤務年数を要していることが分かるが、①と③の間に目立った差は見られない。表26は、番入から小性組組頭昇進までに要した年数をまとめたものである。①と③を比較すると、前者が若干短期間で昇進する傾向が見られる。当主であるということが昇進に若干の影響を及ぼしているということであろうか。ただし、書院番組頭昇進の場合を勘案すれば、さほどの影響があったとは思えない。また、いずれも総番入制度を通じて番入した者の昇進までの平均年数は長いが、この要因については不明である。

それでは、家を継いでから両番組頭に昇進するまでの期間はどうであろうか。表27は、家を継いでから書院番組頭昇進に要した年数をまとめたものである。惣領番入制度によって番入した者（③）は、全員が平均年数を大幅に下回るという傾向が見られる。表28は、家を継いでから小性組組頭昇進に要した年数をまとめたものである。表27のように極端ではないものの、これも惣領番入制度

表27　家を継いでから書院番組頭昇進までの平均年数

①家を継いでから番入した者	26.8年
②総番入制度を通じて番入した者	13.6年
③惣領番入制度を通じて番入した者	8.1年
全体の平均年数	21.3年

註：『柳営補任』、『寛政重修諸家譜』から作成した。

表28　家を継いでから小性組組頭昇進までの平均年数

①家を継いでから番入した者	21.9年
②総番入制度を通じて番入した者	11.8年
③惣領番入制度を通じて番入した者	9.4年
全体の平均年数	17.9年

註：『柳営補任』、『寛政重修諸家譜』から作成した。

表29　家を継いでから書院番組頭昇進までの平均年数〈仮想〉

家を継いでから番入した者（表27-①）	26.8年
惣領番入制度を通じて番入した者（本来の平均年数、表27-③）	8.1年
惣領番入制度を通じて番入した者（仮想の平均年数、表25-③を流用）	18.7年

註：『柳営補任』、『寛政重修諸家譜』から作成した。

表30　家を継いでから小性組組頭昇進までの平均年数〈仮想〉

家を継いでから番入した者（表28-①）	21.9年
惣領番入制度を通じて番入した者（本来の平均年数、表28-③）	9.4年
惣領番入制度を通じて番入した者（仮想の平均年数、表26-③を流用）	20.4年

註：『柳営補任』、『寛政重修諸家譜』から作成した。

によって番入した者（③）のほとんどが平均年数を大幅に下回っている。また、総番入制度によって番入した者（②）も、全体の平均年数を大きく下回っている。

では、惣領番入制度によって番入した者が、仮に選に漏れ続け、家を相続するまで番入出来なかったとすると、表27、表28で見られる偏りはどうなるか。その様な仮説をまとめたのが表29、表30である。表29は実際には惣領番入制度によって番入した者が、仮に家を継ぐのと同時に番入し、表25-③に示した年数（番入から昇進までの年数）をかけて書院番組頭に昇進したと仮想した場合どうなるかを示したものである（総番入制度の事例は割愛した）。表30は小性組組頭への昇進について表29と同様の処理を加えたものである。表27、表28に見られた傾向が消えていることが分かる。

両番組頭昇進時の年齢、番入から両番組頭昇進までの年数という点において、家を継いでから番入しその後両番組頭に昇進した者（①）と、惣領番入制度によって番入しその後両番組頭に昇進した者（③）との差異がほとんど見出せなかったのに対して、家を継いでから昇進するまでの年数を比較した場合、後者に明らかな優位が見られた。このことは、家を継ぐ前から番士である以上、当然の結果であるとはいえようが、表29、表30で仮想した通り、家を継ぐまで番入しないままで（出来ないままで）いた場合の結果と比べて格段の差があるのである。

本項の分析から以下のことが分かる。惣領番入制度により家を継ぐ前から番入することでおのずから勤務年数は長くなり、それは昇進に有利に働いた。本来であれば、旗本は家を継いでから番入し、相応の勤務年数を経た上でなければ昇進は出来ない。すなわち、惣領番入制度がなければ昇進出来なかったであろう者が制度の恩恵によって昇進しているのである。こうした評価は、惣領のままで番入出来るという点で総番入制度にも適用できるが（表27、表28参照）、武芸吟味という選抜があるかどうかという点で、両者には違いがある。惣領番入制度発足後は、昇進にまで影響する恩恵の獲得競争（武芸吟味）が生まれたということになる。

小括

以上、享保九年に創設された惣領番入制度について、検討を重ねた。

惣領が家を継ぐ前に番入出来るということは、そのこと自体がそもそも魅力的であったが、それに加えて、収入の増加・昇進への影響という点で恩恵があった。

惣領がこうした恩恵を得るには、武芸吟味で良好な成績を出すことが前提として必要であった。この点において、惣領番入制度とは武芸に精を出す惣領を制度的に後押しするものといえる。この様な性質の武芸奨励は吉宗期以前には見られなかったものであり、後世、寛政の改革においては学問吟味（「部屋住学問試」）を兼ね備えた十全たる制度として整備されることとなる。[53] 惣領番入制度の歴史的意義は明らかであろう。

ただし、惣領番入制度によって得られる恩恵が、無制限のものではなかったということも指摘しておきたい。収入が増えるというのは確かに魅力的なものではあるが、それは番入した惣領が家を継ぐまでの間であって、確かにその期間の長い惣領もいたが、一時的な恩恵である。また、昇進については、繰り返し確認した通り、昇進を保障する何らかの権利や免許が得られるという様な直接的な恩恵ではなく、勤務年数を稼ぐという、限定的な恩恵であった。要するに、惣領番入制度を通じて吉宗が武芸に励む惣領に与える恩恵とは、抑制的な恩恵であったといえる。この点は、第三章で取りあげる武芸上覧においても共通しており、吉宗は武芸を奨励し、武芸に励む者を評価するという点において熱心な姿勢を示し続けた将軍ではあるが、その様な者に無制限の恩恵を与えるということはなかったのである。

ところで、惣領番入制度とそれにともなう武芸吟味の実施という本章の主題は、足高制でみられる役方の能力主義とどの様な関係にあるか。惣領番入制度とは、すでに一定以上の立場にある当主の惣領が五番方に番入するという制度であり、旗本ではあっても五番方に番入していない、あるいは出来ない家の惣領が対象となったわけではない。むろん、将軍御目見が許されていない下級幕臣である御家人層を五番方番士に加えるという制度でもない。あくまで五番方に入ることの出来る家筋を前提とした制度なのである。足高制導入以降にみられる役方の能力主義には縁遠い。

しかし、五番方に番入出来る家に生まれた惣領であっても、家を継ぐのを待つというのが明らかな不利をともなうのも確認した通りである。惣領たちは番入制度の下、武芸に励まざるを得ないのである。格式ある五番方の家柄、枠組を崩すことは出来ない。そうであるならばいずれは五番方に加わるであろう惣領をして武芸に励ませ、五番方にふさわしい素養（武芸）を身につけた者として成長せしめんとする意図が、同制度の分析から見て取れる。すなわち役方にみられる能力主義とは別の、極めて限定的ではあるものの能力主義的傾向が番方にも存在していたといえよう。「名誉職」としての番方という従来の評価が妥当であるとしても、その「名誉」を負うに足る番士の充実が画策されていたことが、惣領番入制度の分析から導き出せるのである。

なお、同制度による武芸奨励には限界もあった。それは、同制度の対象が番入する惣領であるがゆえに、番入した後の武芸出精を保証するものではないということである。「番士の心得方を、狂歌に作りたる」という『番衆狂歌』（作者・作成年代不明）には「御奉公願の内ハ稽古する御番入して止る不届」とある。[54] 旗本五番方に対する武芸奨励は惣領番入制度のみでは不十分であるということがよく分かる一首である。番士に対しては別の武芸奨励が必要ということになる。第三章以降、旗本五番方の番士に対して直接実施された武芸奨励の実態を解明していく。

（1）『仕官格義弁』、『内閣文庫所蔵史籍叢刊』（五）所収、汲古書院、一九八四年。『仕官格義弁』の筆者や成立年代については、『内閣文庫所蔵史籍叢刊』（五）の解説によった。
（2）橋本昭彦『江戸幕府試験制度史の研究』風間書房、一九九三年。
（3）第一章註(17)にあげた横山則孝諸論文。
（4）泉井朝子「足高制に関する一考察」、『学習院史学』（二）所収、一九六五年。
（5）笠谷和比古『武士道と日本型能力主義』新潮社、二〇〇五年。
（6）前掲註(2)。
（7）第一章註(15)、進氏慶幹『江戸時代の武家の生活』。
（8）前掲註(2)。
（9）第一章註(17)、横山則孝「『御家人分限帳』所載の小十人組衆について」、「近世中期の大番衆」。
（10）前掲註(1)、『仕官格義弁』「惣領御番入之事」。
（11）『御番士代々記』「御小性組一番名前目録」、国立公文書館所蔵。

(12)「御番士代々記（解題）」、『内閣文庫未刊史料細目』（下）所収、国立公文書館、一九七八年／横山則孝「『御番士代々記』の「凡例」記事の翻刻と解説」、『日本大学精神文化研究所紀要』（三七）所収、二〇〇七年。
(13) 深井雅海『徳川将軍政治権力の研究』吉川弘文館、一九九一年。
(14)『常憲院殿御実紀』同日の条、『徳川実紀』（六）所収、吉川弘文館、一九七六年。
(15) 第一章註(29)、『文昭院殿御実紀』同日の条。
(16) 第一章註(33)、『柳営日次記』同日の条。
(17) 同右。
(18) 前掲註(2)。
(19)『寛政重修諸家譜』（二一）続群書類従完成会、一九六六年。
(20) 前掲註(2)。
(21) 前掲註(13)。
(22) 第一章註(33)、『柳営日次記』同日の条。

唯今御人多之時節候得共、御番衆惣領之内、行跡宜敷、諸芸精出し心懸候者ハ一組より壱人ツヽ成共可被召出との御事ニ而、今度御書院番・御小姓組之御番衆惣領ハ被召出候筈ニ付、一度難大勢被召出ニ付、両御番以下之惣領者今度無其義ニ候、追而可被召出候間、此旨申聞候、夫ニ付其節吟味仕候、為心得書付渡置旨、近江守殿被申渡之書付案文如前

(23)『献可録』、『日本経済叢書』（三）所収、日本経済叢書刊行会、一九一四年。
(24) 同右。
(25) 宮崎市定『科挙――中国の試験地獄――』中央公論社、一九六三年／同『科挙史』平凡社、一九八七年。
(26) 第一章註(17)、横山則孝「正徳元年末の新番衆について」。
(27)『有徳院殿御実紀』、『徳川実紀』（八）所収、吉川弘文館、一九七六年。
(28)『憲教類典』（二ノ九）「御番」、『内閣文庫所蔵史籍叢刊』（三八）所収、汲古書院、一九八四年。

享保十乙巳年六月廿日

去年相達候御番衆惣領行跡幷諸芸書上之儀、一組ゟ壱人ツヽ被致吟味、書付可被出候、組頭惣領ともハ若年寄吟味有之候、近日若年寄宅江可被差越候、日限之儀ハ御目付より可相達候

(29) 前掲註(1)、『仕官格義弁』「惣領御番入之事」。
(30) 前掲註(11)、『御番士代々記』「御小性組二番名前目録」。
(31) 同右、『御番士代々記』「御書院番組二番名前目録」。
(32) 『御小性組方例書私録』「諸窺幷御届之部」、国立公文書館所蔵。

一、先達而西尾隠岐守殿江両番頭ゟ相伺候書付、今日御付札にて被仰渡候事

先頃被　仰出候、御番方惣領、父勤之年数幷芸術ニて新規被　召出候面々、以後病気ニて御願申上、引込候得者、自今御切米被　召上候筈之段、御書付之趣奉承知候、右ニ付、先年父勤之年数幷芸術ニて被　召出御番入被

仰付候面々、病気ニ付先達而小普請ニ入罷在候ものも、是又此節御切米召上候筋ニも可有御坐候哉、左候得者、当時御番相勤候もの、其者之頭より申上候義ニ可有御座候哉、此段奉伺候以上

御本丸西丸
両番頭

八月十四日

御付札

可為此通候

『御小性組方例書私録』は七代将軍徳川家継（在職　一七一三～一七一六）から十代将軍徳川家治（在職　一七六〇～一七八六）の期間における小性組に対する各種法令、あるいは小性組の運営に関わる申し合わせ事項などを内容別・年代別に記録したものである。同書は成立年代・作者共に不明であるが、成立年代については地の文で家治期を「当御代」と書いていることから、家治期に成立したものと考えられる。また、内容が小性組番頭としての立場からまとめられている点から、作者は家治期に小性組番頭にあった者と推察される。

(33) 『柳営日次記』同日の条。
(34) 『寛政重修諸家譜』(九)。

(35)『内閣文庫影印叢刊　自家年譜（森山孝盛日記）』国立公文書館、一九九四年。

(36)同右。

一、同年三月廿九日、於田安広芝、新御番頭大的見分在之、源五郎罷出候事

新御番頭大岡忠四郎殿・倉橋内匠殿・小笠原石見守殿・朽木五郎左衛門殿、四組之衆中都合廿五人之内、御番入願之子共罷出候

(37)同右。

一、同年五月八日、小笠原石見守殿於宅、御番入願之悴共、弓・芸術見分有之、八ツ時揃ニ而源五郎罷出、弓・鑓・剣術相勤候

但此節石見守殿宅江御同役倉橋内匠殿・小笠原平兵衛殿・高力平八郎殿・組頭小笠原久左衛門殿被参見分有之、相番之倅四人、久保久米之助・須田鉄之助・横地縫殿助・森山源五郎罷出候事

(38)第一章註(33)、『柳営日次記』享保十六年十一月二十五日の条。

(39)前掲註(35)、『自家年譜』。

一、同年五月十二日、於浜御殿馬場、乗馬見分有之、八ツ時揃ニ而源五郎罷出候、新御番頭小笠原平兵衛殿・大岡忠四郎殿・小笠原石見守殿・西丸神尾内記殿・朽木五郎左衛門殿出座、御番衆同倅共乗馬見分有之、相番倅共之内、右之四人出ル

(40)同右。

一、同年十一月廿五日、源五郎被為　召、大御番江御番入被　仰付、御切米弐百俵被下置候旨、於菊之間酒井讃岐守殿被仰渡之、此節佐右衛門相番久保新右衛門息久米之助、一同御番入、［後略］

(41)『寛政重修諸家譜』(一二)。

(42)『柳営日次記』同日の条。

(43)『寛政重修諸家譜』(三)。

(44)前掲註(11)、『御番士代々記』「御書院番組三番名前目録」。

(45)戸田半四郎忠則（表18-14）は寛延二年（一七四九）に惣領番入制度を通じて番入しているが、この時点で当主の庄右衛門忠城は番士ではなくなっている。番士の惣領を対象としている関係上、分析の対象から外した。

（46）山木五郎左衛門正篤（表19-21）、田付又四郎景利（表19-41）は番入時点で当主（山木筑前守正信、田付筑後守景林）が番士ではなくなっているので分析対象から外した。

（47）こうした事例は両番士となった惣領に限らない。たとえば享保十年に惣領番入制度を通じて大番士となった浅井内蔵助意政は、宝暦年間に当主となる以前に、大番組頭に昇進している。番入してから家を継ぐまで三十年近くかかっていること、惣領のままで昇進していること、家を継いでから二年後に死去していること、以上の点を鑑みれば、収入面と同時に経歴の面でも惣領番入制度の恩恵を十分に享受した事例であると考えられる。

また、同じく享保十年に小十人組番士となった東条市十郎孝長は、惣領である間に田安宗武附の近習番・徒頭・目付・用人を歴任し、宝暦七年（一七五七）、六十歳で家を継ぎ、明和九年（一七七二）に西丸納戸頭となっている（その翌年に死亡）。この事例も、六十歳で家を継ぐまでに番入出来なかったとすればあり得ない経歴であろう。

（48）藤井讓治『江戸時代の官僚制』青木書院、一九九九年。

（49）武井大侑「江戸幕府における番方の機構と昇進」、『國史學』（二〇三）所収、二〇一一年。

（50）近藤瓶城編『改訂史籍集覧』（一一）、臨川書店、初版一九〇一年・復刻一九八四年。

（51）『大日本近世史料』（柳営補任一）、東京大学出版会、一九六三年。

（52）同右。

（53）前掲註（2）。

（54）近藤瓶城編『改訂史籍集覧』（一七）、臨川書店、初版一九〇三年・復刻一九八四年。

第三章 ■ 武芸上覧と武芸見分

第一章では吉宗期以前の江戸幕府における武芸奨励を取りあげた。その結果明らかになったのは次の二点である。

第一に、五番方番士に武芸を奨励するという基本方針を幕府が有しており、武芸上覧など、吉宗期に実施された五番方番士への主要な武芸奨励は吉宗期以前から実施されていたという点である。

第二に、吉宗期以前にあっては武芸見分と武芸上覧が強固に結びつくにはいたらず、その結果、基本方針が五番方内部にまで行きわたらなかったという点である。

第一の点は、吉宗の武芸奨励に関する先行研究の問題点、すなわち吉宗による武芸奨励が前代までに比して大規模であったということはともかく、そこに質的な変化があったのかどうかを説明出来ないという問題につながる。

そこで第二章では吉宗期に始まった惣領番入制度を取りあげ、旗本惣領、特に五番方番士の惣領に対する制度的な恩恵をともなった武芸奨励を論じた。武芸に励む惣領が家を継ぐ前に召し出されるという同制度は、収入面と経歴面に、抑制的ではあるものの確実な恩恵をもたらした。旗本惣領の武芸出精をうながす武芸奨励といえる。

他方、第二章の小括でも論じた通り、惣領番入制度には限界もある。それは、同制度の対象が番入前の旗本惣領であって、惣領・当主を問わず、すでに番入している五番方番士がその対象外であるという点である。「御奉公願の内ハ稽古する御番入して止る不届」（『番衆狂歌』）という一句はそれを如実に示している。要するに惣領番入制度のみでは五番方番士に対する十全の武芸奨励とはいえないのである。

そこで本章では、まさに五番方番士そのものを対象とした武芸奨励である武芸見分・武芸上覧を分析する。前述の通り、武芸上覧も武芸見分も、吉宗期以前から実施されており（見分実施の命令が等閑視されたことはあったものの）、幕府の武芸奨励としては目新しいものではない。

享保二丁酉年七月九日

一、大久保佐渡守殿番頭江御渡被成候御書付

見出し　御小性組番頭江

最前相達候御番衆弓馬之義、今年茂見分相済候也、残候も有之、秋中見分吟味も有之哉、書付明朝可被差出候

七月九日

一、右ニ付、翌十日両番頭詰番より佐渡守殿江進達書付、御番衆弓馬当春見分可仕候処、火事繁く、其上居宅類焼仕候者共大勢御坐候付、当春者見分不仕候、秋中見分可仕旨此間申合候、以上

七月十日　　御小性組方

右は享保二年（一七一七）七月の、弓馬見分についての若年寄大久保佐渡守常春と両番頭（書院番頭・小性組番頭）とのやりとりである。[1]「御番衆」の弓馬見分の実施状況を尋ねる大久保常春に対し、江戸城内に詰めていた両番頭は事情（「火事繁く、其上居宅類焼仕候者共大勢御坐候付」）により今年の春は見分が出来なかったので秋に実施すると答えている。大久保のいうところの「最前相達候御番衆弓馬之儀」が、前年（正徳六年、享保元年）二月二十九日に出された弓馬見分を求める書付（第一章）を指すかどうかは不明であるが、「今年茂見分相済候也」と

あることから、弓馬見分が前年に引き続いて（そして恐らくはその後も）実施されるべきものとして位置づけられていたことが分かる（ただし、これが本当に実施されていたのかどうかはいささか怪しい。後述）。

それでは、吉宗期の武芸見分・武芸上覧とは、前代までの枠組をそのまま継承したものなのであろうか。結論としては、特に家宣期の枠組（上覧と見分の連携）を受け継いだものということになる。しかしその枠組は家宣の死去の後、崩壊しつつあった。吉宗期はその枠組が再度、しかも強力に構築された時期ということになる。その際に重要な要素となったのが吉宗期における頻繁な武芸上覧の実施である。従来いわれてきた吉宗による上覧の多さは、その観点から再評価する必要があると考える。第一節では武芸上覧と武芸見分を、吉宗がどの様な関係に築き上げたのかを明らかにしたい。

また、武芸上覧の主たる対象である五番方番士にとって、武芸上覧に参加するということがいかなる意味を持っていたのかも考える必要がある。番士に対して何らの恩恵もないままで武芸出精を強い、武芸上覧を繰り返したとしても限界があろう。上覧参加者に与えられる恩恵を明らかにする必要がある。本章第二節ではこの点を分析する。

第一節　武芸上覧と武芸見分の連携

本節では吉宗期における武芸上覧と武芸見分の連携について論じるが、その前提として、吉宗期であっても初期の段階には、それ以前と同様、番士の武芸不習熟や武芸見分の怠慢が見られるということを確認しておきたい。

享保四己亥年五月廿三日

御支配方御列座、岡部左衛門佐・酒井対馬守江、石川近江守殿被仰渡候

於吹上一昨日廿一日、両人組乗馬被　仰付候処、未熟成様子、あやふミ候乗形ニ而、常々馬取扱不申様

ニ相見へ候、其内左様ニ無之も相見へ候、或者乗損候歟、落馬等之義者可有之事ニ付、乗形取繕見分能様ニ候との義ニ而ハ無之候、兼々弓馬稽古之義被　仰出候処、無心懸故と被　思召候、向後相嗜候様可相心得之旨、両人江被仰渡候様、右御番衆召呼可申渡之由、被仰聞候

一、右之趣ニ候間、弓馬之義、弥無油断相嗜可被申候、当秋弓馬可致見分候間、其趣可被相心得候、五十以上之面々も弓馬見分之節罷出可被相勤候

五月

右は若年寄石川近江守総茂から書院番頭岡部左衛門佐盛明・小性組番頭酒井対馬守重英への仰渡の記録である。(2) 享保四年(一七一九)五月二十一日、吉宗は江戸城吹上御庭に出て、岡部・酒井両組番士の馬術を上覧したらしい(『柳営日次記』や『有徳院殿御実紀』では確認出来ない)。吉宗の見たところ、その乗り様はまことに未熟であった。これは弓馬の稽古をせよという前々からの命令を等閑視しているからであろう、今後は組下の番士に馬術を稽古させる様に両人に伝えておけ。石川らは岡部・酒井両人を呼び出し、吉宗の意向を伝え、同年の秋、配下の弓馬見分をする様に命じているのである。

本章冒頭、弓馬見分についての若年寄大久保常春と両番頭とのやりとりを取りあげた際、見分の実施を疑ったが、それは右の一件を鑑みてのことである。やりとりのあったのは享保二年七月であって、右の一件からおよそ二年前のことである。享保二年段階でしっかりと見分が実施されていたのであれば、右の一件が起きるとは考えにくいのである。

もちろん、一部には優れた乗り手がいたとは思われる。大久保常春と両番頭のやりとりがあった三ヶ月後に両番士を対象とした馬術上覧が実施されているからである(後述)。しかしそれでもなお番士全体の動向としては右の通りであったと見るべきであろう。

吉宗期の初期はこの様な状況であった。武勇の士であるべき武士、特に戦時にあっては将軍の親衛隊となるべき両番士が武勇から遠ざかっていたという、こうしたあり様から吉宗の武芸上覧が（そして武芸奨励が）始まったのである。

しかし、こうした状況は、少しずつ、半ば強制的に解消されることとなる。以下、第一項では馬術、第二項では騎射、第三項では歩射を取りあげ、家宣期に実現しなかった武芸上覧と武芸見分との連携を明らかにしていく。

なお、五番方番士が参加した吉宗期の馬術上覧（水馬上覧を含む）、騎射上覧、歩射上覧（大的上覧。弓場始を含む）について、『柳営日次記』、『有徳院殿御実紀』の記述から表31〜33を作成し、それぞれの項の末尾に付した。適宜参照されたい。

〈第一項〉馬術奨励

（1）馬術上覧と馬術奨励

『柳営日次記』や『有徳院殿御実紀』の記述によれば、吉宗期にあって初めて馬術上覧が実施されたのは、享保二年（一七一七）十月二十三日のことである（後掲表31-1）。同日辰刻（午前十時〜十二時）、吉宗は江戸城の南にある将軍家別邸の浜御殿（現東京都中央区浜離宮恩賜庭園）に出遊し、その際、馬術上覧が実施された。上覧の対象となったのは吉宗の供奉をした小性組戸田肥前守組・書院番伊沢播磨守組に属する番士十二名。これら十二名の上覧参加者には、上覧から二日後の二十五日に、恩賞として時服（もともとは夏と秋に天皇から皇族や朝廷の臣に下賜された衣服であったが、江戸幕府にあっては綿入れの小袖）二領が与えられている。二度目の馬術上覧は、本節冒頭で取りあげた享保四年五月二十三日に江戸城吹上御庭で実施されたものである。これら二度の馬術上覧は、いずれも吉宗の出遊の際に供奉をした番士が対象となっており、事前の連絡なく実施された可能性がある。

確認した限りでは、馬術に堪能な番士の調査や上覧実施の周知があった上での馬術上覧実施は、享保五年二月二十三日の馬術上覧が初発である（表31-2）。

馬術上覧が実施されるおよそ一ヶ月前の正月二十八日、若年寄大久保佐渡守常春から両番頭に対して、すべての両番士のなかから馬術に堪能な者を五名ほど選別して報告せよと指示があった（「惣組之内、駒をも達者ニ乗候面々、五人程可被書出候」）(3)。

これに対して番頭同士で打ち合わせをした上で報告を上げたのであろうが、引き続き、二月十九日に若年寄石川近江守総茂からも指示が出た。『御小性組方例書私録』によると、石川総茂の指示は、翌二十日に馬術上覧を実施するということ、上覧に参加すべき小性組番士の指名（酒井対馬守組の藤掛伊織永直、松平内匠頭組の山田権次郎直貞、秋元隼人正組の三宅弥次左衛門政照、仁木周防守組の近藤甚左衛門正定）などであった(4)。

二十日、本来であれば馬術上覧が実施されるはずであったが悪天候のために延期され、二十三日に実施された（「廿日ハ風烈御延引、廿三日於山里乗馬　上覧之事」）(5)。『柳営日次記』によると、参加したのは書院番士五名、小性組番士四名、大番士三名、新番士二名とあるが、人名までは分からない。小性組の場合は、石川からの指示通り（恐らくは吉宗の意向を受けての指示であろう）、藤掛・山田・三宅・近藤の四名であったと思われる。

なお、小性組に関わる記録であるゆえか、『御小性組方例書私録』には小性組番頭に出された書付のみが記録されており、書院番頭・大番頭・新番頭に出された書付は記されていない。しかしながら、それぞれの番組からも数名ずつが上覧に参加していることから、小性組番頭に出された書付と同様の書付が出されたと推察される。

二月二十三日の馬術上覧から三ヶ月後、五月十二日に老中井上河内守正岑、若年寄大久保常春から馬術見分についての指示があった。『有徳院殿御実紀』同日の条には「大番頭。書院小姓組の番頭。新番頭に。浜御殿の馬場にて。番士の乗馬を監視すべしと仰下さる」とあるが、『教令類纂』に記された仰渡の内容をまとめると以下の通りになる(6)。

①これまで馬術見分を実施した馬場（本郷馬場）は（江戸城から）遠い場所にあったので、見分を何度もすることが難しかった。今後は浜御庭の馬場で見分をせよ。（見分の場所が近くなったのであるから）これまでの様に一年に一回の見分ではなく三回程度は実施せよ。

②何度も見分をするわけであるから番士が見分に参加しやすいように調整をせよ。

③日の長い季節は一日に二組ずつ見分をせよ。

④組の番士が揃ってから見分を始めたのでは時間がかかるので番士の半分も揃えば見分を始めよ。

実際のところ、江戸城からの距離では本郷馬場と浜御庭の距離はそう変わらないと思えるが、本郷馬場に何らかの「手遠場所」と判断される要素があったということであろうか。多少の疑問は残るものの、馬術見分の円滑な実施を促そうとする意図は汲み取れる。さらに四日後の十六日、番頭より番士に申し渡しがあった(7)。

一、乗馬、只今迄本郷馬場ニ而致見分候得共、此度被仰出候者、本郷馬場ニ而ハ手遠成場所故、度々見分も難成可有之候間、向後者浜之　御殿於馬場見分仕、壱ヶ年ニ三度程も見分可仕候、度々之事ニ候間、御番衆なとも出安キ様ニ万端申合候様ニとの儀御座候、右之通被　仰出候ニ付、此上弥精出し可被申候、乗馬見分之節も押シ申候程之病気・痛者罷出、可被相勤候、定廻之衆・五十以上之衆も自今者毎度乗馬被勤候様ニと存候、若断在之候共、以誓文状ヲ可被申聞候

注目すべきは右に掲げた一条である。内容が多岐にわたっているので整理してみよう。

①馬術見分の馬場を浜御庭の馬場とすること、見分を年に二、三回に増やすべき旨の指示があった。よって番士はいよいよ馬術に励むべし。

②体調不良であっても症状が軽ければ見分に参加するように。

③江戸城内警衛の当番であっても五十歳以上の番士であっても今後は毎回見分に参加するように。

④もしも見分に不参加の場合は「誓文状」を提出するように。

乗馬見分円滑化とともに、不参加の際には「誓文状」の提出を義務づけるほどに、番士にも馬術出精が強く求められているのである。こうした施策は果たして実を結んだのか。

享保六年二月十五日の馬術上覧（表31-3、後掲）を経て、同七年三月九日に実施された馬術上覧（表31-4）の後、吉宗から書院番頭・小性組番頭・大番頭に褒詞が下された(8)。

一、石川近江守殿、三番頭江被仰聞候者、乗馬、何も去年より乗方慕、御懇ニ被思召候、此段頭々江為申聞候様ニと被仰聞候、急度被　仰出候義ニても無之由、拝領物被　仰付候御番衆、其頭々江御礼ニ相廻り候節、右之趣差加可申上旨、近江守殿被　仰聞候事

右の文中、「三番頭」とあるのは書院番頭・小性組番頭・大番頭を意味しているが、三月九日の馬術上覧にあっては新番士も参加している。右の記述によれば吉宗は書院番士・小性組番士・大番士の馬術上達に褒詞を下しているのみであり、新番士に対する言及はない。上覧に参加した新番士がいずれも不本意な結果であったゆえに言及がなかったということも考えられるが、『御小性組方例書私録』に記録されていないというだけの話かもしれない。この点は不明であるものの、馬術見分の整備・拡充が一定の成果をあげつつあったということはいえそうである。

それを後押ししたと考えられるのが馬術上覧である。すなわち、番士に対する馬術見分（および番士の日頃の馬術鍛錬）の成果は馬術上覧によって吉宗自身が確かめるということである。仮にそれが不出来であった場合、本節冒頭で取りあげた様に、番士の馬術稽古を促す立場にある番頭の落ち度となる。同輩に対する面子もあろう。番頭としては番士に馬術稽古を促さざるを得ないのである。

これ以降、表31からも明らかな通り、馬術上覧は漸減の傾向にあるものの、狩猟（第四章）に際して番士が勤めた勢子（騎馬勢子、騎乗して獲物を追い出す役目）や、騎乗して的を射る騎射上覧の増加により、番士の馬術鍛錬の成果を吉宗が確かめる機会は十分に確保されていたと考えられる。

一方、馬術上覧それ自体に関しては、馬で川をわたる水馬の上覧が増えている。『有徳院殿御実紀』や『柳営日次記』によると、番士を対象とした水馬の上覧は、享保二十年（一七三五）七月十一日、元文五年閏七月四日に実施されている（表31-7、8）。これに加えて、元文三年（一七三八）二月十八日には「近習」、すなわち小姓や小納戸を対象とした水馬上覧が、寛保三年（一七四三）七月十五日には徳川家重（吉宗世嗣、のちの九代将軍）による水馬観閲が実施されている（いずれも表31には掲載していない）。ただし、『御小性組方例書私録』の記述によれば別の日時にも水馬上覧が実施された形跡がある。以下、番士に対する水馬奨励について検討する。

（2）水馬見分と水馬上覧

番士を対象とした水馬奨励は、享保十五年（一七三〇）に始まる。『有徳院殿御実紀』享保十五年七月十九日の条には「少老水野壱岐守忠定御旨を伝へて。諸番士遊泳の技を習へるものは。廿一日の御狩に。千住大橋の側にて。馬もて水わたさせ御覧あるべしとなり」とあるが、『御小性組方例書私録』でさらに詳しく検討してみよう。

享保十五年庚戌年七月十九日

一、水野壱岐守殿、御書院方詰番久貝忠左衛門・御小性方詰番松平下野守江被仰聞候者、明後廿一日川筋御成ニ付、御番衆之内兼而水心有之、又者馬上ニて少々ニても川江乗入見申度と存候もの有之や、此段無急度承合、少しニても右両様之内心得候もの有之候者、明後日差出候様可致候、明日有無共ニ申上候様被仰聞候、且又松平阿波守組別所民部・大久保豊前守組大草吉左衛門、明後日　御成之節差出候様被仰聞候、依之組々吟味いたし、瀧川播磨守組曾我権次郎、水心者無之候へとも馬上ニて川江乗入見申度由

ニ付、其段翌日書付壱岐守殿江致進達候処、右三人罷出候やう被仰渡候、尤右三人麻襦袢・三尺手拭持参、御供揃刻限ニ登　城可仕候、馬者千住大橋まて先江可遣候、尤諏訪部文右衛門江可相渡旨、右三人江於新部屋松下専助申聞候之事(9)

享保十五年七月十九日、若年寄水野壱岐守忠定から江戸城に詰めていた書院番頭久貝忠左衛門正順・小性組番頭松平下野守正常に下問があった。明後日（二十一日）の吉宗出遊の際、番士のうちで、水馬の心得ある者、あるいはその意欲のある者はいるであろうか。少しでもその様な者がいるのであれば明後日の水馬に参加させよ。明日（二十日）その調査結果を報告するように。また、小性組番士の別所民部矩満（松平阿波守組）、書院番士の大草吉左衛門忠直（大久保豊前守組）は参加させるように。水野からの下問に基づき組内で人選を進めた結果、小性組瀧川播磨守組に属する番士曾我権次郎助理が、水馬の経験はないものの参加する意欲があるという。そこで別所・大草・曾我の三名を書き上げて水野に報告したところ、その三名を参加させよとの指示があった。三名は麻襦袢を着て三尺手拭を持参して御供揃の刻限に登城するように。馬は千住大橋まで先に遣し馬預《うまあずかり》（幕府の馬を管理・調教する役職、御目見以上）の諏訪部文右衛門定軌に預けておくように。

以上の指示が吉宗側近の小納戸松下専助当恒から三人に申し渡された。なお、この時点で別所矩満は三度、大草忠直は五度の騎射上覧参加の実績を持っている。確言は出来ないものの吉宗による指名であった可能性が高い。また曾我助理は騎射上覧に三度参加しており、水馬の経験はないとはいえ馬術に自信のある者であったと思われる。

ただし、『柳営日次記』や『有徳院殿御実紀』の当日（二十一日）の条には小姓や小納戸が水馬上覧に参加したとはあるものの、番士三名が水馬上覧に参加した旨は書かれていない。何らかの事情により急遽三人の水馬上覧が取りやめになった可能性もあるが、いずれにせよ、吉宗に番士を対象とした水馬上覧の意向があったということは明らかであり、それは番士の水馬技術を向上させたいという意向の証左に他ならない。

水野忠定から水馬に関する下問があった一年後の享保十六年、番士に対する水馬稽古の指示が出された。これに対して、小性組番頭渋谷隠岐守良信から松下当恒に、水馬稽古を希望する番士の名前が報告されている。『御小性組方例書私録』によれば水馬稽古を希望した番士は三十名。ただしこれは希望した番士すべてというわけではなく選別した上での三十名である（「水稽古両御番望之者、吟味之上三拾人迄之名書付」）。川に入るという水馬の性質上、相応の技術をともなっていないと危険であるゆえの選別であろうか。また、前年に水馬上覧参加の指示があった別所矩満・大草忠直、上覧に志願した曾我助理に水馬稽古について番頭から問い合わせがあった模様である。水馬稽古は八月二日より開始され、追々稽古参加者を増やしていくとのことである(10)。

同年同月四日、水野忠定から両番頭に水馬上覧の指示があった(11)。江戸城の東を流れる中川に吉宗が出遊することになり、そこで小性組番士別所矩満、書院番士大草忠直、同じく梶与九郎正峯、松平主馬乗芳の水馬を上覧するという。この件に関しては、曾我助理にも出遊先に出向く様に指示が出ている。上覧の世話をさせよということであろうか。残念ながらこの水馬上覧も享保十五年の事例と同じく『柳営日次記』および『有徳院殿御実紀』には記載されていない。

『柳営日次記』に参加者が明記されている事例は、享保二十年七月十一日に実施された水馬上覧である（表31-7）。同日の水馬上覧に参加した番士は十三日に褒賞されている。その顔ぶれは小性組番士である曾我助理・嶋田甚五郎盛貞・長谷川小膳正直、書院番士である大草忠直・梶正峯・多門多宮律信である。第二節でも取りあげるが、騎射上覧や歩射上覧とは異なり、馬術上覧の場合は基本的には参加者全員に褒賞が与えられている。よって、十一日の水馬上覧に参加した番士は右の六名ということになる。前述の大草・曾我・梶を除いて、三名の番士が水馬上覧に参加したということになる。

表31　吉宗期の馬術上覧

No.	元号	西暦	月日	参加番士	褒賞
1	享保２	1717	10.23	書院番士、小性組番士	参加者全員に時服２領
2	享保５	1720	2.23	書院番士、小性組番士、大番士、新番士	参加者全員に時服２領
3	享保６	1721	2.15	書院番士、西丸書院番士、小性組番士、大番士、新番士	参加者全員に時服２領
4	享保７	1722	3.9	書院番士、小性組番士、大番士、新番士	参加者全員に時服２領
5	享保12	1727	4.28	「扈従の士」	不明
6	享保13	1728	3.25	「供奉の番士」	「いちはやきものには扇を給ふ」
7	**享保20**	**1735**	**7.11**	**書院番士、小性組番士**	**番士に金２枚**
8	**元文５**	**1740**	**閏７.４**	**書院番士、小性組番士**	**参加者全員に金２枚**

註１：『有徳院殿御実紀』、『柳営日次記』より作成した。
２：本文中で取りあげた享保４年５月21日の馬術上覧の様に、『有徳院殿御実紀』や『柳営日次記』に記載のない武芸上覧は省いている。
３：享保９年９月25日、同11年２月23日、寛保３年７月15日には徳川家重（吉宗世嗣、のちの９代将軍）による馬術上覧が実施されているが、表からは省いた。
４：太字は水馬上覧。
５：小姓や小納戸など、五番方番士以外の参加者は表から省いた。

元文五年（一七四〇）閏七月四日に実施された水馬上覧（表31-8）に参加した番士は、六日に褒賞されている。『柳営日次記』によると、その顔ぶれは書院番士梶正峯・大草忠直・児玉織部直等・内藤万之助品俊・酒井与左衛門光昌・松平助次郎乗盈、小性組番士長谷川正直であった。享保二十年の水馬上覧に参加しなかった四名の番士が元文五年の水馬上覧に参加している。

右の二例から鑑みるに、上覧に参加するに足る技量を備えた番士は年々増加しているということが分かる。水馬の稽古が順調に行われ、恐らくは水馬の見分も実施されていたものと考えられる。

〈第二項〉騎射奨励

（１）古儀復興（騎射儀礼の研究）

馬術上覧が漸減していく一方で、実施回数が増えていくのが騎射上覧である。『有徳院殿御実紀』および『柳営日次記』によると、吉宗期において初めて騎射上覧が実施されたのは享保十年（一七二五）十月二十七日。吉宗が駒場野へ鷹狩に出向いた際に小姓・小納戸を対象として実施された。番士を対象とした騎射上覧は翌年の十月十五日に始まっている（表32―1、後掲）。本項では騎射見分と騎射上覧の関係について分析を進めるが、まずは吉宗による騎射研究について確認しておく必要がある。吉宗の騎射研究と騎射見分・騎射上覧との間には密接な関係があるからである。

すでに言及したことであるが、吉宗の弓馬礼法に対する熱意は将軍就任以前から並々ならぬものがあった。騎射（騎射儀礼）研究から騎射上覧実施にいたる経緯について、『有徳院殿御実紀附録』にはどう書かれているか。少し長くなるが該当箇所を引用してみる(12)。

騎射の事も。紀藩におはせし頃より御心を用ひ給ひしが。本城にうつらせ給ひし後。いよ〳〵和漢のふみども考へさせ給ひ。そがうへにまた長崎の湊に来りし唐商朱佩章に命ありて。陳采若。沈大成といへる。かの国にて弓馬鍛錬の者に御尋ありしかば。各其射法共書てこたへ進らす。其中より一馬一箭。一馬三箭。蘇秦背剣などいへる射法をとり用ひられ。なほも本朝の古式にもとづかれ。近臣等におほせて。しば〳〵騎射を試みらる。これも年経て。思召ままに進退と丶のひしかば。はじめより此事に熟せし小笠原石見守政登。目賀田長門守守咸をもて。小笠原平兵衛常春に。その射法ことごとく御家人に教授すべしと命ぜられ。織田市十郎冝居。酒井市之丞勝英。駒井宮内寿正をはじめ。諸番士多く弟子となされしに。年月をへてみな練熟し。終に堪能の射手ども数そひければ。両小笠原（常春・持広）教授の職となりてこれをつかさどり。騎射。歩射。相ならんで盛に行はれ。吹上。田安の馬場。または御狩場などにて。近習。諸番の士につかふまつるを御覧ありて。御前にて布帛をたまはり。または時服こがねなど給はる事もありて。とり〳〵講武の道を開かせたまひしこそいとかしこけれ。

将軍就任以前より騎射に関心を寄せていた吉宗は将軍になった後も研究を続け、中国式の弓馬法をも取り入れながら研究を進めた。その研究成果を近臣に命じて執り行わせ、一定の成果を見た後に、これを小笠原家の騎射を受け継ぐ小笠原平兵衛常春（幕臣、目付）に伝え、幕臣の騎射教育に当たらせた。以後、騎射に堪能な番士が続出した。そこで吹上御殿や田安の馬場、あるいは狩猟で出遊した際に騎射上覧を繰り返した。これが『有徳院殿御実紀附録』の記述から組み立てた騎射研究から騎射上覧実施までの流れであるが、若干の疑義がある。

まず中国式弓馬法の研究の時期である。「弓馬鍛錬の者」である陳采若・沈大成（および馬医劉経先）が来日した経緯についてはすでに大庭脩氏によって明らかにされている(13)。同氏の研究によると陳采若らが日本（長崎）に滞在していたのは享保十二年から享保十六年。享保十二年七月に馬役冨田又左衛門が江戸から長崎に来訪し、八月十二日以降、来日した三人に諸々の質疑をした。この際の、馬の管理・育生、騎射稽古などについての問答の結果が『対語驤録』なる一冊にまとめられている(14)（国立公文書館所蔵）。

同書の成立時期は不明であるが、この転写本である『唐馬乗方聞書』（国立公文書館所蔵）には陳采若の年齢について「一、陳采若　齢当申　三拾六歳」、沈大成の年齢について「一、沈大成　齢当申　三拾三歳」とあり、末尾には「六月　冨田又左衛門」とある。すなわち『唐馬乗方聞書』は「申」年である享保十三年の六月に成立したものであると考えられ、『唐馬乗方聞書』の底本となった『対語驤録』は冨田又左衛門が質疑をした享保十二年八月十二日から享保十三年六月までに書かれたものと推察される。

陳采若・沈大成に対するこの様な質疑の結果が吉宗の弓馬研究にどれほどの影響を与えたのかは不明であるが、いずれにしても陳采若・沈大成の中国式弓馬法に吉宗が触れたのは享保十二年以降ということになる。前述の通り、騎射上覧は享保十年から始まっている。よって、『有徳院殿御実紀附録』の説明する騎射上覧実施までの描き方には不正確な点が含まれている。騎射研究を進めていくなかで騎射上覧が実施され、その過程において中国の弓馬法をも研究対象として取り入れられたというのが実際のところであろう。

さらに、小笠原常春の教授開始から上覧実施までの期間の短さにも疑問がある。『寛政重修諸家譜』によれば、小笠原常春に対して小姓や小納戸といった近臣への騎射教授が命じられたのは享保九年十月二十五日。小姓や小納戸を対象とした初めての騎射上覧はその一年後の同十年十月二十七日である。一方、番士に対する騎射教授が命じられたのは同十一年二月二日、番士が参加した初めての騎射上覧は同じ年の十月十五日である。小笠原常春への命令以前から吉宗の騎射研究に加わっていたという小姓・小納戸はともかくとして、番士の方は教授開始から上覧にいたるまでの期間が若干短いように思える。

吉宗に対する称揚を目的のひとつとしている『有徳院殿御実紀附録』の記述に厳密さを求めるのは筋違いかも知れないが、小笠原常春が番士への騎射教授を命じられたのが享保十一年二月二日であり、番士が初めて参加した騎射上覧が同十一年十月十五日であるということは少なくとも史料的に裏打ちされた史実である。ここで『有徳院殿御実紀附録』の記述の不備を指摘するのみならず、騎射上覧実施までの道筋を明らかにする必要があろう。以下、五番方番士を対象とする騎射上覧実施に向けた取り組みを論じていくなかで、この問題についても分析を加えたい。

（2）騎射上覧実施に向けた取り組み

ここまでで述べた通り、『有徳院殿御実紀』や『柳営日次記』の記述の限りでは、吉宗期において、騎射上覧は享保十年十月二十七日に初めて実施された。参加者は小姓・小納戸、合わせて九名である。享保九年十月二十五日に小笠原常春が近臣（小姓・小納戸）に対する騎射教授を命じられてから一年後の実施ということになる。この動向については『有徳院殿御実紀附録』には「近臣等におほせて。しば〳〵騎射を試みらる。これも年経て。思召ままに進退と丶のひしかば。はじめより此事に熟せし小笠原石見守政登。目賀田長門守守咸をもて。小笠原平兵衛常春に。その射法ことごとく御家人に教授すべしと命ぜられ」とある。文中の「御家人」とは御目見以下の幕臣という意味ではなく、御目見以上の旗本を含んだ意味であろうが、具体的には享保九年十月二十五日の近臣への教授命令と享保十一年二月二日の番士への教授命令を指していると思われる。『有徳院殿御実紀附録』の記述の不正確さを指摘したが、少なくとも享保九年十月二十五日の教授命令の時点で小笠原常春に伝えるに足るほどの研究蓄積があったといえる。恐らくは、そうした研究のなかで近臣を対象とした内々の（『有徳院殿御実紀』などに記載されない）騎射上覧も実施されていたものと考えられる。

なお、享保十年十月の騎射は『有徳院殿御実紀』『柳営日次記』に「流鏑馬《やぶさめ》」と記されているが正確ではない。『有徳院殿御実紀附録』には「古の式法そのまゝに伝はりたるにあらねばとて。騎射挟物《きしやはさみもの》と名づけ給ひ。流鏑馬とは称すまじと仰下されたり」とあり、有職故実の研究者である伊勢貞丈（一七一八～一七八四）が晩年にまとめた『貞丈雑記』にも「今の世に騎射という物は、享保の初の頃、有徳院様の始させられて、諸士に命じて射させて上覧ありし也、其式は小笠原平兵衛に下し給りて、彼家にて司り諸士に教る事に成たり、其式流鏑馬に似たり」[15]とある。このことから、小笠原常春に教授を命じた享保十年の時点では未だ「流鏑馬」の復興にはいたっていないことが分かる。よって、当日の上覧は騎射挟物の上覧とするのが妥当であろう。[16]

近臣の騎射上覧に手応えを感じたのであろうか、吉宗は翌享保十一年二月二日、小笠原常春に番士への騎射教授を命じ、その八ヶ月後の十月十五日に番士を対象とした初めての騎射上覧を実施する。

小笠原常春に番士への騎射教授が命じられた翌日（二月三日）、両番頭の間で騎射見分実施の申し合わせがあり、[17]この申し合わせ通り九日に騎射見分が実施され、その結果は若年寄大久保常春に報告されている。[18]これは、ゆくゆく騎射上覧が実施されることが前提の動きであろう。

また、小笠原常春に対する番士への騎射教授の開始に連動しているということであろうが、同月十一日には、両番士のなかで騎射の稽古を望む者がいれば小笠原の指導を受けよとの指示が大久保から両番頭に出され、両番頭は希望者の名前を列挙した書付を作成し、大久保に上げている[19]。前項において馬術見分と馬術上覧との連携について論じたが、騎射においても同様の関係が見出せるのである。

ここで、先程提示した疑問点（小笠原常春による番士への教授開始から騎射上覧実施までの期間の短かさ）に対する答えが浮かび上がる。小笠原による番士への騎射教授が開始するのと同時期に騎射見分が実施されていたということは、教授が始まる前に騎射技術を有した番士がいたということである。このことは、以下の史料からも明らかである[20]。

同年五月廿七日

一、御書院方杉浦出雲守・御小性組方阿部出雲守申合、大久保佐渡守殿御宅江罷越、左之通書付進達之上、口上ニて申達候者、騎射相勤候御番衆、年々無断罷出候もの、組々五六人も有之候、出精之為ニも御坐候間、御誉茂御坐候様仕度旨申達候処、右無御断面々申上候之様被　仰出候ハヽ、早速相知可申也と被仰候付、両番頭ニて其心得致置候事

私共組々、毎度騎馬相勤候面々、並高之者も馬所持仕、ひたと稽古仕候、此間被　仰出候趣を以猶又申聞、何も無油断心掛、精出之義被仰聞候様仕度奉存候付申上候、以上

五月廿六日　御書院番頭

御小性組番頭

右は享保十一年五月二十六日に書院番頭杉浦出雲守正奉と小性組番頭阿部出雲守正興が大久保の屋敷に出向いた際の記録である。騎射を稽古する両番士のなかで、年々休みなく稽古をしているものが「組々五六人」もいる。

今後の励みになるので、吉宗からのお誉めが欲しいとする両人に対し、大久保はそうした者の名前を吉宗に報告しておくので早速知らせて欲しいといっている。「組々五六人」が組ごとに五、六人という意味であるか、両番の組すべてで五、六人であるかは史料上明確ではないが、両番の組すべてで五、六人という状況でこの様な申請があるとは考えにくい。両番組頭からの申請であることから鑑みて、両番の組ごとに五、六人という意味であろう。

本章冒頭で引用した通り、享保二年段階では弓馬見分が自明のものとして扱われているが、享保十一年二月九日以前にも騎射見分が本当に実施されていたかどうかを判断する史料は見当たらない。しかし、熱心に騎射の稽古に励む番士が多かったということから、騎射見分も享保十一年頃にはしっかりと実施されていたものと推察される。

ところで、小笠原による番士への騎射教授とは何であったのか。騎射の家である小笠原に学ぶわけであるから番士の技術的な向上もその目的のひとつであったろうが、それ以上に、吉宗の研究成果であるところの騎射挟物、すなわち礼法に適った騎射を身につけさせるというのが目的ということになろう。それはまた、小笠原による高度な指導を受けるに足る技術水準が五番方に培われていたということになるのである。

なお、小笠原の教授が始まった享保十一年二月の段階、あるいは大久保に騎射見分の結果が報告された時点では、騎射上覧は一度も実施されていない。前項の馬術の事例で論じた「見分を確かなものとするための上覧」という図式に合致しないかも知れないが、第四章・第五章で詳しく分析する通り、享保十一年段階ではすでに狩猟が幾度も実施されており、乗馬や騎射を求められる場面も多々あった。番士は弓馬の鍛錬に手を抜くことが出来なかったし、番頭は番士への弓馬奨励に取り組まねばならなかったのである。

（3）騎射上覧の実施

番士の騎射鍛錬を促す取り組みが進められていくなか、享保十一年十月十五日、江戸城馬場先門内の朝鮮馬場において番士を対象とした初めての騎射上覧（騎射挟物の上覧）が実施された（表32-1）。『柳営日次記』によると、参加者は前年の騎射上覧に参加した小姓・小納戸の八名に加えて、両番士が十六名、大番士が一名である。参加者のうち、小姓・小納戸にはそれぞれ時服二領、番士にはそれぞれ金二枚、指導にあたった小笠原常春には時服三領が褒賞として授けられている。『御小性組方例書私録』からは上覧にいたるまでの大番の動向は分からないが、大番士も上覧に参加していることから、両番と同様であったと考えられる。

この上覧に参加した番士の人選が番頭同士の協議によるものであるのか、それとも前節の馬術上覧で見られた若年寄もしくは吉宗からの指名によるものであるのかは不明である。しかし、いずれにせよ、上覧の前に実施されていた見分の結果が大きく影響したものといえよう。

番士を対象とした初めての騎射上覧があった一ヶ月後の十一月二十四日、二度目の騎射上覧が実施された。この騎射上覧については、『柳営日次記』に記述がなく、『有徳院殿御実紀』には「吹上の御覧所にならせ給ひ。諸番士の騎射を閲し給ふ。射手三十五人。みな金二枚を賜ひ賞せらる」とあるのみで、三十五名の「諸番士」が参加し、金二枚を与えられたことしか分からないものの、『御小性組方例書私録』に同日の上覧における非参加者の見物についての指示や上覧参加者に対する褒賞が記されていることから、小性組番士が参加した可能性が高いと思われる。

こうして番士を対象とする騎射上覧は始まった。享保十三年（一七二八）三月十五日の騎射挟物奉納、元文三年二月九日の流鏑馬奉納を挟みつつ、特に両番士や大番士を対象として年々騎射上覧が繰り返されている。寛保年間には、旗本惣領までもが参加する騎射上覧が実施されている（表32-45、47、48、53）。残念ながら享保十一年

表32　吉宗期の騎射上覧

No.	元号年	西暦	月日	参加番士	褒賞
1	享保11	1726	10. 15	書院番士、西丸書院番士、小性組番士、大番士	参加番士に金２枚
2	享保11	1726	11. 24	「諸番士」	参加者全員に金２枚
3	享保12	1727	3. 1	書院番士、小性組番士	海黄縞２反
4	享保12	1727	11. 24	書院番士、小性組番士、大番士	参加者全員に金２枚
5	享保13	1728	3. 8	「諸士」	不明
6	享保13	1728	5. 23	「諸士」	「禄例のごとし」
7	享保13	1728	12. 23	書院番士、西丸書院番士、小性組番士	参加者全員に金２枚
8	享保14	1729	10. 8	書院番士、西丸書院番士、小性組番士、大番士	小姓、小納戸に時服２領 番士に金２枚
9	享保15	1730	11. 13	書院番士、西丸書院番士、小性組番士、大番士	参加者全員に金２枚
10	享保17	1732	3. 27	書院番士、西丸書院番士、小性組番士、西丸小性組番士、大番士、新番士	参加番士に金２枚
11	享保17	1732	5. 22	書院番士、西丸書院番士、小性組番士、大番士	的中４本以上の者に海黄３反 的中３本以下の者に海黄１反
12	享保17	1732	10. 3	書院番士、西丸書院番士、小性組番士	的中４本以上の者に海黄３反
13	享保18	1733	3. 7	書院番士、小性組番士、大番士	的中４本以上の者に海黄３反
14	享保18	1733	3. 26	書院番士、西丸書院番士、小性組番士、大番士	参加番士に金２枚
15	享保18	1733	5. 18	書院番士、小性組番士	参加者全員に海黄３反
16	享保18	1733	9. 19	書院番士、西丸書院番士、小性組番士、大番士、新番士、小十人組番士、	皆中の者に海黄２反
17	享保18	1733	10. 18	書院番士、西丸書院番士、小性組番士、大番士	的中４本以上の者に 弁柄縞２反・海黄２反
18	享保19	1734	3. 19	書院番士、西丸書院番士、小性組番士	皆中の者に海黄３反 徒頭に時服２領
19	享保19	1734	3. 25	書院番士、西丸書院番士、小性組番士、大番士、新番士	参加者全員に金２枚
20	享保19	1734	5. 5	書院番士、西丸書院番士、小性組、大番士	的中４本の者に 弁柄縞１反・海黄２反 的中２本の者に海黄２反 的中１本の者に海黄１反
21	享保19	1734	5. 9	書院番士、西丸書院番士、小性組番士	的中２本の者に海黄２反 的中１本の者に海黄１反

22	享保19	1734	5．13	書院番士、西丸書院番士、小性組番士、大番士	成績による褒賞
23	享保19	1734	9．13	「諸士」	「当座の禄例のごとし」
24	享保19	1734	9．26	「諸士」	不明
25	享保19	1734	10．22	不明	不明
26	享保20	1735	9．9	不明	不明
27	享保20	1735	9．16	不明	不明
28	享保20	1735	11．18	番士	不明
29	元文元	1736	3．12	書院番士、西丸書院番士、小性組番士、大番士	参加者全員に金２枚
30	元文元	1736	5．3	書院番士、小性組番士	不明
31	元文元	1736	9．11	不明	不明
32	元文元	1736	10．13	書院番士、小性組番士、大番士	成績優秀者に反物
33	元文２	1737	4．7	書院番士、西丸書院番士、小性組番士、大番士	大判２枚
34	元文２	1737	5．12	不明	不明
35	元文２	1737	9．15	不明	不明
36	元文２	1737	10．2	不明	不明
37	元文２	1737	10．5	小姓、小納戸	参加者全員に時服２領
38	元文３	1738	3．28	書院番士、小性組番士、西丸小性組番士、大番士	参加者全員に金２枚
39	元文３	1738	5．6	不明	「禄例のごとし」
40	元文４	1739	4．6	書院番士、西丸書院番士、小性組番士、大番士	参加者全員に金２枚
41	元文４	1739	9．6	「諸番士」	不明
42	元文５	1740	3．13	書院番士、小性組番士、西丸小性組番士、大番士	参加者全員に「金」
43	元文５	1740	3．23	「表向」	不明
44	元文５	1740	8．26	書院番士、西丸書院番士、大番士	的中５本の者に海黄３反・更紗 的中４本・３本の者に海黄２反 的中２本・１本の者に海黄１反
45	寛保元	1741	2．20	書院番士、小性組番士、西丸小性組番士、大番士	皆中・的中５本の者に 海黄３反・更紗 的中４本・３本の者に海黄２反 的中２本の者に海黄１反

46	寛保元	1741	4．6	書院番士、西丸書院番士、小性組番士、西丸小性組番士、大番士	的中５本の者に 奥縞１反・海黄１反・さらさ 的中４本・３本の者に 奥縞１反・海黄１反 的中２本・１本の者に海黄１反
47	寛保元	1741	4．14	書院番士、西丸書院番士、小性組番士、西丸小性組番士、大番士、大番士惣領	的中５本の者に 奥縞３反・海黄３反・更紗 的中４本・３本の者に 奥縞２反・海黄２反 的中２本・１本の者に海黄１反
48	寛保元	1741	5．25	書院番士、小性組番士、西丸小性組、大番士、書院番士惣領	的中５本の者に「布帛」３反・更紗 的中４本・３本の者に「布帛」２反 的中２本・１本の者に「布帛」１反
49	寛保元	1741	9．24	書院番士、西丸書院番士、小性組番士、西丸小性組番士、大番士、小普請	参加者全員に金２枚
50	寛保元	1741	11．3	書院番士、小性組番士、大番士	成績毎の褒賞あり
51	寛保２	1742	2．9	書院番士、西丸小性組番士、大番士	的中５本の者に 奥縞３反・海黄３反・更紗 的中４本・３本の者に 奥縞２反・海黄２反 的中２本・１本の者に海黄１反
52	寛保２	1742	3．6	書院番士、西丸書院番士、小性組番士、西丸小性組番士、大番士	参加者全員に金２枚
53	寛保２	1742	5．11	書院番士、小性組番士、西丸小性組番士、大番士、 書院番士惣領、大番士惣領、新番士惣領	的中４本・３本の者に 奥縞２反・海黄２反 的中２本・１本の者に海黄１反
54	寛保２	1742	9．23	「外様の士」	不明
55	寛保３	1743	3．6	「諸番の士」	不明
56	寛保３	1743	3．26	書院番士、小性組番士、西丸小性組番士、大番士、新番士	参加者全員に金２枚
57	寛保３	1743	5．11	「番士」	不明
58	延享元	1744	3．9	書院番士、西丸書院番士、小性組番士、大番士、新番士	参加者全員に金２枚
59	延享元	1744	4．15	「諸番士」	不明
60	延享元	1744	10．晦	「外様」	不明

注１：『有徳院殿御実紀』、『柳営日次記』より作成した。
２：享保20年３月18日には徳川家重（吉宗世嗣、のちの９代将軍）、延享元年９月13日には徳川家治（家重世嗣、のちの10代将軍）による騎射上覧が実施されているが、表からは省いた。
３：小姓や小納戸など、五番方番士以外の参加者（番士の惣領を除く）については表から省いた。

以降の騎射見分について分かる史料は見当たらないが、騎射上覧が何度となく繰り返されている以上、番頭は騎射見分を実施せざるを得ないであろうし、その対象となる番士も日頃から騎射の鍛錬を求められるはずである。吉宗の事績を集めた『はつか草』（国立公文書館所蔵）によると、「都而騎射上覧被遊しハ、早馬ニ無之てハ御機嫌不宜」とあり、馬を速く走らせた上での騎射でないと吉宗は満足しなかった様であり、この記述からも騎射の鍛錬が強く求められたことがわかる。

ところで、こうした吉宗の要求にあたり、番頭にはふたつの対処が考えられよう。第一に、組下の番士に対して騎射の鍛錬を励行するという真っ当な対処である。第二に、騎射に秀でた若干名の番士のみに鍛錬を課し、彼らを上覧に参加させることで、吉宗の目を欺くという対処である。後者の場合、番士全体を武芸に励ませようという吉宗の意図が歪められる可能性がある。この点については次項で論じることとする。

〈第三項〉歩射奨励

（1）弓場始の研究

番士に対する騎射奨励については前項までで論じた通りである。それでは、歩射についてはどうであろうか。吉宗は騎射儀礼同様、歩射儀礼（射礼）に対してもその復興に力を注いでいる。とりわけ大きな成果としては正月に五尺二寸の大的《おおまと》を射る弓場《ゆば》始《はじめ》の復興があげられよう。平安時代に端を発し、後に武家儀礼となった弓場始は室町期の混乱で廃絶してしまったが、享保十四年（一七二九）二月五日（表33-6、後掲）、吉宗によって再興される。[21]

将軍就任以前から弓場始復興に取り組んでいた吉宗は将軍となった後も研究を続け、近臣にその研究成果を実践させ、一定の完成を見たのち、これを小笠原家の歩射を受け継ぐ小笠原縫殿助持広（幕臣）に伝え、幕臣への教授を命じた。享保十四年二月五日、吹上御庭にて初めて弓場始が実施された。

右が『有徳院殿御実紀附録』に書かれた弓場始復興にいたるまでの経緯である。[22] 幕臣への騎射教授を命じられた小笠原常春の場合と違い、小笠原持広が歩射教授を命じられたのがいつであるのか、『柳営日次記』や『有徳院殿御実紀』、『寛政重修諸家譜』には明記されていない。しかし、『柳営日次記』享保十四年二月六日の条には、昨年中から持広が番士に歩射教授をし、二月五日に実施された弓場始もうまくいったということで褒賞を与えられたとあることから（「去年中ゟ御番衆たいはい大的精出指南、昨日上覧之所、中り等も有之、御慰ニも相成付而、和泉守（忠之、老中）申渡之」）とあることから、番士に対する持広の指導は享保十三年から始まっていたものと推察される（享保十四年の弓場始には書院番士、小性組番士、大番士が参加している）。

（2）繰り返される大的見分

享保十四年二月五日の弓場始の実施にいたるまで、弓場始と同じく大的を射る大的見分や大的上覧の実施状況はどうであったか。

歩射見分自体については本章冒頭で取りあげた通り、享保二年（一七一七）七月に若年寄大久保常春と両番頭が見分の実施をやりとりしていることから実施の命令は初期の段階から出されていたものと考えられる。また、享保六年以降、狩猟の際に供奉の番士が鳥を射る「御供弓《おともゆみ》」が実施され、同時進行的に遠距離を射る遠的《とおまと》の稽古・見分・上覧が実施されているものの（付論参照）、大的見分・上覧についての動向が明確になるのは享保十二年以降である。

享保十二年は番士を対象とした大的上覧が三度実施された年であり（表33-1、2、3）、恐らくはそれを見越して歩射見分が繰り返される。

享保十二丁未年閏正月十三日

一、大久保佐渡守殿、両番頭詰番江被成御渡候御書付

御小性組

右御番衆之内、遠的六本成とも十本成共すゝませ可申もの、一組之内ニ何人可有之也、書出可被申候

一、右之通ニ付、寄合相談之上、同十五日佐渡守殿江姓名書付進達之事、右常々稽古之節、六七分ニも中ル者書出候、御小性組方人数弐拾五人之事

同月十六日

一、佐渡守殿、両番頭詰番江御渡被成候書付

両番書上候者之内、大的射させ、頭両度致見分、両度十ツ致候者、当月中書上可申候

閏正月

右は享保十二年閏一月十三日から十六日にかけての大久保と両番頭とのやりとりを記録したものである[23]。十三日、大久保から江戸城に詰めていた両番頭に書付が渡された。冒頭に「御小性組」とあるがそれは『御小性組方例書私録』の性質によるものであって、書院番頭に向けた同様の書付もあったはずである。大久保の書付の内容は、(両番の)番士のうち、遠的に優れた者がどれだけいるか報告せよというものであった。遠的上覧に向けての調査とも考えられるが、『有徳院殿御実紀』や『柳営日次記』にはその頃に遠的上覧が実施されたという記事はなく、「御供弓」を見越してのものであろう。ともあれ、この大久保からの書付に対し、両番頭は相談の上、常々の稽古の際に六割から七割の的中率を見せている番士を書き出して提出し、小性組からは二十五名の番士が推挙された。次いで十六日、大久保から出た指示は、報告のあった遠的に優れた番士(小性組であれば二十五名)に対して大的の見分を二回実施し、二回とも皆中、すなわち全射的中であった者(「両度十ツ致候者」)を当月中に報告せよとのことであった。

この指示のあった二日後の閏正月十八日、両番士に対して大的稽古の命令が出た。『有徳院殿御実紀』には

「小姓組書院番の士に。浜の御そのに出て。大的射るべしと命ぜらる」とある。また、『御小性組方例書私録』にもこの旨が記録されている。[24]

　　享保十一丙午（十二丁未カ）年閏正月十八日

一、大久保佐渡守殿、両番頭詰番江御渡被成候御書付

　　　見出し両番頭江

　　大的稽古場間数之覚

一、大的間数、左之爪先ゟ的迄、三間八間

　　　但六尺間也

　右之間数にて稽古仕候様可被致候

大的と射手（が弓を構えた際に前に出る左足の爪先）との距離を江戸間（一間を六尺とする、一間はおよそ一・八メートル）で「三間八間」とし、その距離で大的を稽古させよという大久保から両番頭への指示である。二条目の「三間八間」というのはよく分からない。「三十八間」の誤記であればおよそ六十八メートルということになるが、付論で取りあげる遠的（遠射）見分では射手と的との間が四十間（およそ七十二メートル）であったから、それを基準にすると「三十八間」は通常の大的稽古の距離としては少し長い気がする。いずれにせよ、稽古についての指示が出たということは見分もこの基準に則って実施することになったと思われる。

両番以外の番組に対してはどうであったか。『柳営日次記』同日の条には「昨日本多伊予守（忠統・若年寄）・松平能登守（乗賢・若年寄）被申渡候者、両御番方大的稽古被　仰付候旨伝之、大番其外新番小十人等稽古相勤ル」とある。いささか文意が取りにくいが、後述する様に七月以降に実施される歩射上覧（大的上覧）では両番以外の番組も対象となっていることとから鑑みて、大番頭・新番頭・小十人頭に対しても両番同様に大的稽古（大的見分）の指示が出されたという

ことであろう。

閏正月十八日に大久保から両番頭に指示された二度の大的見分については、その結果が翌月の二日に報告されている。二度ともに皆中であった番士はいなかった様である（「大的両度見分仕候処、両度十仕候者無御坐候」）(25)。

さらに大的見分は続く。同年三月二日、大久保から書院番頭・小性組番頭・大番頭に向けて、再度大的見分についての指示があった。興味深いのは、この大的見分においては、番士の「子供」に対する大的見分も指示されているという点である。第二章で取りあげた惣領番入制度との関連を思わせるが、詳細は不明である(26)。

番士の「子供」に対する大的見分の評価はさておき、番士に対する大的見分が繰り返し実施されていることは明らかである。『御小性組方例書私録』には書かれていないものの、新番や小十人組に対しても同様の見分実施命令が出されたであろうことは、次にあげた諸番頭に対する書付から読み取れる(27)。

享保十二丁未年三月

諸御番頭江

御番衆大的之儀、必八分以上射不中候ハ、難成与申にても無之候得共、大概揃候而、七分ニ茂射不中候而ハ、御慰ニ相成不申事ニ候、此上いつ迄との限も無之事ニ候得共、来月中歟又七八月頃ニ至り候而成候とも、一役ゟ三四人、四五人程も揃候而、七八分ニも射可申与存候者を書出可被申候

三月

番士の大的上覧について、必ず八割以上の的中率でないといけないというわけではないが、七割以上の的中率の番士を揃えねば吉宗の「御慰」にはならない。今後いつまでということではないが、来月中か七月、八月であっても、七、八割の的中率を持つ番士を各番組から数名選びだして報告するように。大意は以上の通りである。

この書付からは以下三点が分かる。

第一に、「諸御番頭江」というところから、五番方すべての番頭に対して出されているということになるが、五番方それぞれから見分の結果報告を受けた上でなければこの様な指示は出せない。すなわち、五番方すべてで大的見分が実施されているということになる。

第二に、大的上覧の実施が近いということ。上覧（の良い結果）について（上様の）「御慰」と表記するのは『有徳院殿御実紀』や『柳営日次記』で散見するところである。先に指摘した通り、享保十二年にあってたびたび出されてきた見分実施の命令は、来たるべき大的上覧に向けてのものであったといえるのである。

第三に、番士の大的稽古にさらなる出精が求められているということ。この書付が出されるまでの見分で番士がどれだけの成績を出したのか、正確なところは不明である。しかし書付にあって七、八割以上の的中率の番士を選び出せという指示が出ている以上、現状がそれに満たないということになる。

（3）大的上覧の実施、弓場始の再興

大的上覧の実施　享保十二年三月の書付が出された四ヶ月後の七月二十一日、いよいよ大的上覧が実施された（表33-1）。『有徳院殿御実紀』に「此日吹上の御庭にて大番士の大的を御覧あり。十々の者には御前にて禄をたまふ。大番の士の射をけみし給ふはじめなり」とある通り、当日の上覧は大番士を対象とした初めてのものであり、成績が皆中（「十々」、全射的中）であった大番士に対しては吉宗御前で褒賞を与えられた。第二節で改めて論じるが、成績により褒賞の授与に差があったことに注目したい。『柳営日次記』には以下の通りに記されている。

吹上大的上覧、十射之者江於御前時服二被下
　　大御番小堀備中守組　　石川宮内
　　　　　　　　　　　　　吉野左仲
左之外、大御番頭江佐渡守申渡拝受之
　　同組　　　　　　　　　戸田半三郎

曾我周防守組　飯田喜八郎
酒井日向守組　小田切重兵衛
米津出羽守組　河田甚太郎

右によれば、大的上覧に参加した大番士のうち、小堀備中守組の石川宮内一敬と吉野左仲信積は皆中であり、吉宗の御前で時服二領を与えられている。他の四人にも褒賞があったが、どうやら吉宗の御前での拝受ではなかった模様である。

翌八月十四日、両番士を対象とした大的上覧が吹上御庭で実施された（表33-2）。矢数は六本、書院番士十一名、西丸書院番士六名、小性組番士十五名が参加した。また、同日の『柳営日次記』には「人数三拾弐人、惣矢数百九拾本、内中リ百六拾本此分八分三リン余、右皆当者ニ者、於御前時服二宛被下之、其外者帰御已後於御場時服二宛被下之」とある。的中率の計算が少し間違っているがそれはさておくとして、『柳営日次記』に的中率が書かれている上覧は同日の上覧のみである。的中率八割以上の番士を選び出せという同年三月の指示と何らかの関係があると思われる。なお、実際の的中率はおよそ八割四分であり、目標値は達成されている。

また、七月の大番士を対象とした大的上覧同様、成績により褒賞の授与に差が見られる。皆中の者は吉宗の御前で時服二領を拝領し、その他の者には吉宗が吹上御庭から退出したのちに時服二領が与えられている。

なお、『仕官格義弁』「大的・騎射　上覧之事」には、同日の大的上覧に参加した番士について、「惣而五度弓被　仰付居候処、是ニテ差置候様」に、合計で五度大的上覧に参加したのであるから今後の参加は控えるようにという吉宗の上意があったと記されている。表33の通り、享保十二年以前に大的上覧が実施されたことは確認出来ないことから、この上意が同日の大的上覧の際に出されたのかどうかは疑問であるが、同じ面々が何度も上覧に参加することを吉宗が禁じている点が興味深い（第二節で取りあげる通り、五度の参加に留まらない番士も実際にはいた様であるが）。御供弓（付論参照）の場合も同じ番士が連続して御供弓を勤めるということが禁じられている。史料で確認は出来ないものの、恐らくは騎射上覧についても同様の指示が出されたものと思われ、前項の末尾であげた番頭の怠惰（騎射に秀でた若干名の番士のみを上覧に出して誤魔化す）は防がれたものと考えられる。

したがって、組を任されている番頭からすれば、一部の技量に秀でた番士を上覧に参加させれば義務が果たせるということではなく、番士全体の力量を向上させておかねばならないということになる（それを怠った場合、本章冒頭の岡部・酒井の一件の様な事態を招いてしまう）。見分の実施をより確実ならしめる一策であろう。

翌九月九日には新番士と小十人組番士を対象とした大的上覧が実施された（表33-3）。『柳営日次記』には参加人数などは書かれていないが、『有徳院殿御実紀』には合わせて二十九人の番士が参加したとある（『仕官格義弁』には新番士十四名、小十人組番士十五名が参加したとある）[28]。また、褒賞については七月、八月の上覧同様、皆中の者とそうでない者との間には褒賞に差があった。

『御小性組方例書私録』には八月十四日の両番士を対象とする大的上覧に先立ち、十三日に若年寄大久保常春から両番頭に出された書付が記録されている[29]。この書付には、十四日に上覧を実施すること、上覧の場所や時刻のこと、矢数が十本であること（実際は六本であったが）、こうした諸連絡に引き続き、「右委細小笠原平兵衛江可被申合候」という一文がある。先に分析した通り、小笠原持広が番士に対する歩射教授を命じられるのは享保十三年である。それ故に、委細を申し合わせるのが小笠原持広ではなく、騎射とはいえ享保十一年に番士への教授を任されている小笠原平兵衛常春であったのであろう。

五番方すべてを対象とした大的上覧は、この様にして実施された。吉宗にとっては弓場始再興に向けてその参加者となるべき番士の力量を向上させ、自分の目でもそれを見定めるという目的や、弓場始の研究の一助とする目的もあったことと推察される。

番士を対象とする享保十三年の大的上覧は、十月九日に実施された一度だけである（表33－4）。この大的見分については、『有徳院殿御実紀』には「此日吹上の御そのにて。番士の大的を閲し給ふ」とあり、『柳営日次記』には皆中であった書院番戸田主水組番士の木下主膳長保が時服二領を拝領したということが書かれているのみで、書院番士を含む番士を対象とした大的上覧であること、前年と同じく褒賞に成績による差があったということが分かるのみである。

他方、この年は『有徳院殿御実紀』二月四日の条に「この日奥御庭にて。はじめて弓場はじめの式を試らる」とある通り、内々（小姓や小納戸によるものであろう）で弓場始が実施された年でもある。吉宗が弓場始の復興を目論んで小笠原持広に番士への歩射教授を命じたのは、この弓場始の結果に力を得てのことではなかろうか。ともあれ、番士の大的の技術向上に加えて、弓場始の参加を目指した一年であったと思われる。

弓場始の再興　翌十四年（一七二九）二月五日、弓場始が正式に実施された。『柳営日次記』によると、参加したのは小姓能勢河内守頼忠、西丸小納戸岡山新十郎之英、書院番士小長谷喜八郎友長・小林十郎左衛門直時、木下主税長保、小性組番士城織部厚茂・冨永平介記浮、内藤左衛門忠近、諏訪源十郎頼直、大番士吉野左仲信積、以上十名である。

このうち、享保十二年七月二十一日の大的上覧に参加しているのは吉野信積。同年八月十四日の大的上覧に参加しているのは城・冨永・小林・諏訪・岡山・木下の六名。城厚茂は享保十一年十月十五日に実施された騎射上覧にも参加している。また、冨永記浮は享保九年、吉野信積は享保十年、岡山之英は享保十二年に惣領番入制度によって召し出されている。特に岡山は享保十二年の惣領番入にあって唯一武芸出精によって召し出された人物である（享保十三年に西丸小納戸）。いずれも弓場始に参加するにふさわしい面々であったと考えられる。この十名のうち、小長谷友長を除いた九人は矢数六本で皆中という成績であり、吉宗の御前にて紅裏時服を二領拝領し、

表33　吉宗期の歩射上覧

№.	元号年	西暦	月日	参加番士	褒賞
1	享保12	1727	7.21	大番士	参加者全員に時服２領 皆中の者には 「於御前時服二被下之」 皆中でない者には 「大御番頭江佐渡守申渡拝受之」
2	享保12	1727	8.14	書院番士、西丸書院番士、小性組番士	参加者全員に時服２領 皆中の者には 「於御前時服二宛被下之」 皆中でない者には 「帰御已後於御場時服二宛被下之」
3	享保12	1727	9.9	新番士、小十人組番士、西丸小十人組番士	参加者全員に時服２領 皆中の者には「於御前頂戴之」 皆中でない者には「於場所被下之」
4	享保13	1728	2.4	不明（小姓・小納戸ヵ）	不明
5	享保13	1728	10.9	「番士」	皆中の者に時服２領
6	享保14	1729	2.5	小性組、書院番士、大番士	皆中の者に時服２領 参加者全員に金２枚
7	享保14	1729	閏9.29	大番士	成績優秀者に褒賞
8	享保15	1730	1.11	書院番士、小性組番士、大番士	皆中の者に時服２領 参加者全員に金２枚
9	享保16	1731	1.11	書院番士、小性組番士、大番士	皆中の者に時服２領 参加者全員に金２枚
10	享保16	1731	3.16	大番士	皆中の者に時服２領
11	享保16	1731	10.20	書院番士	皆中の者に時服２領
12	享保16	1731	10.29	小性組番士	皆中の者に時服２領
13	享保16	1731	11.4	新番士	皆中の者に時服２領
14	享保16	1731	11.10	小十人組番士	「禄例のごとし」
15	享保17	1732	1.15	書院番士、小性組番士、大番士、新番士	皆中の者に時服２領 参加者全員に金２枚
16	享保17	1732	10.13	大番士	皆中の者に時服２領
17	享保18	1733	1.11	書院番士、小性組番士、大番士、新番士	皆中の者に時服２領 参加者全員に金２枚
18	享保18	1733	10.24	書院番士	皆中の者に時服２領
19	享保18	1733	12.8	小性組番士	皆中の者に時服２領
20	享保19	1734	1.12	書院番士、小性組番士、大番士、新番士	皆中の者に時服２領 参加者全員に金２枚
21	享保19	1734	3.4	書院番士、小性組番士、大番士、新番士、小十人組番士	皆中の者に海黄２反
22	享保19	1734	11.3	大番士	皆中の者に時服

23	**享保20**	**1735**	**1.11**	**書院番士、小性組番士、大番士、新番士**	**参加者全員に時服２領、金２枚**
24	享保20	1735	閏３.18	書院番士、小性組番士	不明
25	享保20	1735	10. 1	書院番士	皆中の者に時服２領
26	享保20	1735	10.19	小性組番士	皆中の者に時服２領
27	**元文元**	**1736**	**1.11**	**書院番士、小性組番士、大番士**	**皆中の者に時服２領** **参加者全員に金２枚**
28	元文元	1736	10. 1	大番士	皆中の者に時服２領
29	元文元	1736	10.10	書院番士、小性組番士	皆中の者に時服２領
30	**元文２**	**1737**	**1.11**	**書院番士、小性組番士、大番士、西丸新番士**	**皆中の者に時服２領** **参加者全員に金２枚**
31	元文２	1737	4.29	新番士、小十人組番士	皆中の者に時服２領
32	**元文３**	**1738**	**1.15**	**書院番士、西丸書院番士、小性組番士、西丸小性組番士、大番士、新番士**	**皆中の者に時服２領、金２枚**
33	**元文４**	**1739**	**1.16**	**書院番士、小性組番士、西丸小性組番士、大番士、新番士、西丸新番士**	**皆中の者に時服２領** **参加者全員に金２枚**
34	元文４	1739	2.25	大番士	皆中の者に時服２領
35	元文４	1739	10. 8	小性組番士	皆中の者に時服２領
36	元文４	1739	11.14	書院番士	皆中の者に時服２領
37	**元文５**	**1740**	**1.11**	**書院番士、小性組番士、大番士、新番士**	**皆中の者に時服２領**
38	元文５	1740	3. 9	新番士、小十人組番士	皆中の者に時服２領
39	**寛保元**	**1741**	**1.11**	**書院番士、小性組番士、西丸小性組番士、大番士、新番士**	**皆中の者に時服２領** **参加者全員に金２枚**
40	**寛保２**	**1742**	**1.11**	**書院番士、西丸書院番士、小性組番士、西丸小性組、新番士**	**皆中の者に時服２領** **参加者全員に金２枚**
41	寛保２	1742	3.18	大番士	皆中の者に時服２領
42	**寛保３**	**1743**	**1.15**	**書院番士、西丸書院番士、小性組番士、大番士、新番士**	**皆中の者に時服２領** **参加者全員に金２枚**
43	寛保３	1743	9.25	小性組番士	皆中の者に時服２領
44	寛保３	1743	10. 8	書院番士	皆中の者に時服２領
45	**延享元**	**1744**	**1.19**	**書院番士、小性組番士、新番士**	**皆中の者に時服２領**
46	延享元	1744	10.18	新番士、小十人組番士	皆中の者に時服２領
47	**延享２**	**1745**	**1.22**	**不明**	**「禄例の如し」**

注１：『有徳院殿御実紀』、『柳営日次記』より作成した。
２：享保16年11月９日、元文２年２月29日、寛保元年４月11日には徳川家重（吉宗世嗣、のちの９代将軍）による歩射上覧が実施されているが、表からは省いた。
３：大的上覧・弓場始以外の歩射上覧はすべて省いた（弓場始は太字にした）。
４：小姓や小納戸など、五番方番士以外の参加者については表から省いたが、№４のみは正式ではないにせよ弓場始であるので表に入れている。

翌日には全員が金二枚を拝領している。この際、弓場始の教授を賞されて小笠原持広には時服二領と金三枚、弓場始の介添えとして働きのあった徒目付四名、表火之番五名には銀二枚が与えられている。吉宗が紀州藩時代から取り組んだ弓場始の復興はここに成功したのである。

表33にまとめた通り、享保十四年以降、毎年一月に弓場始が実施されることとなる。同時に、五番方番士を対象とする大的上覧も繰り返し実施される。享保十二年に見られる様な、大的見分の執拗な実施命令をうかがわせる史料は見当たらないが、頻繁な上覧実施の実態を鑑みるならば、騎射の事例と同様に、組内における稽古・見分は繰り返し実施されていたものといえるのである。

第二節　武芸上覧に参加するということ

吉宗期にあっては武芸上覧と武芸見分との間に強い連携が生まれた。度重なる武芸上覧の実施は武芸見分の実施を確かなものにならしめ、五番方番士の武芸出精を促したのである。武芸上覧が組内の動向にまで影響を及ぼしたということを、具体的なかたちで論じた研究は見当たらない。第一節で明らかにした構図は、武芸上覧なるものに新たな意味合いを加えたといえよう。

では、武芸上覧に参加するということは、参加者にとってどれほどの意味を持ったのか。頻繁な武芸上覧とそれにともなう武芸見分の実施、それは確かに上覧・見分の主たる対象である番士に武芸の出精を促したことであろう。しかしそれは、番士に対するある種の強制をともなう話でもある。将軍が上覧し、番頭が見分する。その下にある番士からすれば当人の意向を超えたところで武芸が奨励されたともいえるのである。

そこで本節では、武芸上覧が五番方番士にもたらした恩恵について分析する。日々の武芸鍛錬には辛いこともあろう。繰り返される上司（番頭）の見分、まして将軍の御前で日頃の技量を発揮せねばならない上覧に参加するということは、番士にとって大きなプレッシャーであろう。しかし、武芸上覧に参加することが当人にとって魅力的なものであったとすればどうであろうか。積極的に武芸を鍛錬することにつながるのではないか。

本節では褒賞・昇進・家の名誉という三点から武芸上覧に参加する意味・恩恵を明らかにしたいと考える。

〈第一項〉武芸上覧と褒賞

武芸上覧に参加することでもたらされる恩恵で、まずあげられるのが褒賞であろう。前節でも若干言及しているが、武芸上覧に参加した番士には褒賞が与えられる。『柳営日次記』や『有徳院殿御実紀』では上覧ごとの記述量にばらつきがあるため、すべての上覧についてその褒賞を明らかにすることは出来ないが、全体的な傾向は読み取れると考える。

まず、第一項で取りあげた馬術上覧はどうであったか（前掲表31）。

一、一昨廿三日於浜御殿、乗馬被　仰付候面々

御小性組
戸田肥前守組
酒井民部
花村善右衛門
嶋田甚五郎
遠山万次郎
安部左衛門
御書院番伊沢播磨守組
松波甚之丞
川窪求馬

大久保忠右衛門
弓気多源七郎
松平次郎左衛門
松前隼人

右時服二宛被下之旨老中申渡之

右は享保二年（一七一七）十月二十三日に実施された馬術上覧参加者に対する褒賞の記録である（表31-1）。同月二十三日に浜御殿に赴いた吉宗は御供の小性組戸田肥前守組・書院番伊沢播磨守組の番士十名に対して馬術上覧を実施し、その二日後に参加した番士全員に褒賞を与えている。表31にまとめた通り、馬術上覧については、基本的には参加した番士全員に褒賞が与えられている。

次に、騎射上覧であるが、馬術上覧とは違った傾向が見られる。第二項で論じた享保十一年十月十五日の騎射上覧では参加者全員に褒賞が与えられている（前掲表32-1）。しかし享保十七年以降の騎射上覧では成績による褒賞の差が見受けられるのである。たとえば享保十七年五月二十二日に実施された騎射上覧では、的中四本以上の者に海黄《かいき》（織物の一種、もともとは舶来物であったが甲斐国で作られる様になったので甲斐絹ともいう）が三反、それ以下の者には海黄が一反与えられている（表32-11）。以後、参加者全員に褒賞が与えられる場合もあるが、上覧における成績の差が褒賞の差となって現れている事例が多く確認出来るのである。

歩射上覧についてはそうした傾向が当初の段階から見られる（前掲表33）。前節第三項で取りあげた享保十二年の三度の大的上覧において、吉宗の御前で褒賞（時服二領）が与えられたのは皆中の者に対してのみであった。結果的には参加者全員に時服二領が与えられるわけであるが、当人の名誉としては意味のある差であったことと思われる。享保十三年以降の大的上覧にあってはすべて成績を基準とした褒賞、しかも皆中の者にのみ褒賞が与えられている[30]。

この様に、騎射上覧、歩射上覧の褒賞には一定の競争原理が働いているわけであるが、表31〜33で明らかな通り、こうして与えられる褒賞はそれほどに大きなものではない。しかし、成績による褒賞の差とは、みずからの出した好成績に対して賞賛が与えられるということであり、当人にとって大きな名誉となったことであろう。

〈第二項〉武芸上覧と昇進

武芸上覧に出ることとは昇進につながるものであったのか。序論でも触れたとおり、吉宗期には武芸に秀でた者を、在野から、あるいは他家から登用するという事例がある。では、幕臣内部にあってはどうであるかというと、ある者の昇進を武芸上覧参加によると明確に書いている史料はほとんど見当たらない。『柳営日次記』や『有徳院殿御実紀』、『有徳院殿御実紀附録』では藤方久五郎忠英と玉虫八左衛門茂雅の二例があるのみである。以下、（1）では藤方・玉虫両人の事例を検討する。また、（2）では『有徳院殿御実紀』、『有徳院殿御実紀附録』では言及されていないものの、武芸上覧に何度も参加している大草忠直と水野忠堯の事例を検討する。

（1）藤方忠英、玉虫茂雅の場合

藤方久五郎忠英　『寛政重修諸家譜』によれば藤方家は家禄六百石。曾祖父勘右衛門安重は寛永九年（一六三二）に小十人組番士となり、同二十年（一六四三）には新番に転じ、慶安四年（一六五一）以降は上野国館林藩主であった頃の徳川綱吉の家臣となり、目付・持筒頭・留守居役を勤めている。

祖父勘右衛門重直は、安重に引き続き綱吉に仕え、使番にまで昇進している。綱吉が徳川家綱の世嗣となった延宝八年（一六八〇）には再び幕臣となり、元禄五年（一六九二）には和田倉小川町の屋敷奉行となっている。父主膳重堯は小普請のまま四十一歳で死去している。

忠英は享保十年（一七二五）八月二日に九歳で家を継ぎ、元文五年（一七四〇）十一月二十二日に二十四歳で大番士となり、宝暦三年（一七五三）三月二十一日に新番士、同十二年十一月六日には小納戸に昇進し、その後西丸小納戸を経て安永九年（一七八〇）に致仕（引退）、天明七年（一七八七）に七十一歳で死去している。

藤方忠英が元文五年十一月二十二日に大番士として召し出されたことについて、『柳営日次記』同日の条には、

大御番江　長谷川久三郎組
藤方久五郎
右者騎射精出し候ニ付、御番入被仰付之旨、於同席被仰付候

とあり、『有徳院殿御実紀』同日の条には「小普請藤方久五郎忠英。年ごろ騎射を精研すればとて大番に選らる」とある。『柳営日次記』から小普請時代の藤方忠英の上覧参加の記録を抽出すると、元文元年（一七三六）三月十二日の騎射上覧（表32-29）、同二年四月七日の騎射上覧（表32-33）、同五年八月二十六日の騎射上覧（表32-44）、同年九月九日の歩射（闔的）上覧に小普請という立場で参加している。また、同三年の高田穴八幡への流鏑馬奉納にも射手として参加している。この様な実績が「騎射精出」と評価され、大番への番入に結びついたものと考えられる。

ただし、大番士となった後も騎射上覧・大的上覧に繰り返し参加しているものの、宝暦三年に新番士となった際、あるいは同十一年に小納戸になった際、騎射出精に関する言及はない。布衣役である小納戸にまで昇進したのは藤方家としては忠英が初めてであるものの、それが武芸上覧参加によるものかどうかは確言出来ない。

玉虫八左衛門茂雅　『寛政重修諸家譜』によれば玉虫家は家禄千百石。代々徳川家に仕え、曾祖父八左衛門宗茂は元和三年（一六一七）に小性組番士として召し出され、中奥番士、小納戸、新番頭と順調に昇進を重ね、正保四年（一六四七）には先手鉄炮頭となった人物である。

祖父十左衛門時茂は正保四年に総番入制度によって召し出されて以来、元禄四年（一六九一）に六十一歳で死

去するまで四十四年間書院番士であった。

父助左衛門治茂は二十三歳で小普請のまま死去した。

茂雅は元禄八年に九歳で家を継ぎ、宝永三年（一七〇六）に小性組番士となり、享保十五年（一七三〇）二月十八日に西丸徒頭に昇進している。茂雅について、『有徳院殿御実紀附録』には、

> 小姓組。書院番。新番。大番。小十人組の番士。年ごとに吹上の御庭にて射芸を御覧じ給ひ。よく射あてしものには例の禄賜はる。そが中にも玉虫八左衛門茂雅といへるは。いつも衆に超てよかりしかば。後には今日も八左衛門は出しやと御尋あるほどの事なりき。この八左衛門年を経て徒頭に濯むで給ひしも。全く其芸のすぐれしを。顕はしたまふ尊慮なりとぞ聞えし。

と記され、徒頭（西丸徒頭）に昇進したのは武芸上覧で活躍し吉宗の歓心を得たからであるとしているが、『柳営日次記』の武芸上覧についての記述を見る限り、玉虫茂雅（玉虫八左衛門）の名前は一切見当たらない。むろん、吉宗期の武芸上覧に出た者の人名すべてが『柳営日次記』に書かれているわけではないが、『有徳院殿御実紀附録』の記述には疑問を覚える。ただし、付論および第四章で言及することになるが、茂雅は吉宗の狩猟において弓術の腕前をたびたび発揮している。『寛政重修諸家譜』にもその様な記述が見出せるが、『有徳院殿御実紀附録』では、そうした狩猟における活躍を「射芸」と表記した可能性がある。

それでは、そうした狩猟の活躍が昇進に結びついたのかといえば、少なくとも、昇進に直結したとはいえないと考える。茂雅が徒頭に昇進したのは事実であり、書院番士のまま生涯を終えた祖父時茂や小普請のまま早世した父治茂を上回る経歴の持ち主ではあるが、曾祖父は布衣役を歴任しているし、家禄も千百石と高い。茂雅が徒頭に昇進したことは抜擢人事であるとはいえないのである。

（2）大草忠直、水野忠堯の場合

大草吉左衛門忠直　『柳営日次記』から判断した限りで、吉宗期において最も多く武芸上覧に参加したのは大草吉左衛門忠直である。同人については第一節の水馬上覧の箇所でも取りあげているが、享保十一年十月十五日の騎射上覧に参加して以来、大的上覧や馬術上覧を含めて実に三十五回という参加実績を誇っている。その実績は果たして昇進に結びついたのであろうか。

『寛政重修諸家譜』によれば大草家は家禄二四五石に廩米が五俵。忠直は享保十年（一七二五）十月二十五日惣領番入制度によって書院番士として召し出され、元文二年（一七三七）に家を継ぎ、宝暦四年（一七五四）に膳奉行に転じ、同十一年家重死去にともなって小普請となるものの、明和二年（一七六五）には再び膳奉行となり、明和五年（一七六八）には布衣役である船手役に昇進し、翌六年二月十四日に七十歳で死去している。三十五回の上覧参加はすべて書院番士であった時のものである。仮に武芸上覧が昇進に結びつくのであれば、もう少し違う経歴になるのではなかろうか。そもそも忠直の父弥五右衛門忠由も膳奉行になっており、その後部下の失敗により出仕を停められているものの最終的には布衣役である西丸裏門番頭に昇進している。

水野甚五兵衛忠堯　忠堯は享保十六年十月二十日の大的上覧に参加して以来、騎射上覧・歩射上覧合わせて、三十一回の参加実績がある。大草忠直には及ばないものの相当に多い上覧参加回数である。『寛政重修諸家譜』によれば水野家は家禄五百石。忠堯は享保八年（一七二三）に家を継ぎ、同九年に書院番士となり、宝暦十一年（一七六一）五月に書院番組頭に昇進し、同年十月に五十七歳で死去している。武芸上覧に参加したのはすべて書院番士の間のことである。忠堯の曾祖父甚五兵衛忠弘、祖父助右衛門忠利、父五左衛門忠意、いずれも両番士のまま生涯を終えており、水野家のなかでは出色の経歴といえる。しかしこれも、仮に武芸上覧が昇進に結びつくとすればもっと早く昇進したはずであろう。

（1）（2）で検討した通り、武芸上覧への参加が昇進に結びつくとは到底考えられない。藤方忠英の事例が辛うじてそれに該当するが、これも小普請からの召し出しであって、番士として昇進したという話ではない。番士として武芸上覧に参加するということは昇進とは無関係であったということになる。

〈第三項〉武芸上覧と名誉

第一項、第二項までの分析で、武芸上覧に参加した番士が得られるのは褒賞と、それに付随する名誉であり、昇進に関係するわけではないことが分かった。与えられる褒賞にしてもさほど大きなものではないことを鑑みれば、実質的には、みずからの武芸出精とその技量を吉宗に賞賛されたという名誉のみが武芸上覧によって得られる恩恵ということになるが、上覧によって得られる名誉とは、その一身に留まるものではなかった。

東京都立中央図書館所蔵の『御番入手続其外諸事留』という書物がある。同書は、旗本清水権之助義達（小普請、家禄千石）が安政三年（一八五六）に小性組戸川伊豆守組に番入した際の手続きをはじめとして、義達に関わるさまざまな手続きや書付を記録したものである。

このなかに、清水家の先祖由緒書が所収されている。この先祖由緒書は、義達が所属する小性組の番頭が戸川伊豆守安荐から松平対馬守近韶に交替した際、松平近韶に提出されたものである。同書には義達の四代前の清水家当主である義永以降、代々の清水家当主の略歴が記されているのであるが、その文中には武芸に関わる褒賞についての記述が散見する。以下、清水家代々の略歴をまとめつつ武芸に関する記述を抽出する。

【清水権之助義永】

・享保十六年（一七三一）二月一日に死去した父清水政永（西丸書院番士）の跡を継ぐ。
・寛保元年（一七四一）十月二十八日小性組番士となる。
・宝暦四年、御供弓を命じられ、同年十一月二日、家重出遊の際に鳥を射止めて褒美を得る（「御供弓御用被

仰付、同年十月二日王子筋　御成之節鳥射留候ニ付、同月七日為御褒美時服三拜領仕」）。

・宝暦十一年（一七六一）十一月二日、家治（十代将軍）出遊の際に大的上覧が実施され、射手として参加、皆中。褒美を得る（「小菅筋於　御成先、大的　上覧射手罷出、皆中仕、為御褒美奥嶋《（縞）》壱反・海黄嶋《（縞）》壱反拜領仕」）。

・同十二年三月三日、吹上御庭で実施された大的上覧に参加し、褒美を得る（「於吹上御庭、大的上覧相勤、時服二拜領仕」）。

・書院番組頭・先手鉄炮頭を勤めたのち、寛政七年（一七九五）十二月晦日死去。

【清水権之助義安】

・寛政七年五月八日、病身の父義厚に替わって義永の嫡孫となる。

・同年十二月廿七日、祖父義永の死去にともない清水家の跡目を相続する（嫡孫承祖）。

・同九年四月二十七日、書院番士となる。

・享和元年（一八〇一）四月二十四日、武術上覧に参加し褒美を得る（「於御白書院御広縁武術　上覧相勤、端物弐反拜領」）。

・文化元年（一八〇四）正月五日、家斉（十一代将軍）出遊の際に鳥を射とめ、同月九日に褒美を得る（「木下川筋　御成之節、鳥射留候ニ付、同月九日為御褒美時服三被下置候」）。

・同年九月十九日、死去。

【清水金次郎義宣】

・文化元年（一八〇四）十二月五日、養父義安の跡を継ぐ（急養子）。

・同二年十二月八日、西丸書院番士となる。

・同五年十一月二十二日、小納戸となる。

・同九年四月十一日、小納戸を辞す。
・同年十一月廿二日、死去。

【清水正助義明】

・文化十一年（一八一四）十二月二十四日、義父義宣の跡を継ぐ（急養子）。
・文政四年（一八二一）十二月十九日、西丸書院番士となる。
・同八年、御供弓を命じられ、同年十二月六日、家斉の御成の際に鳥を射とめ、同月八日褒美を得る（「御供弓御用被　仰付、同年十二月六日浜御庭江　内府様　御成之節鳥射留候ニ付、同月八日為御褒美時服三被下置候」）。
・天保九年（一八三八）十一月六日、死去。

先祖由緒書は義明、すなわち義達の父親の死去で終わっている。この記録から、武芸上覧に参加したこと、さらには上覧において優秀な成績を残したことが、代々の当主の職歴とともに記されているということが分かる（鳥を射て褒美を得たことについては付論参照）。残念ながら吉宗期に実施された武芸上覧に参加した者は含まれていないが、それでも武芸上覧参加にともなう名誉についての分析には十分であろう。武芸上覧で得られる名誉とは、当人の名誉であることはもちろんであるが、子々孫々が誇るべき名誉であるということである。しかも先祖由緒書の様な公式文書に書かれているということは、その家のなかで語り伝えるだけの名誉ではなく、外に向けて示すに足る名誉なのである。

このことは『寛政重修諸家譜』の記述からも明らかであり、前節、昇進との関係を考える上で取りあげた藤方忠英、大草忠直、水野忠堯、いずれの経歴にも武芸上覧に参加したことが書かれている。編纂に際し大名家・旗本家それぞれから家譜を提出させたという『寛政重修諸家譜』の来歴を鑑みるならば、藤方家、大草家、水野家の家譜に忠英、忠直、忠堯の上覧参加が記されていたと考えられるのである。

番士が武芸上覧に参加するということは、昇進に結びつくわけではない。また、得られる褒賞もそれほどのものではない。得られるのは、他に抜きんでて上覧に参加したという名誉、さらには他の上覧参加者よりも良い成績を残したという名誉、何よりもそれを将軍吉宗によって賞賛されたという名誉。それは武士の最も尊ぶべき武勇そのもので賞賛を勝ち得たという名誉であった。太平の十八世紀にあって、番士は役方に比して実際的な活躍の場に恵まれなかった。繰り返される武芸上覧とは、そうした名誉を得る機会が増大したということである。五番方番士は自己の名誉のため、家の名誉のため、武芸鍛錬に励み上覧参加を目指したものと考えられる。

小括

以上、番士を対象とした吉宗期の武芸上覧（馬術上覧、騎射上覧、歩射上覧）について分析を進めてきた。その結果明らかになったのは、以下の三点である。

第一に、武芸上覧と武芸見分は、吉宗期以前から存在した古典的な武芸奨励であり、吉宗独自のものではなかった。しかし上覧と見分の強い連携に成功した点に意義がある。

第二に、「強い連携」とは、武芸上覧を繰り返すことで武芸見分の確実な実施を促し、ひいては見分を受け、上覧の対象となるべき番士の武芸出精にまで影響を及ぼすというものである。上覧と見分の連携はすでに家宣期にあってみられるものであるが、家宣の急死により定着しないままで終わった。吉宗による頻繁な上覧の実施は、その連携を力強く蘇らせた。

第三に、上覧に参加した番士が得る恩恵は、当人はもちろん、子々孫々にいたるまで誇るべき家の名誉であり、上覧の数が多いということはそうした名誉を得る機会が増えるということを意味した。

第一、第二の点について、こうした運用を可能ならしめた根底には、吉宗の弓馬への並々ならぬ関心があったことはいうまでもない。ただしそれは吉宗の武芸奨励の強みであり、弱みでもあるともいえる。というのは、吉宗の関心が小さい、あるいは上覧の対象にしようとしない武芸についてはそうした運用が期待出来ないのである。たとえば剣術や槍術がそれに該当しよう。本章で論じた通り、また表31～33からも明らかな通り、弓馬の上覧は頻繁に繰り返されている。これと対照的であったのが剣術上覧・槍術上覧であった。享保十一年（一七二六）九月十二日に実施された事例の他、剣術・槍術上覧が実施された形跡はない。(31)

しかも、その一度限りの剣術上覧・槍術上覧は、将軍家指南役である柳生家（柳生新陰流剣術）・小野家（小野派一刀流剣術）・山本家（無辺流槍術）とその門人が対象であった。番士を主たる対象とする弓馬上覧とはおのずから性格の異なるものであるといわざるを得ない。剣術・槍術ともに武士の表芸のひとつであり、番士として学ぶべき武芸であるが、剣術上覧・槍術上覧が右のあり様である以上、剣術見分・槍術見分が実施されようはずがない。

この様な偏重がなぜ生じたのか。第一に考えられるのは剣術・槍術に比して吉宗の弓馬に対する関心がはるかに大きかったことであろう。あるいはすでに幾多の流派に分かれ隆盛を誇っていた剣術・槍術についてはあえて武芸上覧をせずとも足りると吉宗が考えたのか。弓術・馬術が儀礼面を備えるほどの歴史を有していたことを尊重したのか。「弓馬の士」としての伝統的武士観に基づいてのことであるのか。この疑問に対して明確に答えを出す史料は見当たらない。しかし、現象面として偏重があったことは事実である。

そしてその偏重が、第二章で取りあげた新番頭大久保忠恒の不祥事に結びついたと考える。大久保忠恒は、惣領番入制度において実施すべき武芸吟味のうち、剣術吟味・槍術吟味を怠ったとして処罰された。第二章でも述べた通り、この事件は第一義的には大久保忠恒の怠慢によるものである。しかし、本章で明らかにした弓馬上覧と弓馬見分の連携に匹敵するものが、剣術・槍術にあって見られないということを鑑みるならば、この一件の原因を、大久保忠恒その人のみに求めることは出来ないのである。筆者はこの事件を、吉宗の武芸奨励なるもののある種の限界（弱み）として捉えている。

最後に第三の点、上覧参加者が得たのが実質的に名誉のみであったという点について。上覧に係る褒賞がわずかであり、昇進にも恐らくは影響しなかったというのは、吉宗による意図的な処置の可能性がある。莫大な恩賞や抜擢人事を上覧と結びつけたとすれば、すさまじい武芸熱が五番方に広まったことであろう。しかしながら、そうした過剰な恩恵を持ち込んだ場合、武芸を鍛錬する動機があまりに不純となるとともに、ひいては格式ある五番方という軍制を壊すことにつながるという危惧を抱いたゆえのものではなかったか。

そもそも、吉宗の立場からすれば、武芸上覧と人事を結びつけることは容易であった。たとえば惣領番入制度である。吉宗はこの制度によって、武芸に励む惣領が家を継ぐ前に番入する道を示した。しかし第二章で分析した通り、惣領番入制度には確かに実利面での恩恵（番入の時期を早めることによる生涯収入の増加）は存在するものの、その後の経歴に直接的な影響を及ぼす程の恩恵はなかった。上覧・惣領番入制度のいずれにも、武芸鍛錬の動機が実利面のみに偏るのを避けようという吉宗の意図が垣間見えるのである。

また、同時期の幕府において、行政や財政の実務に携わる勘定所にあっては、その優秀な仕事ぶりや明らかな業績が昇進に結びついており、その結果、下級の幕臣であっても高級の役職に昇進することが頻繁に見られるようになっていた。こうした状況と、前段までで取りあげた五番方の動向が対照的であることからも、上覧、あるいは惣領番入制度におけるそうした吉宗の配慮が推察されるのである。

しかし、そうであったとしても寛永十五年（一六三八）の島原の乱終結から百年後、戦乱が遠い昔の話となってしまった吉宗期にあって、武芸上覧・武芸吟味が繰り返し実施されたことの意味は大きい。本章の冒頭で述べた通り、当初は乗馬すらままならない番士がいたという状況下（それは武芸見分の実施も疑わしいという状況でもある）、偏重がありつつも番士を武芸に駆り立てたということは、番士を鍛えねばならないがどうにもならないという吉宗期以前からの懸案に対して、吉宗がひとつの解答を示したものといえよう。

ただし、吉宗の武芸奨励について総合的な評価を下すには、武芸上覧・武芸見分に並ぶ、あるいはそれ以上の意味を持っていたであろう狩猟についても論じる必要がある。次章以下では徳川綱吉によって廃絶され、吉宗期に復興された狩猟について種々分析を加える。

（1）第二章註(32)、『御小性組方例書私録』「弓馬幷水稽古之事」。
（2）第一章註(19)、『教令類纂』（二集七十三）「武術之部」。
（3）第二章註(32)、『御小性組方例書私録』「弓馬幷水稽古之事」。
（4）同右。
（5）同右。
（6）第一章註(19)、『教令類纂』（二集七十三）「武術之部」。
（7）同右。
（8）第二章註(32)、『御小性組方例書私録』「弓馬幷水稽古之事」。
（9）同右。
（10）同右。

享保十六年辛亥年七月廿七日。

一、水稽古両御番望之者、吟味之上三拾人迄之名書付、御小性組方渋谷隠岐守より松下専助江も相達し候、右稽古之義隠岐守ゟ本多伊予守殿江申達候而御承知之事也、先達而被　仰付候大草吉左衛門・別所民部・曾我権治郎江、右稽古之儀承合候事、場所者御船蔵前也、則八月二日より始候事此以後追望段々聴候事

（11）同右。

(12) 序論註(4)、『有徳院殿御実紀附録』。
(13) 序論註(6)、大庭脩『江戸時代の日中秘話』／同「解題」(『享保時代の日中関係資料』二)／同『徳川吉宗と康熙帝――鎖国下での日中交流』。
(14) 同書の詳細については同右、『徳川吉宗と康熙帝――鎖国下での日中交流』。
(15) 伊勢貞丈『貞丈雑記』、『故実叢書』(二、貞丈雑記) 所収、吉川弘文館、一九二八年。
(16) 流鏑馬と騎射挟物の具体的な差異については、近藤好和「騎射と流鏑馬」、『日本歴史』(六三〇) 所収、二〇〇〇年。
(17) 第二章註(32)、『御小性組方例書私録』「弓馬幷水稽古之事」。
(18) 同右。
(19) 同右。
(20) 同右。
(21) 武道学（特に弓道の研究）において特に称揚される吉宗の功績である。序論註(6)参照。
(22) 序論註(4)、『有徳院殿御実紀附録』。
年久しく射礼の廃れしを。ふたゝび興し給はむ御志ありしかば。紀伊の邸におはしましける程より。藩士吉田権右衛門某（小笠原権六郎直経が弟子）をはじめ。堪能の射手あまためして。射礼をこゝろみられけるが。本城にうつり給ひて後も。いよ〳〵古礼をたづね考へ。諸家の秘書をつのりもとめさせ給ひければ。［中略］各あまたの文ども進呈せり。中にも小笠原縫殿助持広が家に伝へたる九十一種の書（内五種は足利将軍真蹟の古本）。分て古書にして疑ひなきものなりと。殊にめでさせ給ひ。これらを根拠となされ。猶潤飾せられけるが。折ふしふるき土佐氏のかける扇の絵に。いにしへの射礼のさまをこまやかにゑがき。證とすべき事おほしとて。これをも御考のうちに加へられ。しかのみならず進退周旋の末節にいたるまで。御工夫をこめられ。近臣目賀田長門守守咸。鈴木対馬守安貞等にみづからおしへさせ給ひ。庭中にて其礼を試みらる、事あまたたびにして。漸御心のごとくとゝのひしかば。長門守。対馬守をして。縫殿助持広にくはしく授けしめられ。永く小笠原家に伝へて。御家人等に教授すべしと仰下され。長門守。対馬守をも。かへりて持広が弟子の列に加へらる。これ持広が射礼の旧家なるを思召されての故とぞ聞えし。さて享保十四年二月五日吹上の御庭にて初めて弓場始の式行はる。

(23) 第二章註(32)、『御小性組方例書私録』「弓馬并水稽古之事」。

(24) 同右。なお、当該記事には「享保十一年」とあるが、同書に記載されている箇所から考えて十二年の誤りであろうと考える。

(25) 同右。

(26) 三月二日の大的見分実施の指示から同月十七日の見分実施、十八日・二十日の大久保常春への成績報告（それぞれ番士・番士「子供」の成績報告）へといたる一連の流れが『御小性組方例書私録』「弓馬并水稽古之事」（同右）に記録されている。

同年（享保十二年）三月二日

一、佐渡守殿、三番頭江被仰聞候者、御番衆子供、常々弓も能射、大的ニても可致様子之者有之候者、惣見分跡ニて致見分、十仕候もの書出可申旨被仰聞候事

同月十七日

一、田安於植木溜、両御番大的、番頭中見分、其跡にて両御番子共大的見分有之、右両御番中り八分以上之者書出候様、先達而佐渡守被仰聞候付、則書付進達候事、但翌十八日也、此節、大的見分之節罷出候御番衆子供之名前書付も進達申候事

同月廿日

一、大久保佐渡守殿江、三番頭より進達之書付

御番衆子供大的見分仕候処、十仕候者無御坐候以上

三月廿日

第二章で取りあげた新番士惣領の森山源五郎盛芳は、享保十六年（一七三一）十一月二十五日に大番士として召し出された。その数ヶ月前に盛芳は武芸見分を受けている（三月二十九日に大的見分、五月八日に弓術・槍術・剣術見分、五月十二日に馬術見分）。三月二十九日の大的見分と五月十二日の馬術見分にあっては、盛芳をはじめとする新番士の惣領と同時に、現役の新番士も見分を受けている。右に掲げた享保十二年三月十七日の大的見分も、その様な性格を持っていた可能性がある。すなわち、同日の大的見分が惣領に対する武芸吟味であったのではないかということである。

ただし、享保十二年五月二十一日の惣領番入は、主として布衣以上の役職にある旗本の惣領であって、番士の惣領が対象となったわけではない。番士の惣領を主たる対象とした惣領番入が実施されるのは十五年・十六年であるから、享保十二年三月十七日の大的見分とは時期的な隔たりがある。よって、惣領番入制度（武芸吟味）とは無関係の大的見分であった可能性も否定出来ない。見分をしたところ、皆中の惣領がいなかったために（「御番衆子供大的見分仕候処、十仕候者無御坐候」）、享保十二年の惣領番入では番士の惣領が対象でなくなったということも考えられるが、条件が厳しすぎる様に思える。現状ではこれ以上の分析を加える材料はないので、関係の可能性に言及するにとどめておく。

(27) 第一章註(19)、『教令類纂』（二集七十三）「武術之部」。

(28) 第二章註(32)、『御小性組方例書私録』「大的騎射　上覧之事」。

(29) 同右、『御小性組方例書私録』「弓馬幷水稽古之事」。

(30) 参加者全員に褒賞が与えられたのは、儀式である弓場始や賭弓《のりゆみ》（賞品をかけて弓射を競う。もともとは朝廷で実施された）など、通常実施される大的上覧でない場合のみである。なお、表33には大的上覧・弓場始以外の歩射上覧は記載していない。

(31) 同年同月二十四日、奈良興福寺宝蔵院の僧侶に伝来の槍術を演武させたことはある。

【付記】　武芸上覧における活躍で得られるものが実質的に名誉のみであるという点については、藩レベルでは必ずしもそうではない場合もある。たとえば伊勢・伊賀を領有した藤堂藩の場合、成績優秀な藩士がさまざまな武芸流派の指南役に任命されたという事例が散見する。同藩藩士の由緒書によると、こうした事例は大きく二種類に分類できる。特定の武芸流派を家として受け継いできた藩士が任命されるというケースと、祖父や父が武芸の指南役に任命されていないにも関わらず任命されるというケースである。後者は本人の力量による任命といえる。昇進ではないものの、それに類する事例といえよう。なお、藩士の由緒書には「武芸御覧」、すなわち藩主に武芸を披露し褒賞されたという記事が多数見られる。幕府における事例と同様、主君の面前で武芸の腕前を披露するということに大きな意味があったということが分かる。詳細は『伊賀市史』第二巻（通史篇・近世）第八章第一節第三項を参照されたい。

付論■御供弓について

歩射奨励について、第三章では大的上覧に関わる諸々を中心として論じた。付論では、歩射奨励の一環として、大的上覧と同じく頻繁に実施された御供弓《おともゆみ》について論じる。

御供弓とは第四章で取り扱う狩猟、特に鷹狩にあって、吉宗に扈従する番士が弓で鳥を射るというものであり、吉宗期に始まった。いわば別種の歩射上覧ともいえるが、御供弓の定義について、『有徳院殿御実紀』と『有徳院殿御実紀附録』の間で若干の相違がある。

『有徳院殿御実紀』享保六年九月二十一日の条には「一橋門外の閑地に御放鷹あり。供奉の小姓組玉虫八左衛門茂雅。御前にて鳥射たるをもて御感にあづかり。御帰りの後。時服三をたまふ。これ御供弓のはじめなり」とあるのに対し、『有徳院殿御実紀附録』では「御狩の時近習。諸番士の士。弓矢を帯して陪従し。鳥射て御覧ぜさする事も此御時より始れり。これ皆御家人をして。武事を励したまふ御こゝろなるべし」とある。

両者の違いは、吉宗の狩猟にあって、鳥を弓で射止めたものが誰であるか（何の役職であるか）という違いである。つまり『有徳院殿御実紀附録』では五番方の番士に限らず、広く吉宗の狩猟に扈従した者が鳥を射止める行為を御供弓としている。これに対し、『有徳院殿御実紀』には、これより先の同年二月二十五日の鷹狩で徒頭長田三右衛門元鄰が鳥を射止めて褒賞されたことが記されている。つまりすでに五番方番士以外の者が鳥を射止めた記事があるにも関わらず、小性組番士玉虫八左衛門茂雅の事例をもって「御供弓のはじめなり」としているのである。

また、『仕官格義弁』では御成先にあって鳥を射止めた者として長田元鄰をあげてこれを「御成先弓御用」と呼び、御成先での歩射上覧は「御供弓惣出」と呼称している。

本書では、『有徳院殿御実紀』の定義に従い、吉宗に扈従している番士が鳥を射る行為を御供弓と呼ぶこととする。

一　御供弓の萌芽

冒頭で述べた通り、『有徳院殿御実紀』にあって、初めての御供弓とされるのは享保六年（一七二一）九月二十一日に吉宗が鷹狩に赴いた際、小性組番士玉虫八左衛門茂雅が鳥を射止めた事例である。これに先駆けて、同年二月二十五日の鷹狩において徒頭長田元鄰が鳥を射止めたことも記録されている。しかし同史料には成功例のみが記録されているのであって、失敗例を含めるのであればもう少し時期は遡る。

享保二年五月から享保七年十二月までの吉宗期の狩猟について記録した『享保遠御成之記』[1]には、享保六年二月二十五日の長田元鄰の成功にいたるまでの失敗が三例記されている。

○『享保遠御成之記』享保四年九月十三日の条

一、吹上御庭ゟ朝五時　出御、清水御門通、神田橋外明地江　御成、神田橋ゟ西之方御堀ニ而真鴨壱ツ御拳有之、夫ゟ清水御門ゟ田安明地江被為成、菱喰廿羽計居候を、小十人頭能勢三十郎ニ被　仰付、根矢ニ而間数八九間ニ而射候処、一羽中り、矢を

負、四五拾間程飛行、矢者抜落致、飛行候、夫ゟ御庭江被為遊　入御候

○『享保遠御成之記』享保四年十一月二十一日の条

一、御庭ゟ五時前田安明地江被為　成、菱喰居候ヲ御徒頭松波甚兵衛弓被　仰付射候処、中り候得共止り不申、暫過、御庭江為　入、四時過菱喰又入下り候ニ付　御成、能勢三十郎ニ弓被　仰付射候得共中り不申、御鷹茂御羽合被遊候得共、捉不申候付、九時　還御ニ而、御屋江被為　入候

○『享保遠御成之記』享保五年一月四日の条

一、両国橋ゟ御船ニ而亀戸天神旅所橋脇新規御上場ゟ亀戸村之内被為　成、白鳥一羽御拳有之、五時過天神御腰掛江被為　入、夫ゟ小村井大畠木下川辺迄被為　成候得共、風強鳥相見不申、御徒頭長田参右衛門ニ弓被　仰付、菱喰射候得共中不申候、其外能勢三十郎・進物番石河庄九郎ニ弓被　仰付候得共鳥無之候付、天神御橋懸江被為　入、七時過ニ御旅所橋際ゟ御船ニ被為　召、両国橋ゟ御駕籠ニ而　還御

これら三例について、『有徳院殿御実紀』享保四年九月十三日の条には「吹上の御園より田安。神田門外の閑地に御放鷹あり。御みづから鴨一をかり得給ふ」、同年十一月二十一日の条には「田安門外の閑地に御鷹狩あり」、翌五年一月四日の条には「この日徒頭長田三右衛門元鄰。小十人頭能勢三十郎頼成等をして鳥を射せしめらる」とある。鳥を射たという事実だけは辛うじて書かれている五年一月四日の事例はともかくとして、前二例はそれすら書かれていない。褒賞された事例でなければ『有徳院殿御実紀』の取りあげる対象とならないということなのであろうが、確認しておきたいのは、鳥を射留めるということがそれほどに難しいということである。

先に見た享保六年二月二十五日の徒頭長田元鄰の成功例にしても、実は何度かの失敗を経た上での成功であった。[2] 同日の鷹狩で長田元鄰は吉宗の命令により田の中にいる菱喰を射たものの命中しなかった。その後、小

十人頭能勢三十郎頼成も吉宗の命により鳥を射たが失敗に終わっている。前掲三例からも明らかな通り、両名は同日の鷹狩以前にも鳥を射ることに失敗しており、同日の失敗を含め、長田元鄰にとってはようやくの成功ということになるのである。

二　御供弓のはじまり

さて、長田元鄰の成功から七ヶ月後、同年九月二十一日の鷹狩において、小性組番士玉虫茂雅が吉宗の命により鳥を射ている。『享保遠御成之記』他の史料でも、それまでの鷹狩で玉虫茂雅が射た事実は確認出来ないので、この日初めて吉宗から命令された可能性も考えられるが、うまく射止めたようである（「田安明地江被為　成、仁木周防守組玉虫八左衛門ニ弓被　仰付候処ニ、菱喰一射留申候」）[3]。本書第三章で玉虫茂雅に歩射上覧参加の確認は出来ないものの、狩猟で活躍していると述べたが、これがその活躍のひとつである。玉虫茂雅の成功が影響したのであろうか、その三ヶ月後の同年十二月二十八日、若年寄大久保常春より両番頭（書院番頭・小性組番頭）に対して「御供弓」についての指示があった[4]。

すなわち、今後の鷹狩にあっては、両番頭より報告のあった弓術堪能の者のなかから、書院番・小性組の別なく一名を御供の組につけて鷹狩に扈従させよ。この件については鷹狩のあるたびに指示するわけではないので、毎回この通りに心得て一名を鷹狩に差し出すように。大久保常春からのこの様な指示に対して、前々から報告しておいた分では足りないのではないか、今回改めて人選し、人数を増やした上で報告すべきであるかと両番頭から問い合わせたところ、そのようにせよ、とのことであった。

さらに大久保からは、御供弓に出る者はよほどの体調不良でない限り休まぬように。また鳥を射止めるというのは一通りではいかない（のでそれだけの技量を持った者を相応に揃えるというのは難しい）、鷹狩に扈従させれば病気になる（様な体調の）者もいるであろうから、御供弓の人選に事欠かぬ様に普段から心得ておけとの指示もあった。

このやりとりからは、歩射上覧の実施される何年も前の享保六年にあって（『柳営日次記』における歩射上覧（遠的上覧）の初出は享保十年、大的上覧の初出は享保十二年）、すでに弓術堪能の番士が報告されていたということ、すなわち弓術見分が実施されていたということもうかがえるのである。

二十八日の指示に基づいて、小性組から書上が提出されている。むろん、書院番からも同様の書上が出されたものと考えられる。『御小性組方例書私録』(5)に記された書上の文面によると、従来報告をしてあった小性組番士三名に加えて新たに三名が報告されているが、もともと弓術堪能の番士として報告されていた二名が体調不良で、御供弓を勤めることは難しいとある。大久保常春の指示にもあったが、御供弓の候補はその難しさと相俟って不足してしまう可能性があったのである。また、本書第四章で取りあげる通り、鷹狩は頻繁に実施されていたわけであり、両番頭としては上覧の実施される以前から番士に弓術を稽古させて弓術に優れた番士を相応に確保しておかねばならなかったのである。

このの後ち、『柳営日次記』や『有徳院殿御実紀』には小姓や小納戸が鳥を射て褒賞されるという記事もあるものの、両番士が鷹狩に際して鳥を射て褒賞されたという記事が大多数を占めている。御供弓を担うのは両番士となったのである(6)。

三　御供弓の展開

享保十年にはさらに両番士の御供弓強化策が打ち出される。すなわち遠的の稽古場の整備である。後述する通り、この整備は同年十月のことであるが、これに先だって遠的見分の実施が命じられた。射手と的との間が四十間（およそ七十二メートル）、的を五尺（およそ一・五メートル）として五月七日に遠的の見分をし、遠的に堪能な両番士を書き上げて八日に報告せよとの指示である。小性組からは八人が報告されたが、このうち、藤堂伊豆守組の稲垣清右衛門正武、近藤淡路守組の牧野清兵衛政信は何らかの差し障りがあった様で、それぞれ長田庄九郎元鋪、三好監物善政が代理として推挙されている。(7)

こうして書き上げられた八人について、同月十日、大久保常春は両番頭へ、書き上げた者を近々の御成の際に御供弓として扈従させる様に命じている（「此間両御番遠的見分書上候もの、近々　御成之節、於御場先、弓被　仰付候」）。(8)ただし、文中にある「近々　御成之節」がいつを意味しているのかは判然としない。五月十日以降に実施された同年中の鷹狩にこれら八名の御供弓の記述は見当たらないからである。むろん、（1）で確認した通り、鳥を射止めるというのは高度な技術を必要とするので、鳥を射止められなかったために記録がないということも考えられる。先述のように『仕官格義弁』では御成先における弓術上覧を「御成先弓御用」と記しているが、これを敷衍するならば、右の指示は御成先での遠的上覧に参加せよという意味であることも考えられる。『柳営日次記』によれば、参加した個人名は不明ではあるが、同年八月二十八日の鷹狩の際、遠的の上覧が実施されており、右の八人がここに参加した可能性は高い。管見によれば同年における遠的の上覧はこの一度限りである。直接の対応関係は分からないが、遠的見分の結果は基本的には御供弓の人選につながるものとしてよかろう。

御供弓と遠的見分の連携が強化されつつあるなか、同年十月には遠的の稽古場の整備について、大久保常春の吟味を受けた上で、両番頭から両番士に指示が出された。(9)それは、四ヶ所を遠的の稽古場（「一、浜御殿之内　一、湯島馬場明地之内　一、麻布馬場明地之内　一、番町馬場明地之内」）に定めるので、番士は自分の屋敷に近いところで遠的の稽古をするようにというものである。これに加えて、同年十月十三日には稽古場における規則も出されている。(10)

右之通稽古場所相極候間、右稽古場所之内、銘々屋敷向寄次第被相越、稽古可有之候、中り之ほとも相知不申候得者、稽古之程も難知候ゆへ、一ヶ月ニ両度宛、中り附見可申間、日割相定候、銘々組頭中迄、序を以、書付可被差出候、尤定日之外ニも勝手次第、不絶稽古在之候様、可被心懸候、もし病気等ニて不参候分者、中り附末ニ其旨書付可被差出候

右之通相心得可被申候

自分の屋敷に近い遠的稽古場で銘々稽古をせよ。その進捗状況、的中のほどを帳面に記して、一ヶ月に二度組頭に報告せよ。定日以外にも絶えず稽古をするように心懸けよ。病気などで稽古出来ない場合は帳面の末にその旨を書いて提出せよ。この様に、とにもかくにも番士の遠的稽古を促そうとする姿勢が垣間見えるのである。

こうした取り組みの結果、遠的に秀でた番士が増えたのであろう、本書第三章でも取りあげた通り、享保十二年閏一月十三日の大久保常春からの指示、すなわち遠的に秀でた番士を書き上げよとの指示に対して、同月十五日に小性組からは二十五名もの番士が報告されているのである(11)。

ただし、こうして報告された二十五名の番士のなかには、年々の報告にあって常に名前のあがる番士もいたはずである。その様な番士がいるということは結構なことであろうが、反面、他の番士の出精を妨げる可能性もあった。その問題に対する対処であろうが(実際に遠的堪能の番士が増えたという事情も考えられる)、同年十月六日に御供弓についての改制があった(12)。

一、大久保佐渡守殿両番頭江御渡被成候書付

見出し　両番頭江

御鷹野之節、弓持参候両御番、只今まて者壱人ニて罷出候へとも、自今者御小性組ゟ壱人、御書院番ゟ壱人、都合両人可被差出候事

一、両御番弓持参候もの、只今迄者同し人何年も書上候得共、自今者一年切、人を替可申事
　　但、当年書上候者之内、順当不申、一度も御供ニ不罷出とも、無其搆年切ニ引替可申候
一、申年書出候者共も、酉年ハ出不申、外之御番衆差出可申候事
一、戌年又引替差出可申候、其内申年出候もの、又戌年出候とも、其段者頭吟味次第候事
一、とかく両年続候而者、差出申間敷候、尤向後何年も書面之通可被心得候事

御供弓に出る両番士はこれまで一度の鷹狩につき一名であったが、今後は小性組から一名、書院番から一名出すこととする。さらに、御供弓の顔ぶれについて、これまでは同じ番士が何年も勤めてきたが、今後は一年ごとに別の番士が勤めるように。年をまたいで同じ番士を御供弓に選ぶのは構わないが、二年続けて同じ番士を選んではいけない。今後この通り心得よ。およそこの様な改制である。第三章で論及した通り、大的上覧でも同様の指示が見られる。番士の人選に責任を持つ両番頭としては、御供弓参加者確保のため、番士の遠的稽古を一層推進せざるを得ない立場に追い込まれていくのである。

　以上、本書第三章で明らかにした構図、すなわち上覧と見分との強い連携が、御供弓でも確認されたわけである。頻繁な鷹狩の実施は御供弓の機会が増えるということである。鳥を射ることが相当に難しいということは冒頭で確認した通りである。両番頭は組下の番士の遠的稽古を奨励し、是が非でも相応の技術を有する番士を増やさねばならなかった。

　本書第三章第二節で取りあげた旗本清水家の先祖由緒書にある通り、吉宗期以降にも御供弓は継続されたらしい。その例にも見られたように、鳥を射止め褒賞を与えられたということは他の武芸上覧の場合と同じく、子々孫々にとっても誇るべき名誉となった。番士が遠的稽古に励み、御供弓を目指すに足る恩恵は存在したのである。

（1）『享保遠御成之記』（内題「享保遠御成記」）、国立公文書館所蔵、詳細は第四章参照。

（2）同右、享保六年二月二十五日の条。

一、両国橋ゟ御船ニ而五時過寺嶋之御上場迄御着船、夫ゟ御上、寺嶋土手下之真鴨御羽合被為遊候得共捉不申、御上場ゟ御小船ニ被為　召上之、上り之方綾瀬之方迄御鷹狩、真鴨一　御拳有之、綾瀬橋前ゟ　御上、御徒頭長田三右衛門、田居候菱喰、弓ニ而被　仰付候処、中不申、能勢三十郎ニも綾瀬川ニ而三拾程居候白鳥、弓ニ而被仰付候得共、中り不申、夫ゟ小菅迄上千葉辺、鴨御鷹狩、小菅伊奈半左衛門屋敷江被為　入候節、屋敷之内ニ而畑ニ居候菱喰、長田三右衛門ニ弓被　仰付候処、弐拾間計ニ而射候処、中り申候、巧者成様子之由、上意有之、則　御殿江被為　入御膳、七時　還御、綾瀬ゟ御船ニ被為　召、両国橋ゟ御駕籠ニ而　還御

（3）同右、享保六年九月二十一日の条。

（4）第二章註(32)、『御小性組方例書私録』「弓馬并水稽古之事」。

一、大久保佐渡守殿、両番頭詰番江被仰聞候者、向後御鷹野　御成之節、両御番より弓射之者、兼而書上置候もの、内より打込仕、両御番無差別、壱人御供之組ニ付差出可申候、
御成之度々被仰渡間敷候間、毎度右之通相心得可差出候、右之趣御目付江も被仰渡、弓持之者も兼而申付置候やうニと被仰渡候、依之兼而書上置候分ニて者、代り入可申也、此度吟味仕、人数相増、此上書出し可申候哉と伺候処、尤思召之旨被仰聞候

一、御同人被仰聞候者、　御鷹野ニて弓相勤之者、痛等可成ほと者押申候而可相勤候、若押候ても難勤もの者、断承届候上可申上候、鳥類射留候一通りニも無之、被　召連候義者病気ニも罷成候故、右御用之筋、明キ不申やう可心得旨被仰聞候之事

（5）同右。

（6）なお、五番方のうち、他の大番・新番・小十人組番士を対象とした御供弓については『仕官格義弁』「御成先弓御用之事」に「御成先之弓御用ハ、両御番、新御番、大御番、小十人組、一組ニテ一人ツヽ、頭ゟ申渡ニ而、心得罷在候得共、御用被　仰付候ハ、先両御番而已ニ而御座候、御指人ニ而ハ他番衆ゟ被出候事モ前々有之候」とあり、御供弓への選出はされたものの、吉宗からの指名（「御指人」）がない限りはまず射ることはなかったようである。

（7）第二章註（32）、『御小性組方例書私録』「弓馬幷水稽古之事」。
（8）同右。
（9）同右。
（10）同右。
（11）同右。
（12）同右。

第四章 ■ 狩猟の復興と勢子運用の発展

第三章では吉宗期の弓馬上覧（馬術上覧、騎射上覧、歩射上覧）について分析を進めた。弓馬上覧は五番方番士を主たる対象としてたびたび実施されたが、五番方組内の弓馬見分との連携が大きな特徴であった。将軍による武芸上覧、五番方組内で実施される武芸見分は、ともに吉宗期以前から存在した武芸奨励であったが、第一章で論じた通り、必ずしも効果的な運用がなされていたとは言い難い。吉宗期にあっては、弓馬上覧を繰り返すことで弓馬見分の確実な実施を促し、ひいては弓馬上覧・弓馬見分双方の主たる対象となる五番方番士の出精を目指したのである。

本章および第五章では、吉宗期にあって、弓馬上覧と同じく頻繁に実施された狩猟について分析する。狩猟とは、もともとは食肉を獲得し、衣類や武具、装飾品の材料を確保するための手段であるが、君主（支配者）による狩猟の場合は、みずからの権威の誇示、民情の把握、害獣の駆除などを目的として実施された。むろん、獲物を求めて山野を駆け巡る訳であるからおのずから身体の鍛錬につながり、多人数を動員して実施される狩猟であればそれは武芸奨励にとどまらず軍事調練にもなった。特に鹿狩（猪狩とも）は大型の獣を大人数で狩る雄壮な狩猟であり、身体鍛錬・軍事調練の意味合いが他の狩猟に比べて一層強い。とりわけ第五章で取りあげる享保十年・十一年に実施された小金原鹿狩（小金原猪狩）は、吉宗期において最大規模の狩猟であり、調練的性格に充ち満ちた狩猟であると考える。

戦場に赴く機会のある時代の武士であればともかく、戦《いくさ》の経験を積む手段が皆無である太平の世の武士にとって、狩猟とは戦の場で要求される組織的な行動を学べる絶好の機会であった。吉宗期とは島原の乱から百年後の世界であり、現実の戦を知る武士はいない。そうした状況の下、武士に戦の何たるかを学ばせようとするならば、狩猟をおいて他に手段はなかったのである。武芸上覧・武芸見分によって個々人の能力を高め、狩猟によって集団としての能力を高めるということになろう。

先行研究　さて、吉宗の狩猟について論じた研究は多い。しかしそれらは、序論でも指摘した通り、狩猟に付随する事柄についての研究が中心であり(1)、軍事調練の観点から分析をする研究はほとんど見当たらない。

一方、武道学においては、吉宗の狩猟を武芸奨励の一環として位置づけている。本書においても基本的には吉宗の武芸奨励を分析する上で狩猟を取りあげるという点で共通する。ただし、武芸奨励の一環として吉宗が狩猟を再興したというのはすでに定着した評価であって、その評価に何を加えるのかが要求される段階にあると考えるが、武道学にあってそれを充たす研究はない。

こうした現状のなか、高見澤美紀氏の「享保改革期における将軍狩猟と旗本政策――享保一〇年小金原鹿狩の検討から――」(2)は、旗本の強化策（ひいては将軍権力の強化）という観点から吉宗の狩猟を論じたものであり、本論の立場に極めて近いものといえる。

しかし同論文は享保十年の小金原鹿狩を主たる分析対象とするものであり、翌年の小金原鹿狩は分析対象としていない。後述する通り、享保十年の小金原鹿狩は翌年の「御試《おためし》」として実施された。つまり享保十一年の小金原鹿狩こそが本番であり、規模も後者の方がはるかに大きかった。また、後世の小金原巻狩における勢子の配置・運用方法は十一年のそれを土台としたものである。よって、吉宗の小金原鹿狩を分析するのであれば、十一年の小金原鹿狩を分析対象に加えねば不十分なのである。

この様な問題関心に基づき、第五章では享保十一年に実施された小金原鹿狩を主題として、これを勢子運用という観点から分析したいと考えるが、小金原鹿狩の勢子運用について論じる前に、それ以前の勢子運用がいかなるものであったか、明らかにしておく必要がある。

狩猟における勢子　勢子とは山野に潜む獲物をある一定の場所に追い込む役割を持つ者であり（みずからが獲物を仕留めることもある）、組織的な狩猟に動員された。吉宗期にあって勢子を命じられたのは、当初は将軍御目見の叶わない御家人の部隊である徒組や、周辺の村々から駆り出される百姓などであったが、年を経て、本書の分析対象とする五番方番士も勢子を命じられる様になった。

狩猟においては勢子同士がうまく連携して獲物を追い込むことが要求されるが、それは冒頭で言及した軍事調練としての意味合いをともなう。吉宗期の狩猟における五番方番士の勢子運用については、狩猟の華々しさ、特に享保十年・十一年に実施された小金原鹿狩を語る際の逸話として取りあげられることが多い。しかし、五番方番士の勢子、特に騎乗した番士による勢子（騎馬勢子）の運用は、鹿狩の華やかさを演出するためだけの存在ではない。両年の鹿狩にあっては、書院番・小性組・大番に属する番士の多くが騎馬勢子を勤めた。それは戦時にあっては騎馬士として戦地に赴くことになる書院番・小性組・大番士の性格によるものであろう。つまり戦時を想定した役割を与えられているということであり、この点からも鹿狩の有する軍事調練的な性格が垣間見え、騎馬勢子の運用もその観点から検討する必要がある。

ただし、勢子運用、特に騎馬勢子の運用を分析するのであれば、小金原鹿狩の事例を取りあげるのみでは不十分である。第三章でも言及した通り、吉宗期の初期にあっては馬に乗ることすらままならない番士がいたのである。また、番士たちの気力の面でも問題があったと思われる。狩猟の供奉を命じられた面々の様子について、『有徳院殿御実紀附録』には、近習。外様の輩。年久しくか丶る供奉をもせざりしかば。草鞋はくすべもしらず。腰か丶ぐるやうもしどけなし。まして野辺を奔走のさまいとたよはくして。女子婦人のごとく。見ぐるしかりしとなり。其中にし丶《（鹿》がり《狩）》あるべしと仰出されしかば。人々いかなるおそろしきもの出くべきもしらず。とても生て帰るまじと思ひ。つま子などに名残をおしみ。いとまごひの酒くみかはして立出けるもありしとぞ。

とある（外様とは外様大名という意味ではなく、小姓や小納戸といった近習＝奥向の衆に対する外の衆、すなわち五番方番士などを意味する）。

ただし、この記述には若干の注意が必要である。吉宗期において初めて鹿狩が実施されたのは享保八年のことであり、後述する通り、その頃にはすでに気力に溢れた逞しい番士が多かったと考えられるからである。つまり、右の描写はあくまで狩猟復興当初のものであろうが、五番方番士の水準がこのあり様で、小金原鹿狩に見られる騎馬勢子の大規模かつ高度な運用が可能であるはずがない。

すなわち、小金原鹿狩を分析する前に、それまでの狩猟における勢子運用、特に騎馬勢子運用の発展を分析せねばならない。馬にも満足に乗れない五番方番士を、吉宗はいかにして鍛えあげ、騎馬勢子を任せるに足る水準にまで引き上げたのか。本章は、この視点で論を進めることになる。

本章では、第一節で享保二年（一七一七）五月十一日に実施された吉宗期初めての鷹狩を取りあげ、その鷹狩に動員された勢子の様子について把握する。第二節では小金原鹿狩の実施までに、勢子運用がどの様な展開を見せたのか、特に五番方番士による騎馬勢子が形成されていく過程を明らかにする。

なお、吉宗の狩猟のうち、享保十一年の小金原鹿狩までに実施された狩猟については『有徳院殿御実紀』と『柳営日次記』を基にして表34にまとめた。適宜参照されたい。

表34　享保２年５月11日～享保11年３月27日に実施された狩猟

年	狩猟種別(月/日)
享保２(1717)	鷹狩(５/11)、鷹狩(５/18) 鷹狩(７/26) 鷹狩(10/11) 狩猟(11/２)、狩猟(11/７)、鷹狩(11/13)、狩猟(11/26) 鷹狩(12/４)、鷹狩(12/11)、狩猟(12/13)、狩猟(12/19)、鷹狩(12/27)
享保３(1718)	鷹狩(１/12)、鷹狩(１/22)、狩猟(１/27)、鷹狩(１/29) 鷹狩(２/７)、狩猟(２/13)、鷹狩(２/19)、狩猟(２/27) 鷹狩(３/２)、追鳥狩(３/13) 狩猟(４/２) 鷹狩(８/２)、鷹狩(８/15) 追鳥狩(10/27) 鷹狩(閏10/15)、鷹狩(閏10/21) 鷹狩(11/４)、狩猟(11/21) 鷹狩(12/５)、鷹狩(12/19)
享保４(1719)	鷹狩(１/12)、狩猟(１/25)、鷹狩(１/29) 狩猟(２/２)、鷹狩(２/11) 追鳥狩(３/１)、鷹狩(３/28) 鷹狩(４/21)、鷹狩(４/25) 鷹狩(７/19)、狩猟(７/23)、鷹狩(７/26) 鷹狩(９/13)、狩猟(９/18)、鷹狩(９/29) 狩猟(10/16)、鷹狩(10/21) 狩猟(11/６)、鷹狩(11/21)、狩猟(11/26)、鷹狩(11/29) 狩猟(12/７)、狩猟(12/19)、狩猟(12/23)
享保５(1720)	鷹狩(１/４)、鷹狩(１/12)、鷹狩(１/22)、鷹狩(１/29) 狩猟(２/13)、鷹狩(２/27) 鷹狩(３/27) 鷹狩(４/23) 鷹狩(７/29) 狩猟(８/11) 鷹狩(10/16)、狩猟(10/19)、鷹狩(10/25) 狩猟(11/６)、鷹狩(11/18)、鷹狩(11/26) 鷹狩(12/６)、鷹狩(12/12)、鷹狩(12/23)
享保６(1721)	狩猟(１/12) 鷹狩(２/３)、出遊(２/６)、鷹狩(２/13)、狩猟(２/25) 狩猟(３/１)、鷹狩(３/18)、鷹狩(３/25) 出遊(４/27) 狩猟(５/３) 鷹狩(閏７/19) 狩猟(９/15)、鷹狩(９/21)、鷹狩(９/23) 鷹狩(10/29) 狩猟(11/11)、鷹狩(11/16)、狩猟(11/23) 鷹狩(12/３)
享保７	鷹狩(１/21)

(1722)	狩猟(2/3)、狩猟(2/16) **追鳥狩(3/18)** **鷹狩(4/11)** 狩猟(8/5) 鷹狩(9/11)、**鷹狩(9/18)**、狩猟(9/27)、鷹狩(9/29) 鷹狩(10/9)、鷹狩(10/12)、鷹狩(10/18) 鷹狩(11/2)、鷹狩(11/19)、狩猟(11/25) 狩猟(12/3)
享保8 (1723)	狩猟(1/5) 狩猟(2/11) 狩猟(3/5)、鷹狩(3/11)、**鹿狩(3/22)** 狩猟(4/11) 出遊(7/18) 鷹狩(8/3)、鷹狩(8/13) 狩猟(9/21)、出遊(9/27) **鷹狩(10/3)**、狩猟(10/11)、狩猟(10/16)、鷹狩(10/23) 狩猟(11/6)、鷹狩(11/16) 鷹狩(12/11)
享保9 (1724)	鷹狩(1/12)、鷹狩(1/21) 鷹狩(2/13) 鷹狩(4/11) 鷹狩(閏4/4) 狩猟(7/15)、鷹狩(7/22) 鹿狩(9/18) 鷹狩(10/2)、鷹狩(10/5)、鷹狩(10/7)、狩猟(10/22)、出遊(10/27) 出遊(11/3)、鷹狩(11/12)、出遊(11/27) 鷹狩(12/11)、出遊(12/21)
享保10 (1725)	鷹狩(1/4)、狩猟(1/12)、狩猟(1/23) 狩猟(2/6)、狩猟(2/12) 狩猟(3/13)、**小金原鹿狩(3/27)** 狩猟(4/18) 鷹狩(7/23) 鷹狩(8/28) 鷹狩(9/22) 鷹狩(10/6)、鷹狩(10/12)、鷹狩(10/27) 鷹狩(11/9)、鷹狩(11/12)、鷹狩(11/26) 鷹狩(12/12)
享保11 (1726)	鷹狩(1/22) 狩猟(2/5) **小金原鹿狩(3/27)**

註1:『有徳院殿御実紀』、『柳営日次記』の記述を元に、享保2年5月11日の鷹狩から享保11年3月27日の小金原鹿狩までの吉宗の狩猟を抽出した。

2:狩猟の種別が不明な場合は「狩猟」とした。

3:「出遊」とある場合でも狩猟に転じることがあるので抽出対象とした。

4:太字は本論で取りあげた事例である。

第一節　鷹狩の復興と勢子——享保二年五月十一日の鷹狩——

第五章で詳細に分析する小金原鹿狩については『有徳院殿御実紀』をはじめとしてさまざまな史料に記載され、番士による勢子の活躍も随所に描かれているが、当初よりその様な勢子運用が出来たわけではないと考える。それは冒頭で論じた通り、馬術に未熟で気力に欠けた番士が多かったというのが理由であるが、より大きな理由としては、そもそも現役の幕臣に勢子経験者がほとんどいなかったという点があげられる。享保二年（一七一七）五月十一日に実施された鷹狩は、五代将軍徳川綱吉が廃止して以来、久々の将軍（吉宗）による鷹狩であるが、勢子経験者が現役の幕臣に少ないという問題があるなかで、どの様な鷹狩が実施されたのか。

〈第一項〉鷹狩の復興と勢子

幕府にあって五代将軍徳川綱吉が廃止した狩猟は、吉宗によって享保二年に再興された。五月十一日に亀戸（現東京都墨田区亀戸）を流れる隅田川のほとりで実施された鷹狩がそれであるが、長らく廃絶されていたゆえに、再興するにはそれなりの準備が必要であった。

正徳六年（一七一六）四月二十九日、七代将軍徳川家継の危篤に際し、紀州藩主であった吉宗は江戸城に召され、翌日の家継の死去により徳川将軍家を継ぐこととなった。朝廷からの将軍宣下（征夷大将軍への任命）は同年（享保元年、六月二十二日に改元）八月十三日であるが、吉宗は将軍就任以前から鷹狩の再興に向けて動き出している。同年七月二十二日、若年寄大久保常春に鷹場の再編成や鷹匠の人選を命じたのがその端緒であるが[3]、将軍就任後も着々とその準備を調えていった。

徒組の勢子

前述のように、翌年五月十一日の鷹狩において勢子を勤めたのは番士ではなく徒組であった。徒組とは将軍拝謁が許されていない御家人で構成された部隊である。戦時には将軍の周りを固める歩卒の親衛隊となり、平時には江戸城の警衛や将軍出行の際の警固を主たる任務としているが、非常時・出火時の御台所（将軍正室）や姫君の警固、将軍世嗣の山王権現への参拝の御供など、時代を経ると共にその職掌は拡大し、江戸城の御門の修復といった工事関係、江戸城の記録類の編纂などさまざまな出役《しゅつやく》（臨時の役）があった(4)。狩猟にあっては将軍の警固や先払の他、勢子を勤めることとなる。

徒組は享保元年段階で本丸に十九組が設置されており(5)（享保九年、このなかから四組が吉宗嗣子の家重に附属される）、各組は徒頭一名（旗本、若年寄支配、布衣役）、徒組頭二名（御目見以下）、徒二十八名（御目見以下）で編成されていた。徒組の動向については、『御徒方万年記』という、徒組の業務日記や御用留を基に寛政九年（一七九七）以降に編纂された編年の記録集が残っており(6)、吉宗期の鷹狩についても記述がある。

享保二年二月二十五日、大久保常春から徒頭建部広次に以下のような指示があった。それは、雲雀《ひばり》を獲物とする鷹狩（「雲雀鷹」）、鷭《ばん》（梅首鶏）を獲物とする鷹狩（「鷭鷹」）、白鳥を獲物とする鷹狩（「白鳥鷹」）に際しての勢子について、古参の徒でそれを知っているものがいるであろうから、調査してその報告を提出するようにというものであった(7)。

この指示に基づき、徒頭から大久保常春に調査結果が報告された。報告内容は「雲雀鷹・鷭鷹之節相勤候者無御座候、白鳥勢子助取相勤候者者御座候」というものであった(8)。

この報告を受け、大久保常春から三月三日に再度指示があった(9)。

雲雀鷹・鷭鷹の勢子を勤めた者はいないが白鳥鷹の勢子の補助をした者がいるということは分かった。（しかし）父親が勢子をした者はいるであろう。（あるいは）父の親類で勢子をした者、またはその様子の記録もあるであろう。雲雀鷹・鷭鷹は絶えてから（そこまで）久しい訳ではない。厳有院様（四代将軍徳川家綱、在職 一六五一〜

一六八〇）の御代にも実施されたのであるから、しっかりと調べて報告する様に他の徒頭へ通達せよ。およそこの様な指示である。常春は「久敷儀にて茂無之候」といっているが、やはり断絶の影響は思いの他大きかったと思われる。

こうした指示を受け徒頭から再度報告があったはずであるが、どの様な内容であったかは定かではない。しかし、後述する様に、五月十一日の鷹狩の御拳《おこぶし》（将軍が鷹で捕らえた獲物）に鶴が含まれていることから、再調査によって鶴鷹に関する情報が得られたものと推察される。

徒組に対しては右の様な調査と同時に、来たるべき鷹狩に備えて勢子の稽古も命じられている。『御徒方万年記』によれば享保二年四月二十一日、同二十二日、五月八日に勢子の稽古が実施されたとあり、その様な勢子稽古の記述は五月十一日の鷹狩以降もたびたび散見する。

五番方への指示　一方、本論で分析対象としている五番方の動向はどの様なものであったか。五番方のなかで五月十一日の狩猟に供奉したのは書院番、小性組と小十人組であり、大番と新番についての記述は見当たらない。同年五月七日、目付稲葉多宮正房を通じて、大久保常春から両番頭（書院番頭・小性組番頭）に対して、吉宗の狩猟の際、両番頭は御成（往路）の際と還御（復路）の際に一人（とその組下の番士も含まれるであろう）御供をするはずであるが、このことを相談しておくようにとの指示が出た。この指示について不明な点があったので両番頭から大久保に聞き直したところ、吉宗の鷹狩の際、御供をする両番頭の間で申し合わせ、一人は鷹場への御成に御供をし、一人は現地（「隅田川木母寺辺」）まで先行して還御の御供をせよとのことであった。[10] このやりとりについては「此以後、御鷹野之節、両番頭壱人者御成御供、壱人者還御之御供相勤候」との注釈がついており、鷹狩の御供については往還一名（一組）ずつの分担が定例となったことがうかがえる。[11]

また、番士の勢子については五月九日に大久保常春から両番頭に出された御供に関する指示のなかで、「御先

ニ而御差図可被成候へとも、兼而相心得可被在之」とあり、現地にて勢子を勤める含みが持たされている。(12)

〈第二項〉鷹狩当日の様子

享保二年五月十一日における鷹狩の様子、特に勢子の様子について、『柳営日次記』同日の条には、

卯后刻為御鷹野亀戸角田川辺江被為　成申下刻　還御

但御代替始而之　御鷹野初り也、御物数梅首鶏十六、御膳所木母寺、御供佐渡守（大久保常春）

初而御鷹野ニ付御供之面々御酒被下之

とあるのみで、詳細は分からない。そこで、国立公文書館所蔵の『享保遠御成之記』『享保遠御成一件』という二種類の記録から当日の鷹狩について具体的に把握したい。『享保遠御成之記』（内題「享保遠御成記」）は享保二年五月十一日から同七年十二月三日まで、『享保遠御成一件』は同三年八月二日までに行われた鷹狩の記録である（ともに筆者不明）。いずれも『有徳院殿御実紀』の典拠であり、信憑性は高いと考えられるが、両書の記載にはひとつひとつの狩猟についての情報量、内容に若干の差異がある。両書にあって五月十一日の鷹狩の勢子はどの様に書かれているか。

『享保遠御成之記』同日の条には以下の通りに記されている。

一、同六半時　出御、両国橋迄御駕籠ニ而、御上り場ゟ御船麒麟丸被為　召、御船路竪川通ニ而、御船中ゟ鵜御鉄炮ニ而被為　遊候処、胴中ニ中り止ル、亀戸天神橋際新規御上場ゟ御歩行ニ而、天神御腰掛江被為　入、御腰掛ゟ　出御ニ而、水神森ゟ二拾間程隔御床机建、土手之上ニ而御先供・小十人組・両番之頭組共、遠勢子之御差図有之、

上意酒井因幡守承之、夫ゟ葭沼江被為　成候、葭沼之勢子林藤四郎・雀部新六郎組御徒二組ニ而追立、

御拳之鶴五ツ

一方、『享保遠御成一件』同日の条には、

一、天神ゟ　出御、葭沼へ被為　成、水神森ゟ二十間程隔土手上ニ御床机居、御先御供・両御番・小十人組共ニ遠勢子也、尤御差図

上意酒井因幡守承之、　御前ゟ三十間程隔、東之方列座固之

一、御先御供者、天神門前町屋前通、御鷹匠頭戸田五助・小栗長右衛門、御鳥見与頭海野新五左衛門・関口三左衛門、御鳥見若林平左衛門・戸口庄右衛門・内山源五右衛門、樋口九十郎、御供江口文右衛門・佐山善三郎、天神橋ゟ五拾間程天神之方ニ平伏仕、　御目見、夫ゟ三右（左）衛門儀者何茂同道、葭沼江罷越、場所之差引仕候

一、葭沼之勢子、御徒二組林藤四郎・雀部新六郎、稲葉多宮江　上意有之、御勢子相廻可申旨ニ而、多宮差図仕、勢子御徒二組葭沼江入、御前御鷹被為　据、勢子二通追候得共、鶴不出、三勢子目ニ葭刈抜之場ニ而鶴一ツ出、鶴一ツ出（衍カ）　御拳捉、夫ゟ御拳か鶴四ツ、葭沼中程ゟ未之方、勢子徒之者不馴精出可申旨、林藤四郎江上意有之節、早速葭沼江入、御徒之者精出候様与也、　上意難有可奉存旨、大音ニ為申聞候、一段御機嫌宜、　難有由林藤四郎御直ニ御礼申上候

とある。両書からはこの時の勢子が二種類あったということが分かる。第一に「御先御供」である鷹匠・鳥見役と両番・小十人組による勢子、第二に徒組による勢子。『享保遠御成之記』の記述では第一・第二の勢子の関係がいまひとつ判然としないので、『享保遠御成一件』の記述からそれを探ろう。

吉宗は天神（亀戸天神）を出て、葭沼に赴いた。水神森から二十間（三十六メートル）ほど隔てた土手に床机を据えた。それから吉宗は鷹匠や鳥見役といった「御先御供」（御成先に先行して赴く）と両番・小十人組番士に

「遠勢子」をさせた（直接の指示は書院番頭酒井忠隆による）。「遠勢子」の意味が判然としないが、葭沼に鶴が集まる様に遠巻きに追い込んでいく勢子という意味であろうか。

次いで、葭沼の勢子を徒組（林藤四郎組・雀部新六郎組）が勤めた。吉宗の上意を受けた目付稲葉多宮正房の指示により、徒組二組は葭沼のなかに入った。この時、吉宗は鷹を放つ体勢をとっている。徒組二組は二度にわたって葭沼のなかを追い込んでいったが鶴は出ない。三度目の追い込みの際、葭沼の葭刈場に鶴が一羽出た。吉宗は鷹を放ちその鶴を捕らえた。それからも吉宗は鶴四羽を得た。

葭沼の真ん中から未の方角（南西）で勢子を勤める徒が不馴れでありもっと励ませるようにと徒頭林藤四郎忠勝へ上意があった。そこで林忠勝は葭沼に入り、徒の者にもっと懸命に勤めよとの上意があった、ありがたく思えと大音声で指示を出した。この様子に吉宗は満足し、忠勝もただちにお礼を申し述べた(13)。

五月十一日の鷹狩における勢子の動きは以上の通りである。

〈第三項〉勢子の主役

『享保遠御成一件』の記述から分かるのは、当日の勢子の主役は徒組であって、鷹匠や鳥見役、両番・小十人組の番士はその補助（遠勢子）に回っているということである。遠勢子が事前に葭沼に鶴を追い込んだからこそ葭沼の追い込みが可能になったともいえるが、やはり重要度においては徒組による勢子には劣るといえる。このことは鷹狩の後の褒賞の内訳からも推察出来る。

鷹狩の二日後の五月十三日、若年寄大久保常春、小納戸桑山内匠頭盛政・松下専助当恒、鷹匠頭戸田五助勝房に褒美が下されるが、『有徳院殿御実紀』同日の条から判断すると、これは当日までの鷹狩の準備や当日の鷹狩全体に関わる褒賞であって、勢子に関係したものではない(14)。

ここで注目すべきはその三日後、五月十六日の褒賞である。『柳営日次記』同日の条には「十一日初而御鷹野被為　成候、御用相勤候者へ御褒美被下旨、於右筆部(屋欠)縁頰・躑躅之間・焼火之間、山城守出座、申渡之」との一文に続いて褒賞を与えられた者が列挙されている。褒賞を与えられたのは目付二名、徒頭四名、船手四名、関東郡代一名、鷹匠頭二名、同組頭一名、鳥見組頭十六名、これに加えて褒賞された徒頭の率いる徒組四組の組頭七名に徒九十七名、さらに別の徒組（長田三右衛門組）の徒十名であった。

褒賞が与えられた徒頭とは菅沼図書正直、林藤四郎忠勝、金田惣八郎正在、雀部新六郎重賢である。『御徒方万年記』によればこれら四人の徒頭、およびそれぞれが率いる徒組は当日の鷹狩において勢子を担当している。菅沼正直・金田正在は当日の鷹狩にあって林忠勝や雀部重賢とは別の場所で勢子をすることになっていた。また、同じく徒頭の長田三右衛門元鄰（とその配下の組）は当日江戸城大手門から両国橋までの警備を担当していたが、勢子の人員を増やすため、配下の徒十名を勢子を担当する四組に廻していた。よって、徒組にあっては勢子を担当した者のみが対象となっているのである。徒組に対する褒賞の記述には「初而御鷹野御成之節、勢子勤ニ付被下之」[15]とあることからもそれは明らかである。

他方、同じく「勢子」を勤めたはずの書院番や小十人組に褒賞が与えられた形跡はない。別の日に改めて褒賞が与えられた可能性もあるが、史料上は確認出来ない。当日の両番・小十人組による勢子が稚拙であったゆえに褒賞されなかったということは考えられない。なぜならば勢子を担当しつつも出番のなかった菅沼正直や金田正在、およびその配下の徒組が褒賞されているからである。要するに、十一日の鷹狩において両番や小十人組が勤めた遠勢子と徒組が勤めた勢子とでは、重要性において差があったということになる。

以上が五月十一日に実施された初めての鷹狩における勢子のあらましである。実質的に徒組による勢子のみで始まった吉宗期の狩猟であるが、この後、徐々に勢子に参加する役職は増え、さらには組織的な動きも固まっていく。その一定の到達点であるのが享保十年・十一年の小金原鹿狩ということになろうが、第二節では小金原鹿狩にいたるまでの数々の狩猟において、勢子運用が充実していく過程を明らかにする。

第二節　勢子の展開

享保二年（一七一七）五月十一日に実施された鷹狩にあっては勢子の主役は徒組であり、両番士や小十人組番士はその補助としての役割にすぎなかったことを確認した。しかしこののちに繰り返される狩猟、特に小金原鹿狩には多数の五番方番士が勢子として動員され、騎馬勢子を勤めた番士も多かった。

五月十一日の鷹狩にあって、両番士が騎馬勢子であったのかどうかは史料に記述がないが、旗本であるとはいえ歩行武者で編成されている小十人組とともに勢子を勤めたのであるから、息を合わせる上でも歩行勢子であった可能性が高い。それでは騎馬勢子はどの段階で登場したのか。本節では、享保二年五月十一日以降の狩猟について、『享保遠御成之記』、『柳営日次記』などから勢子の記述を抽出し、それを探ろうと考える。

冒頭でも述べたが、獲物を追い出す上で、勢子が互いに勝手な行動をとることは許されない。勢子各自の連携、言い換えれば効率的な勢子の運用こそが狩猟成功の鍵となる。小金原鹿狩にあっては高度な勢子運用が見出せるが、当然のことながら一朝一夕でそれが可能になるわけではない。享保十年・十一年の小金原鹿狩にいたるまでの狩猟においてその経験が積まれたからこそ、勢子の効果的な運用が実現したのである。

そこで第一項では騎馬勢子が狩猟の場に登場するまでの動向、特に歩行勢子の運用についてその変化を明らかにする。第二項では騎馬勢子の登場以降、享保十年の小金原鹿狩にいたるまでの歩行勢子・騎馬勢子の発展について分析する。

〈第一項〉 歩行勢子の複雑化

（1） 享保三年三月十三日の追鳥狩

享保二年五月十一日の鷹狩から数日後の十八日、吉宗は再び鷹狩に出かけた。『御徒方万年記』同日の条によると、勢子を勤めたのはやはり徒組（永田弥左衛門組・雀部新六郎組・牧野新六郎組）であり、両番士や小十人組番士など、徒組以外の者が勢子を勤めたことを示す文言はない。小性組に関わる命令や申し合わせ事項を記載している『御小性組方例書私録』にも、当時の狩猟に関しては御供に関わる申し合わせばかりが記録され、勢子を云々といった文言は見当たらない。よって、吉宗の狩猟復興段階にあって両番士に期待されたのは吉宗の警固などであって（両番士の通常業務である）、勢子に関わるものではなかったといえる。

こうした両番の扱いの一方で、小十人組は旗本部隊であるとはいえ、徒組と同じく歩行武者で編成されていたという性質のゆえか、勢子を命じられた時期が両番よりも早い。享保三年（一七一八）三月十三日に実施された追鳥狩《おいとりがり》にあって、小十人組は徒組とともに勢子を勤めているのである。追鳥狩とは、伊勢貞丈の『貞丈雑記』に「追鳥狩の事、今将軍家にて行はるゝは雉子の居る野原を馬にてせめぐり六尺斗の竹杖にて馬上より打殺を追鳥狩と云。此名目古代聞えず。追鳥狩は古代のふせ鳥の遺る物歟。古代のふせ鳥は野中に雉子・うづらの居るを馬上にて乗廻し射るを云也(16)」とある通り、騎乗して行う狩猟であるが、同日の追鳥狩にあっては歩行勢子のみが投入されている。

一、五時過志村延命寺江被為　入、夫ゟ蓮沼村古川筋御鷹狩、古川ニ而小鴨弐ツ　御拳有之、夫ゟ志村之台御腰掛所江被為　成候、　御前を小十人組、其次御徒組、遠勢子者村々百姓共、御鳥見差引仕、戸田川向ニ者伊奈半左衛門家来罷出、百姓勢子ヲ指引仕候、雉子追鳥　御差図有之、段々御腰掛之方江追寄候得共、寄兼、所々ニ而百姓共打殺、或者手取仕差上申候、

右は『享保遠御成之記』に記された同日の追鳥狩の様子である。この記述によると、当日吉宗は鷹狩をした後で追鳥狩をしたらしい。鷹狩が終わった後、吉宗は志村（現東京都板橋区志村）に設置された腰掛所（追鳥狩の際に吉宗がいるところ。休息所でもある）に赴いた。吉宗の「御前」は小十人組、ついで徒組が固め、勢子の命令を待っている（御供をしているはずの両番は勢子を勤めていないようである）。「遠勢子」、すなわち遠くから吉宗のいる腰掛所まで鳥を追い込むのは周辺の村々から動員された百姓二千人（『有徳院殿御実紀』では三千人）。これを鳥見役が指揮した。また、戸田川の向こうには関八州の天領（幕府領）を統括する関東郡代伊奈半左衛門忠達の家来が出て、百姓勢子を指揮している。雉子を追い立てよとの吉宗の指示により、段々腰掛所の方に鳥を追い立てていったが、うまくいかない。そこで百姓は所々で雉子を打ち殺し、あるいは生け捕りにして吉宗に献上したとのことである。

勢子運用に若干の混乱はあったものの、『柳営日次記』同日の条によれば獲物は雉子が一六四羽とあり、まずまずの成果であったといえようか。吉宗にとっても小十人組や徒組の勢子の勤めぶりは合格点であった様で、『柳営日次記』によると、追鳥狩から二日後の十五日、徒頭八名、小十人頭三名は「追鳥狩初而勢子被　仰付所、何も差引宜仕、御慰ニ相成候」ということで時服二領を与えられている。ただし、前述の通り、本来の追鳥狩とは騎乗した者によって行われる狩猟であり、同日の追鳥狩が不完全な形であったことは否めない。発展途上段階ということであろう。

（2）享保三年十月二十七日の鷹狩

書院番による勢子の様子が見出せるのは同年十月二十七日に実施された鷹狩である。同日の鷹狩について、『有徳院殿御実紀』同日の条には「両番の士、小十人等。巻勢子を仰付られ。御みずから騎士歩卒の進退を指揮し給ひ。また鶉をもかり得給ふ」とある。文中の「騎士」とは両番士、「歩卒」とは小十人組番士を意味していると思われるが、『享保遠御成之記』で確認してみよう。

一、［前略］小十人組・両番共ニ巻勢子幷払勢子両様ニ人分ケ被仰渡、鶉有之、御犬入候所者巻勢子百人余ニ而も取巻、御犬入　御拳有之候、鶉出兼候所者、払勢子ニ而、蕎麦畑ニ而茂、芝場ニ而茂一押、竹杖ニ而歩行なから払申候、［以下略］

右によれば、当日の鷹狩にあって勢子を勤めたのは両番・小十人組の番士であり、当日の獲物の様子により二通りの勢子をする様に指示があった（恐らくはこれが「御みずから」の指揮の意味であろう）。すなわち、鶉がいて猟犬を使える場合は、勢子は周りを固め（「巻勢子」）、犬を放って吉宗が鷹を放つ。鶉が出てこない場合は蕎麦畑であっても芝畑であっても勢子が分け入って鶉を追い出せ。その際は歩きながら竹の杖を払って鶉を追い出せ（「払勢子」）。およそこのような命令が勢子の両番・小十人組の番士に下されたのである。

ここで分かるのは、両番士も徒歩で勢子を勤めているということ（「竹杖ニ而歩行なから払申候」）、状況による勢子の運用方法の変化が見出せるということ、以上の二点である。

第一点については、両番士の乗馬技術が拙劣であったことが原因であろう。第三章で論じた通り、すでに享保二年に両番士を対象とした馬術上覧が実施されていることから、一部には優れた乗り手はいたと思われる。しかし一方で、享保四年に実施された馬術上覧では、番士の乗馬が無様であるとして番頭が戒められている。両番全体では馬術に未熟な番士が多かったということになろう。『有徳院殿御実紀』の記述にあっては「騎士」と書かれているが、それは両番士の身分としての表記であり、当日の勢子にあって騎馬勢子を勤めたという訳ではないのである。

第二点、状況に応じた勢子の働きが求められているという点については、これまでの狩猟では勢子にそのような命令が出された形跡は見当たらないことから、恐らくは現場の判断によって勢子をしていたものと考えられる。

これに対して、十月二十七日の鷹狩にあっては幾分かの組織的な運用が見られるのである。

（3）享保四年三月一日の追鳥狩

わずかながら組織的な勢子の運用が見られた享保三年十月二十七日の鷹狩ののち、次の変化が見られるのは同四年三月一日の追鳥狩である。この時の勢子は小十人組と徒組が担当した。（1）で確認した通り、本来の追鳥狩は騎馬勢子が活躍すべき狩猟であるが、享保三年三月十三日の追鳥狩と同じく、同四年三月一日の追鳥狩でも騎馬勢子が動員された形跡はない。同日の追鳥狩は歩行勢子のみで実施されている。

鳥を追い詰めよとの吉宗の指示とともに法螺貝が鳴り、徒組の勢子が動く。その時法螺貝が三度鳴り、小十人組の勢子も動く。つづいて法螺貝が二度鳴り、徒組・小十人組はその陣形（「行列」）のままで吉宗の方に獲物を追い詰めていく。さらに、当日の勢子、すなわち徒組・小十人組はそれぞれの組ごとに「印」（幟か旗の様なものであろう）を立てる。(17)

以上が当日の追鳥狩における歩行勢子の運用である。法螺貝によってそれぞれの勢子の動く時機について吉宗が直接指揮を与え、「印」によって勢子それぞれの把握をする。いずれも勢子の効果的な運用を意図してのものであろう。歩行勢子が組織的な動きを着々と備えていく様子がうかがえるが、より大きな変化が享保六年三月二十五日、同九月二十三日の鷹狩に現れる。

（4）享保六年三月二十五日の鷹狩

享保六年（一七二一）三月二十五日の鷹狩にあって勢子を勤めたのは徒組三組、および周辺の村々からの百姓数百人、これに鳥見役と伊奈忠達の家来が加わっている。当日の勢子に対しては赤白の「目印」と法螺貝による指揮、あるいは始動時刻の設定が見られる。(18)

赤白の「目印」は、徒組の勢子に対する指揮に使用されている。当日の勢子を勤めた徒組（牧野新平組・長田三右衛門組・松波甚兵衛組）に対しては赤白の「目印」が与えられた。右の勢子を勤める組を赤、左の勢子を勤める組を白と定め、赤白の印が吉宗の御前で振られた際には右の勢子が動き、白い目印が御前で振られた際にはそこに留まる。御前の目印が止まった場合は横に展開する。これらの指示が御前からあった場合には、「了解」の意味を込めて赤でも白でも目印を徒組の方で振りながら獲物を追い詰めていく。これらの指示が三人の徒頭に小納戸の松下当恒から与えられたということであるが、むろん、吉宗の意向によるものであろう。

また、百姓勢子（遠勢子であろう）については鳥見役や伊奈忠達の家来が現場の指揮に当たっているが、全体としての指示は御前からの法螺貝による。百姓の勢子は二つに分かれていた。橋場の方は百姓勢子が百人、これを鳥見役の三人と伊奈忠達の家来三人が指揮をした。もう一方の白鳥池の方は百姓勢子が三百人、これを鳥見役十人と伊奈忠達の家来五人が指揮をした。前者にあっては吉宗が御狩場に来る前、五ツ（午前八時頃）の鐘を聞いた時点で大川畑まで獲物を追い詰め、元の場所に戻った。後者は合図の法螺貝を聞き次第、勢子が声を上げて獲物を追い詰め、さらに法螺貝が三度鳴った段階で獲物を追わせた(19)。

この様に、百姓の勢子に対しても徒組の勢子に対しても運用方法に効率化が図られている。これが三月二十五日の鷹狩に見られる変化である。

（5）享保六年九月二十三日の鷹狩

享保六年九月二十三日の鷹狩では、いよいよ騎馬勢子が登場する。狩猟の模様について詳細に記録している『享保遠御成之記』に初めて騎馬勢子についての記述が見られるのである。ただし、この日の鷹狩で騎馬勢子を勤めたのは五番方番士ではない。同日の条に、

一、［中略］御小性《ママ》衆・御小納戸衆拾八人程乗馬被　仰付、鶉落候所ヲ取巻、　御前ニ者中ニ御乗馬、御犬入、
夫故七時過、駒場

御立場之内、仮御腰掛所江被為　入、御丸御弁当相廻、御勢子之御番衆、小十人迄　御前ニ而御酒被下之、
此内、御供廻御配出ル〔後略〕

とある通り、騎馬勢子を勤めたのは吉宗の側近である小姓・小納戸であった。右によると、騎馬勢子の役割は、鶉が降り立ったところに馬を走らせて追い出すというものである。この鷹狩では吉宗自身も騎乗し、勢子を指揮したらしい。

なお、右の文中には、鷹狩ののち、「御勢子之御番衆、小十人迄」酒が振る舞われたとある。この点について、『有徳院殿御実紀』同日の条には「騎歩の勢子をつかふまつりし両番。小十人組の番士にいたるまで酒を賜ふ」とある。『有徳院殿御実紀』の記述に従えば両番士も騎馬勢子を勤めたということになるが、そうであるならば、『享保遠御成之記』にも、小姓や小納戸による騎馬勢子の描写とともに両番士の騎馬勢子の様子が記されているはずであろう。よって、この日の騎馬勢子に両番士が加わっているということは疑わしいのであるが、いずれにしても同日の鷹狩は、両番士による騎馬勢子の導入にとって大きな一歩であったことは間違いない。翌七年三月の追鳥狩には両番士による騎馬勢子が実現するのである。

〈第二項〉騎馬勢子・歩行勢子の発展

（1）享保七年三月十八日の追鳥狩

勢子の規模　享保七年三月十八日に実施された追鳥狩に動員された勢子の規模は、『柳営日次記』同日の条に「惣勢子人数五千人程、外ニ百性《（ママ）》勢子四千人計り」とあり、その内訳は「小性組不残、小十人組不残、御徒方不残」とある。また、『有徳院殿御実紀』同日の条には「小姓組。小十人。徒士組々の勢子すべて五千人。農夫の勢子も四千人なり」とある。史料に基づくかぎり九千名という厖大な勢子が動員されたということになるが、腑

に落ちない。小性組は当時八組で一組につき定員五十名、小十人組は当時十組で一組につき定員二十名、徒組は当時十九組で一組につき定員二十八名。各組は定員通りに揃っているというわけではないが、すべての組が定員一杯に揃っていると仮定しても、小性組番士の総数が四〇〇名、小十人組番士の総数が二〇〇名、徒の数が五三二名。すべてを足しても千名を超える程度である。さらに、『享保遠御成之記』同日の条によると勢子を担当した徒組は十組で、一組につき二十五名とある。よって、どれだけ多く見積もっても千名程度なのである。五千名にはほど遠い。

仮定に過ぎないが、本来は百姓勢子を合わせた総数が五千名で、百姓勢子四千名を除いた約千名というのが小性組番士・小十人組番士・徒で構成された勢子の人数であったのではないか。それを『柳営日次記』の作成者が誤記し、『有徳院殿御実紀』にも影響してしまったということが考えられる。

この様に九千名という勢子の数は信じられないものの、大人数が勢子に動員されたことは間違いない。そして、同日の追鳥狩においては、ついに五番方番士を中心に編成された騎馬勢子が登場する。

騎馬勢子の登場　騎馬勢子の構成は、『柳営日次記』同日の条によると、目付一名、小納戸一名、徒頭二名、小十人頭四名、書院番組頭一名、小性組組頭一名、書院番士十二名、小性組番士十一名、計三十三名とある。このうち、書院番士・小性組番士二十三名を抽出したものが表35である。享保七年三月十八日段階で書院番・小性組はいずれも十組。ほぼすべての組から一名ないしは二名の番士が騎馬勢子を勤めたということになる。

第一項の（5）で取りあげた通り、前年九月二十三日の鷹狩において、小姓・小納戸による騎馬勢子が投入された。同日の鷹狩にあっては両番士も勢子を勤めているものの、歩行勢子である可能性が高いのであるが、この時期にはすでに、両番士による騎馬勢子も実現化に向けて準備は進んでいたものと考えられる。

第三章において、享保四年段階では両番士の乗馬技術が未熟であったということを指摘した。享保四年五月二

表35　享保7年3月18日の追鳥狩で騎馬勢子を勤めた両番士

所属	氏名 （配属年月日）	享保5年2月23日の馬術上覧への参加	享保6年2月15日の馬術上覧への参加	享保7年3月9日の馬術上覧への参加
書院番 阿部遠江守組	栗原利規 （宝永元年6月11日）	○	○	○
書院番 阿部遠江守組	西尾教邦 （宝永6年4月6日）			
書院番 岡部左衛門佐組	美濃部茂孝 （宝永2年3月29日）	○	○	○
書院番 岡部左衛門佐組	小笠原常喜 （宝永6年4月6日）	○	○	○
書院番 松平内匠頭組	松田定晴 （享保3年3月16日）			
書院番 松平内匠頭組	徳長昌春 （元禄5年3月18日）			
書院番 森川下総守組	青柳英澄 （宝永元年6月11日）	○		○
書院番 森川下総守組	水野忠意 （宝永5年3月25日）			
書院番 板倉下野守組	能勢頼庸 （宝永6年4月6日）			
書院番 稲葉下野守組	佐々成意 （宝永5年3月22日）	○	○	
書院番 稲葉下野守組	石黒易慎 （享保4年10月18日）			
書院番 諏訪若狭守組	大野定春 （宝永6年4月6日）			
小性組 仙石因幡守組	服部貞殷 （享保3年3月16日）			
小性組 秋本隼人正組	三宅政照 （正徳3年3月19日）	○	○	○
小性組 酒井日向守組	鈴木自経 （宝永6年4月6日）		○	
小性組 高木伊勢守組	長塩正徳 （宝永6年4月6日）			
小性組 高木伊勢守組	鈴木利祐 （宝永6年4月6日）			
小性組番士 曾我周防守組	坪内定矩 （享保4年10月18日）			
小性組 溝口摂津守組	田中勝芳 （享保4年10月18日）			
小性組 仙石丹波守組	酒井忠景 （宝永元年6月11日）			
小性組 仁木周防守組	近藤正定 （宝永6年4月6日）	○		
小性組 藤堂伊豆守組	山田直貞 （宝永6年4月6日）	○	○	○
小性組 安藤伊勢守組	小沢定員 （宝永6年4月6日）		○	○

註：『柳営日次記』『寛政重修諸家譜』『柳営補任』から作成した。

十三日、書院番頭岡部左衛門佐盛明・小性組番頭酒井対馬守重英に対してその配下の番士の乗馬技術が未熟である点が指摘され、番士に馬術稽古を促す様に指示が出されている。吉宗は番頭にこの様な注意をする一方で、五番方番士を対象として馬術上覧を実施し、みずから番士の馬術出精を促した（第三章第一項参照）。

表35にまとめた通り、騎馬勢子を勤めた番士の半分は、享保五年二月二十三日、同六年二月十五日、同七年三月九日に実施された馬術上覧に参加したという実績を持つが、残り半分の番士は、馬術上覧に参加した実績がない。このことは、馬術上覧に参加した実績のある番士のみでは騎馬勢子を編成出来なかったということではない。馬術上覧に参加したにも関わらず同日の騎馬勢子を勤めていない番士がいるからである。残り半分の番士は、たとえ馬術上覧の参加実績がなかろうと、技量に優れているから騎馬勢子に選ばれたと考えるべきだろう。騎馬勢子の人選をしたのが番頭であるのか吉宗であるのかは不明であるが、馬術上覧参加者に限らず、広く両番士全体のなかから騎馬勢子の適任者を選んだということである。それは馬術に堪能な番士が相当数揃っていたということである。吉宗による馬術奨励が実を結んだということに他ならない。

騎馬勢子の運用　『御小性組方例書私録』によると、追鳥狩の二日前である享保七年三月十六日、小性組番頭酒井日向守忠佳宅において、小性組組頭小菅猪右衛門正親（高木伊勢守組）の立ち合いの下、騎馬勢子を勤める小性組番士に対して申渡があった。同書には記録されていないものの、書院番士に対しても同様の申渡があったと思われる。

申渡の条文によると、三十三名の騎馬勢子の指揮については「松平内匠頭・酒井日向守騎馬跡ニ乗、差引いたし候筈候間、左様可相心得候事」[20]とあり、書院番頭松平内匠頭乗興と酒井忠佳がその任にあたったということが分かる。また、申渡には勢子運用に関わる条項も含まれている。そのなかから二点を抜粋し、現代語訳を以下に載せておく。

ⓐ雉子が野原に降り立った時は、拍子木を合図に雉子を追い立てて、馬の頭は御前（吉宗のいる場所）に向けておく。再び拍子木が鳴ったら元の場所に戻ること。[21]

ⓑ雉子が御立場（吉宗のいる所）から外れ、二町（およそ二百メートル）ほども向こうに降り立ったならば、扇の合図によって、右の方に雉子がいる場合は小納戸松下専助当恒を先頭にその場所に向かう。この際、騎馬勢子は一列になって乗り出し、松下当恒が馬を止めたところでいずれも馬を並べ立て、御前の方へ雉子を追い立てよ。左の方に雉子が降り立った場合は小十人頭能勢三十郎頼成を先頭にして、同様にせよ。

ただし、雉子を追い立てた後は拍子木を合図に一列になって元の場所に戻ること。また、馬を駆けさせる時、速い馬に乗っている者は前を走っている者を抜かさない様に。遅い馬に乗っている者は後ろが混み合わない様に速く走らせること。前を走っている者が遅い場合は速く走らせる様に声をかけること。[22]

雉子を追い立てる際に生じるであろう状況に応じて、騎馬勢子がどの様な行動をとるべきか細かく定められ、拍子木や扇で指示を受けていることが分かる。また、騎馬勢子全体がまとまって動く様に命じられている点も特徴的である。ⓑの様な複雑な指示は騎馬勢子を勤める番士に相応の乗馬技術が備わっていないと出せない。先に騎馬勢子を勤めた面々には選りすぐりの馬術達者が揃っていたとしたが、それはこうした勢子運用に関する指示からも明らかである。『享保遠御成之記』同日の条に、「川向浮間之芝地ニ者騎馬之勢子三拾五人、松下専助頭取ニ而、雉子落込候節、御前之方ニ騎馬ニ而追乗寄申候」とある通り、当日も騎馬勢子の面々は事前の指示通りの動きを見せているのである。

歩行勢子の運用　同日の追鳥狩において歩行勢子を勤めた小性組番士にどの様な指示が出たのかは不明であるが、小十人組と徒組への指示は『柳営日次記』同日の条に記録されている。進退の合図には法螺貝と赤白の麾《き》（旗の一種）が使用された。前項（4）で享保六年三月二十五日の鷹狩では赤白の「目印」が使用されたということを述べたが、今回の場合は赤白の麾が使用されたらしい。また、合図に対して一同声をあげて押し出す（前進する）こと、踏み留まる位置、鳥を追い出す際の発声など、指示は多岐にわたる。[23]

さらに、当日勢子にでた徒組十組は、籠に紙をはったものを棒にくくりつけ、組ごとに色分けされた印をともなった（それぞれの組ごとの印の違いについて、いささか不明な点もある）。[24]

各組に印を立てること、法螺貝（や麾）で進退の指示が出ること、状況に応じて分けられた指示内容、いずれも相当に高度な水準で歩行勢子が運用されていることが分かる。

どうやら小十人組や徒組による歩行勢子の運用については、この時点で一応の完成を迎えた様である。この後の変化としては、拍子木による進退の指示が加わったということ（享保七年四月十一日の鷹狩）、歩行勢子各組が青い采幣を立てる様になったということ（享保七年九月十八日の鷹狩、同日の騎馬勢子は赤い采幣を背中に差した）が認められる程度である。

（2）騎馬勢子の充実

三月十八日の追鳥狩以降、騎馬勢子が動員された狩猟はたびたび見られ、騎馬勢子の定着がうかがわれる。狩猟ごとに動員数に差はあるものの、たとえば享保八年十月三日の鷹狩では、百名以上の騎馬勢子が動員されている（小納戸三名、徒頭六名、小性組番頭三名、小性組組頭二名、小性組番士五十名、書院番組頭三名、書院番士五十名。『柳営日次記』同日の条）。騎馬勢子を勤めた百名の両番士は、同年八月十二日に若年寄大久保常春から両番頭に出された指示によって選び出された。両番各組から五名ずつ、それにさらに十名が加わって、騎馬勢子に編成するという方式である。[25] 騎馬勢子を勤めるに足る技量を有する番士が年々増えていたということであろう。

鹿狩の実施　勢子運用が次第に高度なものとなっていくなかで、新たな狩猟が実施された。享保八年三月二十二日、それまでの狩猟が鳥を獲物とするものであったのに対し、鹿や猪といった大型獣を獲物とする鹿狩（猪狩ともいう）が武蔵国駒場野（現東京都目黒区）で実施されたのである。[26] 同日の鹿狩は将軍の鹿狩について種々の史料を集めた『大狩盛典』（嘉永五年、国立公文書館所蔵）に「大猷院殿以来中絶、今日再興」とある通り、家光以来久々の実施ということになる。高見澤美紀氏によれば、その対象とする獲物の種類（鹿や猪といった大型獣）や勢子の運用などといった点から、鷹狩や追鳥狩に比して、より「軍事的要素が強い狩猟」である。[27] すなわち、この時期から軍事調練としての狩猟が本格化したということになる。

同日の鹿狩には周辺の村々から数千名の規模で百姓が動員され人足や勢子の役目を勤める一方で、両番士をはじめとして幕臣も勢子として動員されている。両番士は『柳営日次記』同日の条に「騎馬勢子両御番ゟ出、立勢子両御番組々より出ル」とある通り、騎馬勢子・歩行勢子（立勢子）のいずれをも勤めたということが分かる。また、騎馬勢子を率いたのは両番の番頭一名ずつ、組頭一名ずつ、歩行勢子を率いたのは小性組組頭一名である。これら勢子の規模については判然としないものの、当日使用された狩猟用の竹槍の本数について、『大狩盛典』（二）に、

黄印弐拾九本　　御鷹野御鳥見
白印三拾本　　御小性《(姓)》・御小納戸
赤印百拾九本　　両御番衆
青印三拾本　　小役人衆

とあることとから（「竹鎗之覚」）、両番士は百名以上であったということが分かる。また、両番士以外にも竹槍が用意されていることから、勢子は両番士に限らないということも分かるが、本数を比較する限り、同日の鹿狩にあって勢子の主役は両番士である。

両番士の勢子運用がどの様なものであったかは不明であるが、興味深いのは、それが志願制であったという点

である。同八年三月十六日に大久保常春は両番頭に対して、鹿狩に参加したい番士の取り扱いについて指示を出している(28)。

一、大久保佐渡守殿口上ニて両番頭詰番江被仰聞候者、御猪狩之節、番頭中御供望之もの、大勢ハ不相成候、三四人罷出可申候、尤御番差合不申候様ニ可致候、右罷出候性名并組々分も若キ面々望之分者、勝手次第可罷出候、尤右名寄も可書出旨被仰聞候事

一、騎馬勢子相勤候者、於御場竹鑓并采幣可相渡候間、左様相心得、鑓ニて鹿を突留候様ニとの事ニ候間、右馬も物おち（怖）無キを心かけ乗候やうニと、御目付稲葉多宮被申聞候事

「組々分も若キ面々望之分者、勝手次第可罷出候」との文言からは参加は当人の意向次第であったことが分かるが、前段で確認した通り、両番の勢子は竹槍の本数から百数十人であったことから、相当数の希望者があったものといえる。また、この際、目付稲葉多宮正房からも騎馬勢子を勤める者に対して竹槍で鹿を突き留める様に、馬が獣に怯えることのない様にとの指示も出ている。すなわち三月二十二日の鹿狩には、技術的に優れ、大型獣を仕留めようという勇気を持つ番士が募られたことになる。そうした番士が百名以上集まったという事実は、番士全体の水準も向上していたということを意味する。本章の冒頭において、『有徳院殿御実紀附録』に書かれた臆病な番士の描写について若干の疑義を挟んだが、鹿狩実施の段階にあっては『有徳院殿御実紀附録』に描かれた状況からは脱していたといえる。

小括

以上、吉宗期の狩猟について、その復興から小金原鹿狩実施前までの勢子運用の発展について分析を進めた。中絶状態を経て勢子の経験者がほぼ皆無であったなか、徐々にその運用方法が複雑化し、勢子を勤める番士も逞

しく成長していったことが明らかになった。特に第二項で取りあげた享保七年三月十八日の追鳥狩では、両番の番士が騎馬勢子を勤めるという大きな変化があった。五番方番士に対する馬術奨励の成果である。なお、騎馬勢子については、近世の軍制との関わりにおいても重大な特徴を有しているが、この点については次章で分析する。

　第五章ではいよいよ小金原鹿狩について論じることとなるが、本章の分析で、数々の狩猟を通じて勢子運用は効率の良いものとなっていったということを忘れてはなるまい。繰り返される狩猟での試行錯誤が小金原鹿狩における勢子運用の土台となったことは間違いないのである。

（1）村上直・根崎光男『鷹場史料の読み方・調べ方』雄山閣出版、一九八五年、七五～七七頁／大石学『享保改革の地域政策』吉川弘文館、一九九六年、一〇〇～二二三頁／根崎光男『将軍の鷹狩』同成社、一九九九年、八二～一一〇頁／同『江戸幕府放鷹制度の研究』吉川弘文館、二〇〇八年、二九二～三四八頁／岡崎寛徳『鷹と将軍　徳川社会の贈答システム』講談社、二〇〇九年、一三六～一五二頁。

（2）序論註(9)、高見澤美紀「享保改革期における将軍狩猟と旗本政策――享保一〇年小金原鹿狩の検討から――」。

（3）第二章註(27)、『有徳院殿御実紀』同日の条。

（4）南和男「江戸幕府御徒組について」、『日本歴史』（二一四）所収、一九六六年。

（5）『大日本近世史料』（柳営補任　三）、東京大学出版会、一九六四年。

（6）『御徒方万年記』、『内閣文庫所蔵史籍叢刊』（六九）所収、汲古書院、一九八七年。

（7）同右、享保二年二月二十五日の条。
大（大久保）佐渡守殿被　仰聞候者、雲雀鷹・鶺鷹・白鳥鷹之節勢子勤方之儀、同役中江申達、御徒古者共之内ニ存候者も可有之候間、承合書付仕差出候様ニ与被仰聞候

（8）同右、享保元年三月三日の条。

(9) 同右。

雲雀鷹・鶴鷹之節相勤候者無御座候、白鳥勢子助取相勤候者御座候、右之段書付去ル廿九日佐渡守殿江差出候処、佐渡守殿被仰聞候ハ、組之内雲雀鷹・鶴鷹之節相勤候者無之段御承知被成候、父相勤候而外ニ罷在、又者隠居なといたし存候者有之候歟、父親類なと相勤、又者様子承伝書面いたし置候事可有之候、雲雀鷹・鶴鷹、久敷儀にて茂無之候、

厳有院殿様　御代に茂有之候間、其身勤不申候而も、右之通父・親類相勤、書面いたし置候茂可有之候間、とくと承合、書出候様、御同役中江申達候様ニと被仰聞候

(10) 第二章註(32)、『御小性組方例書私録』「遠御成之部」。

(11) 同右。

(12) 同右。

(13) 文中の「葭沼の真ん中から未の方角（南西）で勢子を勤める徒が不馴れでありもっと励ませるようにと徒頭林忠勝へ上意があった」は「葭沼中程ゟ未之方、勢子徒之者不馴精出可申旨、林藤四郎江上意有之節」に対応している。『有徳院殿御実紀附録』ではこの場面を「其時勢子。徒士のもの。いまだ事馴れざるには。よく精出すよし。徒士頭林藤四郎忠勝に仰ありしかば」としている。すなわち、不馴れであるわりにはしっかりと勤めているという上意である。吉宗の上意に対して忠勝が麾下の番士にありがたく思えと叫んでいるのは、『享保遠御成一件』と『有徳院殿御実紀附録』で共通しているが、『享保遠御成一件』の場合、吉宗の上意とは勢子の勤め方に対する注文（不満）であり、ありがたく思う上意ではない。吉宗の上意は『有徳院殿御実紀附録』の記述が正しいと考えられる。

(14) 第二章註(27)、『有徳院殿御実紀』同日の条。

少老大久保佐渡守常春去年より鷹鶻の事つかさどりしが。こたびはじめて放鷹の御遊ありしをもて。時服三襲たまはり褒せらる。且この後御鷹狩には常供奉たるべしと命ぜらる。小納戸にて其事つかさどりし桑山内匠頭盛政。松下専助当恒金二枚をたまふ。鷹師頭戸田五助勝房にも時服二。羽織一をたまふ。

(15) 第一章註(33)、『柳営日次記』享保二年五月十六日の条。

(16) 第三章註(15)、『貞丈雑記』。

(17) 付論註（1）、『享保遠御成之記』享保四年三月一日の条。

(18) 同右、享保六年三月二十五日の条。

(19) 同右。

(20) 第二章註（32）、『御小性組方例書私録』「弓馬幷水稽古之事」。

(21) 同右。

一、馬勢子乗双、雉落候節、拍子木ニて乗出、雉子追立、馬之頭　御前之方江立置、拍子木合候ハヽ、其儘引返し、元之所江乗双、馬立可申候、幾度も同前之事、馬立所芝ニつくりの筋有之候間、つくりのすしを前にして立可申候

(22) 同右。

一、雉子御立場を背き、二町も脇へ落有之候ハヽ、横扇之相図ニて、右之方者専助鼻馬ニて乗出し候間、其節者一行ニ段々乗出、専助馬をとめ候処ニて、何も馬を立、御前之方江雉子追立遣申、尤乗切輪乗ニ候間、順々早馬ニ可致候、尤左り之方江雉子落候ハヽ、三十郎・専助之通可被致候事

但雉子追立候ハヽ、拍子木ニて銘々順ゟ段々一行乗、元之立場江馬返し申候、且又早馬之節者、騎馬合見やらせ、早キ馬ハ先乗之馬を見合、乗越不申候様いたし、遅キ馬者随分跡より馬つかへなし（ママ）やう、早く乗可申候、尤遅候ハヽ、跡ゟ声かけ早く被乗候やう可申事

(23) 第一章註（33）、『柳営日次記』享保七年三月十八日の条。

一、小十人組・御徒方御定書

一、御鷹場ニ而、貝二声小十人、同三声御徒方、赤麾振候時、押出シ、白麾振候時踏留

一、小十人方者御鷹場ゟ御相図之時、同音に高ク一声かけ鎮押出シ、御山御立場片通踏留、尤押候内者声かけ不申、鳥出候近所ゟ四五人声かけ追懸可申候、一同にハ声かけ不申候事

一、鳥捕、直ニ持参可申候、其組之頭付候ニ不及、人々之姓名紙札ニ書付可申候事

一、御供方押出し候より踏留迄者声なく、鳥出候近所ゟ四五人程声かけ可申候、踏留り候後、押詰候様ニ御差図有之時、一同声高クかけ、鎮押出し詰可申候、雉子随分損シ不申候様ニ捕可申事

(24) 付論註(1)、『享保遠御成之記』享保七年三月十八日の条。

壱番之印　白白白　弐番印　赤赤　三番印　青青

四番印　白　五番印　赤赤　六番印　青青青　七番印　赤

八番印　白白　九番　白赤白　拾番印　赤赤赤

右印

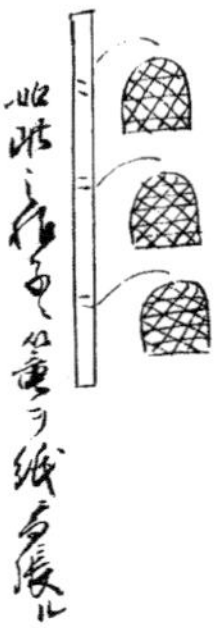

(如此之様子ニ籠ヲ紙ニ而張ル)

(25) 第二章註(32)、『御小性組方例書私録』「弓馬幷水稽古之事」。

(26) 第二章註(27)、『有徳院殿御実紀』同日の条。

駒場野に猪狩あり。猪十八頭をかり得たまふ。御みずから猪。兎各一頭をつきとめらる。戸田山城守忠真陪従して猪一頭を得たり。両番の頭。組頭。及び番士みな騎馬して駆馳す。徒頭四人もこれに同じ。供奉の少老大久保佐渡守常春に。御みづから猪をうち獲られし銃丸をたまふ。

(27) 序論註(9)、高見澤美紀「享保改革期における将軍狩猟と旗本政策――享保一〇年小金原鹿狩の検討から――」。

(28) 第二章註(32)、『御小性組方例書私録』「遠御成之部」。

第五章 ■ 小金原鹿狩

第一節　享保の小金原鹿狩

本節では享保十年・十一年（一七二五・一七二六）に下総国小金原（現千葉県松戸市）で実施された鹿狩について、勢子の運用を中心に論じるが、特に注目すべきは鹿狩において勢子の中心を担ったのが書院番・小性組・大番であったという点である。書院番・小性組・大番は三番方と総称されるが、三番方は五番方のなかでも特に重要な部隊であり、幕軍の中核をなす。小金原鹿狩における勢子の中心が三番方であったということは、小金原鹿狩は幕府の軍事組織の中核部隊を鍛え上げようという意図があったことを意味する。以下、第一項では享保十年の小金原鹿狩、第二項では同十一年の小金原鹿狩を取りあげ、三番方が勤めた勢子の運用を中心に、他の番組による勢子運用も同時に分析していく。

〈第一項〉享保十年の小金原鹿狩

本項では享保十年（一七二五）三月二十七日、小金原において実施された鹿狩について、前章と同じく勢子の運用面を中心に論じる。

小金原鹿狩の概要、特に鹿狩に際して周辺の村々から動員された百姓の規模・役割については『松戸市史』に詳しい。(1)また、勢子運用、特に両番士をはじめとする面々で編成された騎馬勢子の運用についてはすでに高見澤美紀氏によってその姿が明らかにされている。(2)本項では両先行研究の成果に基づきながら当日の勢子運用について分析する。

なお、両先行研究のなかで中心史料として扱われている『御狩日記』(3)は、本項でも中心史料となる。特に同書第一巻では小金原鹿狩のあらましが記され、同年の小金原鹿狩を論じる上で不可欠な史料である。同書は享保十年五月、佐野伊右衛門泰正によってまとめられた記録書である。泰正については、『寛政重修諸家譜』には記述がないものの、『断家譜』に略歴が記されている。これによると、泰正は元紀州家の藩士であり、正徳六年（一七一六）五月二十二日に小納戸となり、享保十三年に不祥事で小普請入りを命じられ、その後斬罪に処されたとある。その詳細は不明であるが、吉宗の側近の一人であったことは間違いない様である。

（1）鹿狩実施の前段階

享保十年二月一日、小金原の地を小納戸松下専助当恒・佐野奉正・土岐八左衛門朝澄・浦上弥五左衛門直方が訪れた。四名は吉宗から「御鹿狩御用頭取」に任じられ、その準備のために同地にやってきたのである。この時、現地の牧を預かる小金野馬奉行綿貫夏右衛門らが四人より申し渡されたのは、来春小金原で鹿狩を実施するが、今年もその「御試」として鹿狩を実施するということであった。(4)

松下ら四人は現地の役人に種々の指示を与えて鹿狩の準備を進める一方、若年寄大久保常春を通じて「諸役人幷ニ両御番頭」に対して、「諸役人幷ニ両御番之面々、馬上ニ而鹿突留申度輩ハ可申上」、すなわち騎馬勢子の志願者を募る様にとの通達を出した。(5)その結果、書院番からは九十六名、小性組からは九十四名の番士が名乗り出た。志願者は番頭・組頭による選抜を経た結果、およそ三分の一程度になった。これら選抜者は鹿狩当日、現地（小金原）において松下ら小納戸四人によってさらに選別され、騎馬勢子に加わる両番士の顔ぶれが決まった

表36　騎馬勢子の選抜

番組		志願者	番頭・組頭による選抜	当日の選抜
書院番	仁木周防守組	9名	2名	1名
	酒井日向守組	19名	8名	1名
	秋元隼人正組	9名	2名	0名
	石川丹後守組	15名	5名	2名
	杉浦出雲守組	10名	1名	1名
	酒井紀伊守組	17名	7名	2名
	内藤越前守組	17名	2名	0名
小性組	戸田若狭守組	7名	4名	1名
	藤堂伊豆守組	14名	4名	2名
	近藤淡路守組	9名	3名	0名
	阿部出雲守組	10名	3名	1名
	松平伊勢守組	14名	5名	3名
	金田周防守組	9名	1名	0名
	安藤大和守組	24名	3名	2名
	土屋兵部少輔組	7名	3名	1名

註：『御狩日記』（三）より作成した。

（「彼地におゐて駆ニ篇宛并ニ馬上之鐙之体、頭取四人検分を遂け、其甲乙を吟味之上、追懸騎馬の人数相定り候」）。この内訳は表36の通りである。

また、二丸書院番・二丸小性組（将軍世嗣である家重附の書院番・小性組。当時家重は二ノ丸に居住していた）からの志願者は人数が少なかったため、選抜なしで騎馬勢子に加えられている（「二之御丸御番ハ元ゟ願の人数少なきゆへ検分迄は甲乙の吟味なく、追懸騎馬を出勤被申候」）。この他、目付や徒頭などの諸役人、小姓や小納戸といった奥向からの志願者も選抜なしで騎馬勢子に加わった（「奥向之衆中ハ願ニ不及候て出勤ニ而候」）。さらに、当初は吉宗の御供をするのみであったはずの新番からの志願者も騎馬勢子になっている（「新御番ハ初メ　御前騎馬出勤之積りニ候故、此時之検分ニハ罷出不申候」）。

『御狩日記』（一）によるとこれら騎馬勢子は四手に分けられて鹿狩に投入されているが、これら四手の騎馬勢子を率いたのは誰であったか。『御狩日記』（二）には鹿狩の前に「追懸騎馬頭取」が提出した請書が掲載されており、その末尾に「右者追懸騎馬頭取渡邊外記・向井兵庫・石河庄九郎・藤掛伊織請書」とあることから、この四名が騎馬勢子四手を率いたものと考えられるが、四名の名前を『御狩日記』（四）に掲載されている騎馬勢子の名簿と対照させると、騎馬勢子二之手に配属された石河庄九郎政朝（徒頭）、騎馬勢子四之手に配属された渡邊外記永倫（新番頭）はともかくとして、向井兵庫政暉（徒頭）・藤掛伊織永直（徒頭）はいずれも騎馬勢子三之手に名前が載っている。『御狩日記』（二）、『御狩日記』（四）のいずれかの記述が間違っているのであろうが、ここでは指摘するに留めておく。

惜しくも選抜から洩れた両番からの志願者については、すべて別の騎馬勢子部隊として編成され、選抜者を中心に編成された騎馬勢子とは別の役割が与えられている（その働きについては後述）。これら二種類の騎馬勢子についても史料上でも用法が混乱している場合もあるが、本論では右の選抜された騎馬勢子の部隊を追懸騎馬、選抜から洩れた番士で構成された騎馬勢子の部隊を駈騎馬と呼ぶこととし、今後、騎馬勢子とは両者を総

表37　追懸騎馬・駈騎馬内訳

役割	役職	人数
追懸騎馬一之手(16騎)	小姓	1
	小納戸	8
	二丸小姓	5
	二丸小納戸	1
	膳奉行	1
追懸騎馬二之手(19騎)	目付	2
	徒頭	1
	小納戸	1
	小性組番士	10
	二丸小性組番士	5
追懸騎馬三之手(18騎)	使番	3
	徒頭	5
	書院番士	7
	二丸書院番士	3
追懸騎馬四之手(14騎)	新番頭	1
	新番士	13
小性組駈騎馬一之手(30騎)	小性組番頭	1
	小性組組頭	1
	小性組番士	28
小性組駈騎馬二之手(30騎)	小性組番頭	1
	小性組組頭	1
	小性組番士	28
小性組駈騎馬三之手(30騎)	小性組番頭	1
	小性組組頭	1
	小性組番士	28
書院番駈騎馬一之手(33騎)	書院番頭	1
	書院番組頭	1
	書院番士	31
書院番駈騎馬二之手(31騎)	書院番頭	1
	書院番組頭	1
	書院番士	29
書院番駈騎馬三之手(30騎)	書院番頭	1
	書院番組頭	1
	書院番士	28

註：高見澤美紀「享保改革期における将軍狩猟と旗本政策——享保十年小金原鹿狩の検討から——」表１より作成した。

称したものとする。また、追懸騎馬や駈騎馬に対して、一番、二番と数えている史料があるが、通常の組番号との混同を避けるため、一之手、二之手と数えることとする。それぞれの騎馬勢子の構成人員の内訳は表37の通りである。(6)

(2) 勢子の配置

図1は『大狩盛典』に所収されている絵図『享保小金中野牧御鹿狩御場之図』から作成したものであるが、同絵図の内題は「享保丙午小金中野牧御鹿狩御場之図」である。享保十年の干支は乙巳であり、享保十一年は丙午であるが、享保十一年の小金原巻狩で設置された種々の勢子部隊(後述)が描かれていないことから、この図は享保十年の小金原鹿狩を描いたものと判断される。

御狩場中央に吉宗の座所である御立場が設けられ(図1-1)、その両側に網が伸びている。御立場右手の網(図1-2)は長さ三〇〇間、一間が一・八メートル(概数。以下、すべて同じ)であるから、五四〇メートル。網の先には小性組番士で構成された駈騎馬三手が控えている(図1-3~5)。御立場左手の網(図1-6)は四五〇間、八一〇メートル。網の先には書院番士で構成された駈騎馬三手が控えている(図1-7~9)。追懸騎馬は御立場南、二十町(およそ二二〇〇メートル)を隔てたところに控えている(図1-10)。これに加えて、図1には記載していないが、持筒組一組、鉄炮方二組も御立場周辺に配置されて空炮で鹿を追い出す様に命じられ、徒組は竹槍を携えて網の外側で鹿が出るのを待っている。

この周囲を御狩場周辺の村々から動員された百姓が七手に分かれて、立切勢子として包囲している(図1-11~17)。『松戸市史』によれば立切勢子として動員された百姓は約三〇〇ヶ村から約一万四百名。これに種々の人足として動員された百姓を加えると四八〇ヶ村からおよそ一万五千名の百姓が動員されたとある。動員された百姓は、鹿狩に備えて同地の牧場(小金牧)から別の牧場(下野牧)への野馬の追い込みや狩場および周辺地域の整備などを勤める一方で、鹿狩の三日前からは狩場に猪や鹿を追い込む役目の追い込み勢子や、狩場から逃げ出そうとする猪鹿を妨げる立切勢子として働いている。百姓勢子は鹿狩の開始とともに包囲網を狭め、予め定められた地点で立ち切る様に指示されており、最終的には図1に示した包囲網を形成することとなる。

また、勢子ではないものの、御立場左には小姓八名、小納戸二名が騎射衆として出番を待っている。御立場前

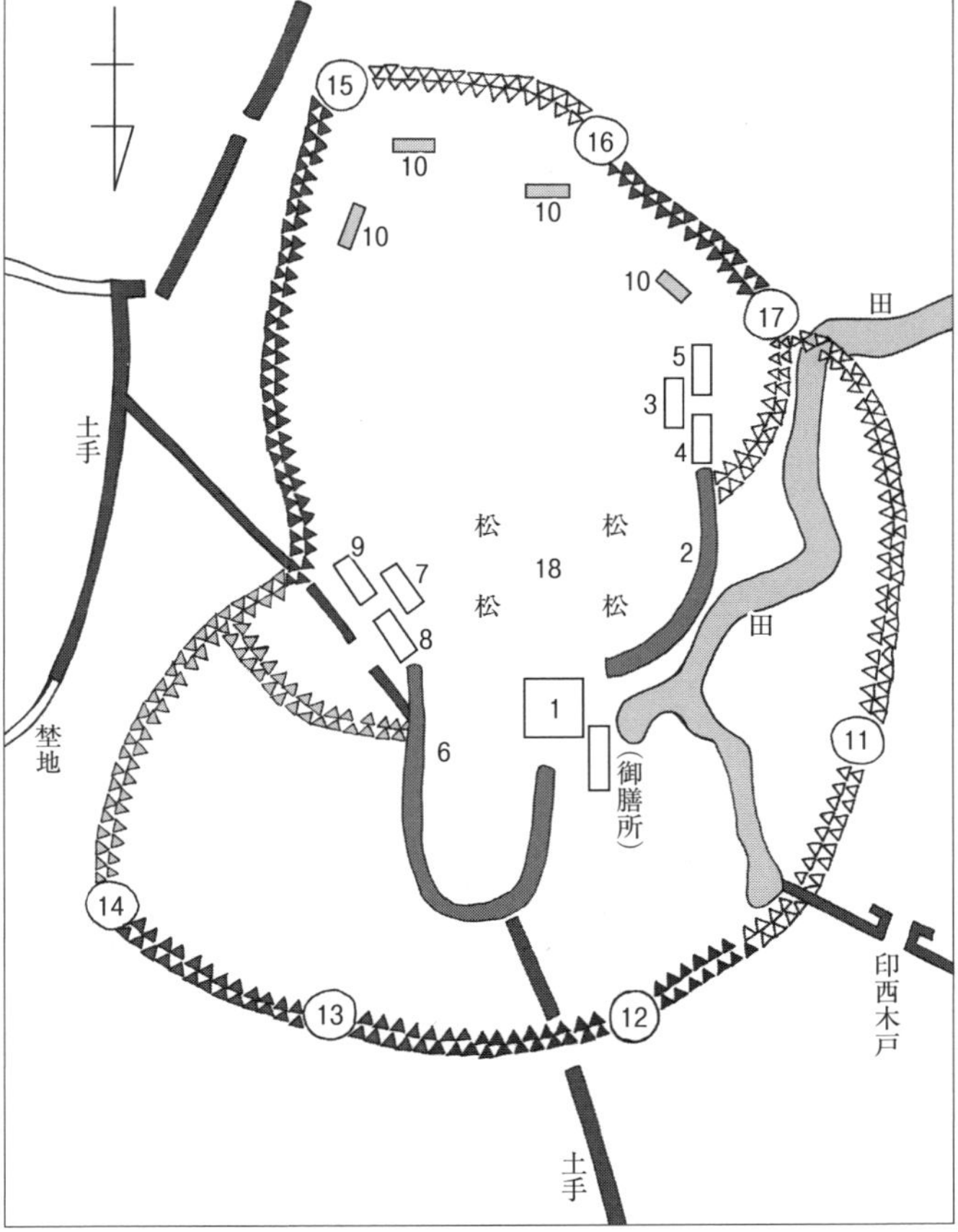

図１　享保10年の小金原鹿狩

〔凡例〕
1…御立場　2…網（「御網三百間」）　3～5…小性組駈騎馬一之手～三之手
6…網（「御網四百五十間」）　7～9…書院番駈騎馬一之手～三之手
10…追懸騎馬　11…百姓による立切勢子、一之手（「踏留二百五十間」）
12…百姓による立切勢子、二之手（踏み留まる間数についての記述なし）
※『御狩日記』（二）には「御立場ゟ二百八十間程ニ而踏留メ」とあり
13…百姓による立切勢子、三之手（「踏留三百六十間」）
14…百姓による立切勢子、四の手（「御網張留ヨリ三百間」）
15…百姓による立切勢子、五之手（「踏留六百間」）
16…百姓による立切勢子、六之手（「踏留五百間」）
17…百姓による立切勢子、七の手（「踏留四百間」）
18…騎射場を示す松（「四本松、此内騎射場」）

註：『享保小金中野牧御鹿狩御場之図』（『大狩盛典』図之六）より作成した。

には四本松で囲まれた騎射場が設けられており、その広さは左右に百間（一八〇メートル）、前後に七十間（一二六メートル）。十名の騎射衆は騎射場においてその腕前を披露することになっている（図1-18）。騎射場を示す松の木は騎馬勢子の運用の基準でもあった。騎射衆十名は三組に分けられ、騎馬勢子によって追い立てられ、騎射場に逃れてきた鹿を交替で射止めている(7)。

この他、小性組番士一名と小十人組番士十名が「御前歩行弓之衆」として吉宗の元にある。小性組番士一名とは第三章と付論で取りあげた玉虫茂雅であり、吉宗の指示に従って鹿を射止めた様である（「八左衛門儀、御馬廻ニ御供被　仰付、御差図ニ而度々鹿射留」(8)）。小十人組番士十名は御立場に留めおかれたままであったらしい（「御立場下御網之際ニ居候得共、所々　御成故鹿射候儀不被　仰付候」(9)）。

（3）鹿狩の開始、旗本家臣団の排除

三月二十七日辰刻（午前八時頃）、現地に到着した吉宗は御立場西の印西木戸で騎馬勢子を謁見、御立場に入り、そのまま狩場の様子を巡見したのち、鹿狩の開始を命じ、小金原に法螺貝が鳴り響いた。法螺貝を聞いた百姓勢子は声を上げつつ前進し、包囲網を狭め、持筒組・鉄炮方は空炮を撃ち鹿を追い出した。『御狩日記』（二）によると、七手に分けられた百姓勢子のうち、一之手を除いた他の六手には鉄炮が配置されている。持筒組・鉄炮方と同じく空炮ではあろうが、鹿を追い詰める際に使用したものと思われる。こうして追い出された鹿を御立場まで追い詰めていくのは百姓勢子による包囲網の内側にいる追懸騎馬である(10)。追懸騎馬の働きについては、追懸騎馬を率いる頭取四名（前述の渡邊・向井・石河・藤掛）が鹿狩の前に提出した請書に、

一、鹿鑓之儀、猪鹿最初あらき節者口附百姓ニ為持置、諸手綱ニ而追掛可申候、末ニ至り鑓付候儀可罷成時節、
　馬上ニ鑓取申候得而、
　御立場之方、騎射場松之印迄追詰メ、夫ゟ元之場所江乗戻し可申候

一、勤方之儀者、最初鑓不持節者四組之間を鹿もれざるやうに仕り、鑓取候得而者追留之場所迄ニ突留可申候

とある通り(11)、鹿狩開始からある時点までは鹿を突き留めることよりも四組が連携して鹿を追い詰めることに専念し、時機を見計らって騎射場の松までの間で槍を使うということになっていた。

特筆すべきは、右の史料にある「口附《くちづき》百姓」という文言である。右の条文は、追懸騎馬の面々は鹿や猪を御立場の方へ追い込んでいるうちは馬の口を取る口附百姓に自分の槍を持たせ、頃合いを見計らって馬上で槍を扱うという内容であるが、これについて若干の考察を加えたい。

追懸騎馬と駈騎馬を勤める番士の面々には、鹿狩の当日、現地の代官小宮山杢之進昌世からそれぞれ一名ずつ口附百姓がまわされることとなっていた。鹿狩の前に両番頭から出された請書に、

一、御成御当日、御代官小宮山杢進(之欠)ゟ為口附百姓壱人宛渡候間、外之供者不召連、御場へ明ケ五時ニ相集り、
御成之節馬者銘々之後ニ口附百姓ニ扣させ立置
御目見有之、御立場江被為　成候節可致差図候間、致馬上、御番二行ニ立ならへ、御鹿狩之御場人数立所
江可罷越事

とある通りである(12)。江戸時代の軍制では、旗本はそれぞれが召し抱えている供の者（家臣）を引き連れるのが定法である。戦地に召し連れる供の者の人数は軍役の規定により、石高ごとに定められている。小性組番士の定員は一組につき五十名であるが、番士には家臣が扈従しているので、それらを含めたものが小性組の一組ということになる。先の条文に即していうならば、追懸騎馬を勤める旗本の槍はその家臣が持つというのが本来の形であり、現地で徴用された百姓が持つということは、江戸時代の軍制においてはあり得ないことなのである。

これは追懸騎馬や駈騎馬といった騎馬勢子を勤める者に限った話ではない。鹿狩以前に小姓や小納戸などに遣わされた書付にも「御前騎馬之口附者御馬屋之者」とあり(13)、吉宗の周りを固める御前騎馬の面々の口附も、本来

であれば御前騎馬を勤める者それぞれが召し抱えている家臣が勤めるべきところ、馬方の者がそれに替わっている。

それでは、それぞれの家臣は鹿狩の間、何をしているのか。左の史料は鹿狩の四日前、三月二十三日に小納戸菅沼新左衛門定虎から鹿狩に赴く小姓・小納戸に対して出された廻状の一節である。[14]

一、杢進陣屋の手前木戸前ニ而、奥向御供・惣騎馬之衆家人、御徒目付壱人罷出留候間、残置レ、口附なしニ御馬上可有之候、木戸ゟ先之方ニ御厩之者差置、文右衛門方の乗役ニ申付口附させ候間、請取　御立場江御乗通り可有之候

鹿狩にあってそれぞれの供の者は徒目付の管理下に置かれ、御狩場への道中に留め置かれたということである。御狩場で働くのは直臣である幕臣か、現地で動員された百姓のみであり、陪臣、すなわち各旗本家の家臣は排除されているということになる。

この様な狩猟における旗本家臣排除の傾向は、第四章で取りあげた享保七年三月十八日の追鳥狩においても見いだせる。同日の追鳥狩でも、騎馬勢子を勤める番士の口附は馬方の者が勤め、それぞれの供の者は現地の百姓家に留め置かれている。[15]騎馬勢子の登場の段階から、家臣団は排除するという方針が存在していたということになる。管見によれば、吉宗期以前に実施された鹿狩では家臣団は排除されていない。[16]したがって、吉宗の狩猟における家臣団排除とは、前時代の狩猟との比較においても、軍制上においてもひとつの画期なのである。追鳥狩などに比してより軍事的色彩の強い鹿狩にあってもこの様な事例がみられるということは、軍事改革的な試みが実施されたと評価すべきであろう。

さらに、旗本家臣排除については、幕末軍政改革との関係を視野に入れることが可能であろう。幕末の軍制改革において、五番方をはじめとする従来の軍事組織は解体され、幕臣それぞれが召し抱えている家臣は、幕府に

よって直接の管理下に置かれ、独立した部隊として編成されることとなった[17]。従来の研究にあっては、これを西洋式の戦術に基づいた軍制改革の結果として捉えている。しかしながら直臣（幕臣）と陪臣（旗本家の家臣）を切り離し、一元的な指示の下で部隊を把握しようという試みは、すでに吉宗期の軍事調練＝狩猟にあって実施されている。吉宗の意図が何であったかは今後の課題としたいが、この新たな試みが後世の幕閣に何らかの示唆を与え、旗本家臣を直臣化しすべての兵員を幕府が直接指揮下に置くという幕末の軍制改革に何らかの影響を与えたということが推察されるのである。

（4）鹿狩の終局

百姓勢子、持筒組・鉄炮方による空炮、追懸騎馬に次いで駈騎馬も動き出した。鹿が集まりだしたのを見計らい、御立場で白布が振られた。これは駈騎馬への合図である。前述の通り駈騎馬は書院番・小性組それぞれ三組で構成され、あらかじめ一之手・二之手・三之手と割り振られている。白布の合図とともにまずは左右一之手の駈騎馬、次に二之手、さらには三之手が代わる代わる馬を走らせて鹿を追い込んでいった。勢子による追い込みのなか、鹿が「五百三百打群〳〵」て出てきた。これを見た吉宗は駈騎馬左右六手すべてが動く様に指示を出した。鹿狩の前に両番頭から提出された請書に、

一、一番之組合不残乗出シ候者、二番之組合騎馬立可申候、三番之組合、二番之次へ順繰ニ立可申候事、左右
　共ニ同断
一、一番之組合乗戻し候節者三番之騎馬相立候場江乗戻し可申候
　右之通二番・三番茂順くりニ可致候事

とある通り[18]、当初の予定では一之手から三之手までが順繰りに動くことになっていたが、同条には後で書き加えられたと思われる注釈があり、「御当日に至りて御定之通一両度相勤候処、鹿殊之外多く出来り候ニ付、依　御

下知六組共ニ打込ニ鹿突留申候也」とある。左右六手すべてによる追い込みは臨時の指示であった様である。この様な吉宗からの指示に従い、左右六手は同時に動き、入り乱れて鹿を追い詰め、あるいは突き留めることとなったが、『御狩日記』（一）に「馬上より鑓付るもあり、多ハおり立て鑓付候」とある通り、駈騎馬を勤めた番士の多くは馬より下りて鹿を突き留めていた様である。

吉宗からの臨時の下知を受けて駈騎馬が動く一方で、鹿を追い詰めることに専念していた追懸騎馬も、鹿の疲れを見計らい、口附百姓から槍を受け取り、鹿を突き留めた。駈騎馬を勤める番士が下馬して槍を使ったのに対して、追懸騎馬の面々は騎乗したまま鹿を突き留めている。「兼而の　御下知」とある通り、これは吉宗からの事前の指示であった[19]。

前述の通り、追懸騎馬の志願者は「御鹿狩御用頭取」である小納戸四名によって選抜を受けた[20]。この際選抜の基準となったのは馬術の技量と「馬上之鑓之体」であった（「彼地におゐて駆ニ篇宛幷ニ馬上之鑓之体」）。この選抜基準が小納戸四名による独断であるとは考えられない。吉宗の意を受けてのことであろう。すなわち、吉宗は騎馬勢子に馬上槍（騎乗したまま槍を使う）を望んでいたということである。よって、追懸騎馬はともかくとして駈騎馬の多くが下馬して槍を使ったということを鑑みるならば、番士全体としては吉宗の想定する騎馬勢子の水準には達していなかったということになる。この様な若干の問題点はあったものの、勢子の活躍により鹿は着実に追い詰められていった。吉宗は当初供廻とともに馬上で勢子の指揮を取っていたが、興に乗ったのであろう、みずからも槍を取り、鹿を次々と突き留めていったという[21]。

こうして享保十年の鹿狩は終わりを告げた。『有徳院殿御実紀』同日の条によると、同日の鹿狩で得られた獲物は猪が三頭、鹿が八百頭、狼が一頭、雉子が十羽であった。翌年の鹿狩に備えた実験的なものであり（「御試」）、騎馬勢子についても若干の未熟さが見られたとはいえ、吉宗期にあってはかつてない規模の狩猟であったことは間違いない。

〈第二項〉享保十一年の小金原鹿狩

享保十一年（一七二六）三月二十四日、再び小金原で鹿狩が実施された。『松戸市史』によれば同日の鹿狩に動員された百姓勢子は四八三ヶ村より一七、〇八六名。前年の小金原鹿狩を上回る百姓勢子が動員されていることになる。幕臣によって構成される勢子も同様であり、規模の面で前年のそれを大きく上回っている。さらにその運用方法についても大きな変化があった。

図2は『大狩盛典』所収の絵図『享保乙巳小金原御場絵図』から作成したものである。図1の元になった『享保小金中野牧御鹿狩御場之図』と同じく、この絵図も干支が間違っている。享保十一年の小金原鹿狩で新たに加わった勢子が描かれていることから、この絵図は同年の鹿狩の絵図であると判断出来る。原因は不明であるが、これらふたつの絵図は内題があべこべになっているのである。

当日の勢子配置について。御立場（図2-1）から左手には四五〇間（八一〇メートル）の網が張り巡らされている（図2-2～4）。この点は享保十年の小金原鹿狩と同様であるが、その外側には大番・書院番・小性組が歩行勢子として配置されている（図2-5～7）。享保十年の小金原鹿狩にあっては御立場右に張られていた網がなく、徒組・小十人組・新番が並んでいる（図2-8～10）。一之手・二之手・三之手の並びは異なっているものの、両番の駈騎馬の位置は享保十年の小金原鹿狩と同様の位置である（図2-11～16）。駈騎馬六手の先に百人組・持組（持弓組・持筒組）、先手組（先手弓組・先手鉄炮組）といった足軽弓・鉄炮部隊が並んでいる（図2-17）。追懸騎馬は、絵図では両番の駈騎馬の後方に二隊が描かれているが（図2-18）、後述する通り追懸騎馬は五隊であろうと思われるので、絵図の作成段階で追懸騎馬の配置は略されたものと考えられる。また、絵図には描かれていないものの、御立場付近には騎射衆十二名を含んだ吉宗の御供が控えている。享保十年の鹿狩同様、御立場前の松の内で騎射を披露した。煩雑さを避けるため図2では略したが（絵図には描かれている）、享保十年の小金原鹿狩と同様、幕臣による勢子の周りを百姓勢子が囲んでいる。

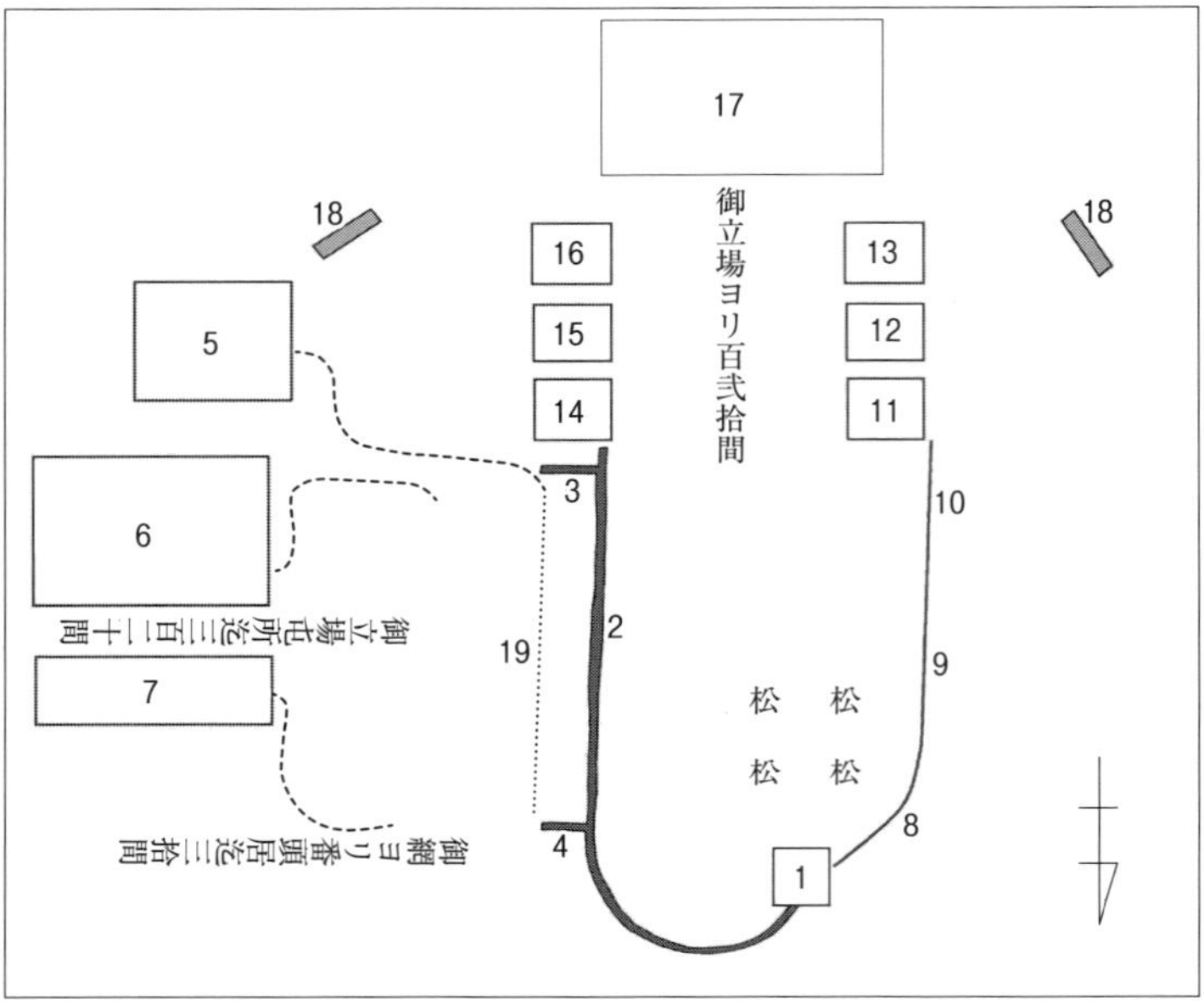

図2　享保11年の小金原鹿狩

〔凡例〕

1…御立場　2…網(「御立場角ヨリ御網四百五十間」)　3、4…網(「御網四拾間」)

5…三番方歩行勢子一之手、大番屯所。御立場に近い方から、山名因幡守組、植村土佐守組、三浦肥後守組、小堀備中守組、森川下総守組、山口伊豆守組

6…三番方歩行勢子二之手、書院番屯所。御立場に近い方から、仁木周防守組、石川丹後守組、曾我周防守組、藤堂伊豆守組、酒井豊前守組、牧野播磨守組。なお、曾我・藤堂・酒井・牧野四組は西丸書院番である

7…三番方歩行勢子三之手、小性組屯所。御立場に近い方から、渋谷隠岐守組、金田周防守組、水谷出羽守組

8…立切勢子(新番)。御立場に近い方から、土屋頼母組、水野源右衛門組、三枝左兵衛組

9…立切勢子(小十人組)。御立場に近い方から、渡邊左門組、瀬名伝右衛門組、曾我七兵衛組、池田数馬組

10…立切勢子。御立場に近い方から、川勝主税組、佐々又四郎組、石河庄九郎組、松前主馬組、向井兵庫頭組、藤掛伊織組、小笠原頼母組

11…小性組駈騎馬一之手、大久保彦兵衛組　12…小性組駈騎馬二之手、阿部出雲守組

13…小性組駈騎馬三之手、松平伊勢守組　14…書院番駈騎馬一之手、酒井日向守組

15…書院番駈騎馬二之手、杉浦出雲守組　16…書院番駈騎馬三之手、酒井紀伊守組

17…御向勢子、左より、久貝忠右衛門組(百人組)、船越五郎右衛門組(百人組)、松田善右衛門組(持筒組)、小野次郎右衛門組(持弓組)、山川安左衛門組(先手鉄炮組)、逸見源兵衛組(先手弓組)、窪田勘右衛門組(先手弓組)、仙波七郎左衛門組(先手鉄炮組)、大井新右衛門組(先手鉄炮組)、戸川五左衛門組(先手弓組)、梶四郎兵衛組(先手鉄炮組)、細井左次右衛門組(先手鉄炮組)、田村主馬組(先手鉄炮組)、牧野八太夫組(先手鉄炮組)、朝倉甚十郎(先手弓組)、佐々木五郎右衛門組(先手鉄炮組)

18…追懸騎馬　19…三番方歩行勢子が屯所から出て一列に並ぶ

註：『享保乙巳小金原御場絵図』(『大狩盛典』図之二)より作成した。

以下、それぞれの勢子の運用について、『柳営日次記』と『御遊猟細記』（作成者・作成時期不明）[22]の記述を中心に論じていく。

（1）鹿狩の開始

享保十一年三月二十七日巳刻（午前八時頃）に小金原に到着した吉宗は、早速巡見や御目見を済ませ、鹿狩の開始を命じた。合図は三月二十四日に若年寄大久保常春が指示した通り、「玉なし五十目ツ《（筒）》、二放之打、其次五放しつるべ打」[23]、すなわち五十目筒の空炮が二発、さらに空炮五発の釣瓶撃ちである。この合図鉄炮を撃ったのは御立場にある鉄炮方である。鉄炮方は御立場にあって合図鉄炮の役割を担うとともに、前述の持弓組・先手弓組に五名ずつ（恐らくは同心であろう）配備され、同組が鉄炮（空炮）を撃つ際にその役割を代行した。この他の与力・同心は勢子を勤めたということであるが（「御持・御先手之弓組之五人宛差加り玉不込鉄炮打セ、残り之者ハ勢子相勤ム」[24]）、どこに配備されたのかは不明である。

三月二十四日の大久保常春の指示によれば、御立場からの「惣始」の合図に対し、「惣勢子」[25]は空炮を撃ち、声を上げ、「一之踏留」まで進むとある（「此節惣勢子玉なし鉄炮放し、勢子声ニ而答、一之踏留メ前」）。この「惣勢子」が何を指すのか判然としないが、『有徳院殿御実紀』三月二十七日の条には「兼ての定のごとく。鉄砲方惣手始の相図とて。砲うつこと二たびすれば。これにしたがひ百人・持筒・先手組にて。毎隊五挺づゝはなち。ときのこゑをあぐ」とあり、御立場からの合図に対して百人組・持筒組・先手組が応えたとある。百人組・持組・先手組を「惣勢子」とするには違和感があるものの、後述する通り、御立場からの「惣始」の合図に対する百人組・持組・先手組の行動に合致していることから、ここでいうところの「惣勢子」については百人組・持組・先手組という意味と捉えておく。

（2）立切勢子（新番・小十人組・徒組）

享保十年の小金原鹿狩では御立場右手に三〇〇間（五四〇メートル）の網が張られていたが、同十一年の小金原鹿狩では網は張られず、その代わりに新番三組、小十人組四組、徒組七組が配備された。諸組は御立場右から若干曲がりつつ横一文字に展開している（図2-8～10）。寛政七年（一七九五）三月五日の小金原鹿狩ではこれらを立切勢子と称した。よって、本書でも以後この呼称を使用するが、どの様な役割の勢子であるのか。

> 右頭《新番頭》ハ西の木戸ニ而致　御目見、組頭・組中御成前請取之場江罷越、組頭・組中共ニ歩行立、頭・組頭ハ馬引付置、何も竹柄の鑓を持、参懸り候鹿突留候事、頭・組頭ハ勝手次第の羽織着し、頭ハ麾指、一組切の吹貫之通羽織ニ写、着致申事

右は『柳営日次記』享保十一年三月二十七日の条に記されている当日の新番に対する指示である。新番頭が吉宗に御目見している間に新番組頭・新番士は担当の場所に移動する。番頭・組頭は騎乗しないものの馬を近くに引き付けておく。番士は歩行立ちである。いずれも竹柄の槍を持ち、「参懸り候鹿」を突き留めることとなっている。享保十年の騎馬勢子の様に、鹿のいる場所に移動して鹿を突き留めるのではなく、あくまで自分たちの持ち場に逃れてきた鹿を突くという姿勢であり、合図による立ち位置の移動、獲物を追い込むための指示は出されていない。文中にある羽織については追懸騎馬・駈騎馬を分析する（4）で説明する。

新番に対するこの様な指示は小十人組・徒組にも共通するものであったと思われる。『柳営日次記』同日の条には小十人組について「右同断《新番》、但、頭ハ麾指、馬引付、歩行立ニ而罷在、組中ハ常の御供の時の羽織着致し候、何も歩行ニ而、竹柄の鑓持候事」、徒組については「頭ハ麾指、馬引付、歩立ニ而罷在、御徒常の役羽織着し、竹鑓持候事」とある。いずれも獲物を追うようにとの指示は出されていない。小十人組の使用する槍が竹柄の槍、徒組の使用する槍が竹槍という違いはあるものの（旗本・御家人という格の差によるものであろう）、担当の場所に

おける運用に差は見られない。

以上の分析により、立切勢子は享保十年の小金原鹿狩における御立場右手の網の役割を担ったといえる。獲物が近づいた際には槍を使うが、横列を崩してまで鹿を追うわけではない。横列を保ったまま「立ち切る」わけである。

なお、絵図には徒組と小十人組との間に「御鷹匠」との記述がある（図2では省略）。『柳営日次記』同日の条には小金原鹿狩に赴いた鷹匠頭として小栗長右衛門正等の名前がある。その配下の同心の働きについては「御鷹匠同心、右新御番と同断、但同心ハ御網の外両脇ニ卅人、其外御手明之者御立場辺ニ罷在候、御鷹匠ハ竹柄の鑓、同心ハ竹杖持候」とあり、役目としては立切勢子であるものの、新番・小十人組・徒組による横列に加わったわけではなく、詳細は不明であるが竹杖を持って御立場左手に張られた網の外の両脇や御立場付近に配置された模様である。同じく吹上御庭を管理する吹上奉行配下の吹上御庭方も鷹匠方の同心同様、御立場左手の網の外の両脇や御立場付近に配置されている。

また、享保十年の小金原鹿狩では新番士は追懸騎馬を勤めているが、十一年の小金原鹿狩では騎馬勢子を勤めていない。そもそも十年の小金原鹿狩において新番はもともと吉宗の御供をするという役目であったところ、急遽追懸騎馬として編成されたのである。十年の鹿狩が十一年の鹿狩の「御試」という位置づけであることを鑑みれば、新番士を騎馬勢子として使うという構想は吉宗のなかにはなかったものと思われる。新番とて騎馬部隊のはずであるが、三番方と比して番組として小規模であったことが騎馬勢子から外された原因であろうか。

小十人組については立切勢子を勤める他、十年の小金原鹿狩同様、弓御用が命じられ、十七名の小十人組番士がその役に当たり、吉宗の狩場巡見の供行列に加わっている[26]。『柳営日次記』当日の条に「右初の間ハ並之立場ニ鹿鑓を持罷在、弓被　仰付候節、頭一人差添弓相勤候事」とある通り、これら十七名は吉宗からの指示があるまでは他の小十人組番士と同じく立切勢子を勤めたが、実際に吉宗から弓御用を命じられたかどうかは不明である。

（3）御向勢子（百人組・持組・先手組）

御立場から南に三二〇間（五七六メートル）を隔てた向こうには百人組二組・持組二組（持筒組一組・持弓組一組）・先手組十二組（先手鉄炮組八組・先手弓組四組）が配置されている（図2-17）。これらの組は御家人層で編成され、江戸城内の警衛や将軍の警固などを主な任務としている。戦時においては足軽鉄炮部隊・足軽弓部隊としての役割を担い、特に先手組は先陣を勤めることから、組を率いる先手頭には武勇の旗本が任じられている。寛政七年の小金原鹿狩では、百人組・持組・先手組が勤めた勢子を「御向勢子」と称している。将軍座所である御立場に向かって正面にあるところからそう呼ばれているのであろう。本書もこの呼称を使うこととする。

御向勢子の役目はどの様なものであったか。『柳営日次記』三月二十四日の条にある大久保常春からの指示には「一、百人組・御持・御先手持前へ寄候打勢子声 相図白吹貫鉄炮つるべ 右者何扁も右同断」とあり、『御遊猟細記』（二）には「百人組・御持・御先手持所へ寄り候者、相図白吹貫、答鉄炮つるへ打・勢子声、右ハ何れも何篇も同断」とあるが、いずれも意味が取りづらい。そこで、『大狩盛典』所収の先手組の記録を元に当日の御向勢子の働きを明らかにしよう。

同書によれば、鹿狩の始まる前、御向勢子はあらかじめ定められた「一之印」の地点で立ち並び、「惣始」の合図を待っている。「惣始」の合図が聞こえると、百人組二組、持筒組松田善右衛門組・持弓組小野次郎右衛門組、先手鉄砲組山川安左衛門組・先手弓組逸見源兵衛組・先手鉄砲組佐々木五郎右衛門組の順に発炮する（『柳営日次記』に「一組より五人宛玉不込鉄炮打候事」とある通り、五発ずつの空炮である）。発炮した後、勢子の面々は声を上げ、「弐番杭」に詰め寄せる。その後、御立場より吹貫（白吹貫）の合図があれば、再び百人組から順に空炮を鳴らし、声を上げて「三之杭」まで詰寄せて立ち並ぶ。鹿が来た場合には与力・同心が竹杖を使って御立場の方に鹿を追い返す[27]。

御向勢子の動きは右の通りであるが、『御遊猟細記』にある「右ハ何れも何篇も同断」（『柳営日次記』では「右者何扁も右同断」）との文言を鑑みれば、前進のみではなく後退、再前進を含んだ指示であったと考えられる。

なお、戦時に鉄炮部隊・弓部隊として行動する百人組・持組・先手組であるにも関わらず鉄炮が使用されるのは動く際の合図のみであり（しかも空炮である）、鹿を追うに際しては竹杖を使用するという点は少し腑に落ちないところであるが、御向勢子の周りを追懸騎馬が走っているということを鑑みれば無用の事故を避けるためであると考えられる。

（4）追懸騎馬、駈騎馬（書院番・小性組・大番）

立切勢子や御向勢子が享保十一年の小金原鹿狩において初めて設置されたのに対し、享保十年の小金原鹿狩から引き続き設置されているのが追懸騎馬（図2-18）・駈騎馬（図2-11～16）で、その運用方法にも変化はない様である。

たびたび取りあげている三月二十四日の大久保常春からの指示を見ると、他の勢子については諸々の言及があるものの、追懸騎馬・駈騎馬については編成上の文言のみであり、その運用方法に関する文言はない。また、『御遊猟細記』にもその様な記述は見当たらない。よって、追懸騎馬・駈騎馬ともに、享保十年の小金原鹿狩と同様の働きを求められたものと考えられる。

また、第一項で取りあげた口附についてであるが、享保十年の小金原鹿狩同様、騎馬勢子の口附を勤めたのは現地の百姓であり、騎馬勢子の面々が召し抱えている家人ではない（「騎馬勢子之面々口附、前日小宮山杢之進方ゟ相渡候筈候間、一組切ニ口附請取、罷連御仁之名御書出可被成候」[28]）。

騎馬勢子その他、小金原鹿狩に勢子として赴いた旗本の面々が引き連れた家臣は、大久保常春からの指示に、

一、御鹿狩当候勢子之番頭・組中共ニ、供廻同勢者面々請取之小屋場ニ始終差置、小屋場ゟ外へ不罷出候様ニ御組之末々迄急度可被仰渡候、尤小屋場前後ニ御徒目付・御小人目付等附置、制させ可申候、左様御心得被成候

とある通り[29]、すべて狩場の外に設けられた「小屋場」に留め置かれ、鹿狩からは排除されている。すでに述べた通り、狩猟（勢子）から旗本家の家臣が排除されるという事例は享保十年の小金原鹿狩以前から見られるものであるが、後述する三番方歩行勢子を含め、さまざまな勢子が配置された軍事色の強い享保十一年の小金原鹿狩からもこうした傾向が見出せるということは特筆すべきであろう。

騎馬勢子について、享保十年の小金原鹿狩と異なっている点としては、第一に追懸騎馬・駈騎馬を構成する人員、第二に羽織、第三に新たに設置された三番方歩行勢子との関係、以上の三点があげられる。三番方歩行勢子については後述するとして、まず追懸騎馬・駈騎馬の構成人員を検討してみよう。

人員構成　享保十年の小金原鹿狩において追懸騎馬・駈騎馬を勤めた顔ぶれがどの様なものであったかは、前掲表36・37の通りである。享保十年の小金原鹿狩にあっては両番士に対して追懸騎馬の志願者が募られ、二度の選抜を経て、十七名が追懸騎馬として鹿狩に参加し、選抜から洩れた一七二名は駈騎馬として鹿狩に参加した。

これに対して、享保十一年の小金原鹿狩にあって追懸騎馬を勤めたのは、書院番士が十名、小性組番士が十五名、西丸書院番士が二十名、大番士が三十名、これに「騎馬世話役」（追懸騎馬の指揮をする追懸騎馬頭取と同義であろう）の使番五名が加わっている（『御遊猟細記』二）。ほぼすべてが三番方の番士で占められているということになる。追懸騎馬を勤める三番方番士の合計は七十五名。享保十年の小金原鹿狩における追懸騎馬の総数を上回っている。

享保十一年の小金原鹿狩に配置された追懸騎馬が何手に分けられたのか、書院番・小性組・二丸書院番・大番士がそれぞれどの様に割り振られたのかを明らかにする史料は見当たらないものの、「騎馬世話役」の使番一名につき追懸騎馬を一手率いるとすれば、番士十五名程度で構成されている五手の追懸騎馬があったということになる。図2においては絵図の記載に従って追懸騎馬は二手しか載せていないが、規模で劣る享保十年の小金原鹿狩における追懸騎馬が四手であったことを鑑みれば、享保十一年の小金原鹿狩において追懸騎馬が二手であるとは考えにくい。同年の追懸騎馬は五手に分かれていたと考えるのが妥当ではないか。

一方、駈騎馬の方は、組数に変化はないものの（書院番駈騎馬三手、小性組駈騎馬三手）、駈騎馬を勤める書院番士が八十八名から六十八名に、同じく小性組番士が八十四名から六十一名に減少している。しかしそれは、鹿狩における駈騎馬の重要度が低下したというわけではないと考える。

前年の小金原鹿狩では、駈騎馬は追懸騎馬の選抜から洩れた番士を割り振ったことにより、駈騎馬一手のなかに書院番各組、小性組各組の番士が混在していたという事実を確認しておく。たとえば、前年の小金原鹿狩において、小性組駈騎馬一之手を率いたのは小性組番頭阿部出雲守正興であり、組頭も同人の組の者であるが、一之手に配属された小性組番士二十八名のうち、阿部出雲守組の番士は五名に過ぎない。他の二十三名は小性組番士であるとはいえ、他の番頭の組に属する番士であったのである。これに対して、十一年の鹿狩にあっては、書院番駈騎馬一之手（図2-14）が酒井日向守組、小性組駈騎馬一之手（図2-11）が大久保彦兵衛組という次第で、組そのものを駈騎馬の一手とすることになった。違う組の番士を組み合わせて一手を作るよりも息の合った行動が可能になったのではないか。

羽織の効果　さらに、組そのものを駈騎馬の一手とすることは、番士の着する羽織が揃うということを意味している。勢子が羽織を着する様になったのは同年の小金原鹿狩に始まったことではなく、前章第二節で取りあげた享保八年十月三日の鷹狩ですでに見られる。むろん、享保十年の小金原鹿狩においても同様である（「御狩日記」（五）には同年の小金原鹿狩において勢子の面々が着した羽織が記録されている）。

勢子の着する羽織は伊達羽織、装飾を施した羽織である。総じて、各組の番士は同じ意匠の羽織を着し、目付や使番、あるいは番頭・組頭などはそれぞれで異なる意匠の羽織を着している。羽織の着用に如何なる意味があるのか。この点について明示した史料は見当たらないが、「ハレ」の舞台を演出するという目的の他、勢子について視覚的な把握をするという目的によるものと推測される。しかしながら、享保八年十月三日の鷹狩にせよ、享保十年の小金原鹿狩にせよ、騎馬勢子はいずれも混成部隊であり、一手に属する勢子はそれぞれ異なる意匠の羽織を着していたということになる。これでは得られる視覚的効果は少ないであろう。

これに対し、享保十一年の小金原鹿狩にあっては、追懸騎馬を除いた他の勢子は通常の組を基準として編成されている。すなわち、同じ意匠の羽織を着した勢子の集団が随所に形成されるということである。図3は同年の小金原鹿狩において左右の駈騎馬一之手を勤めた書院番酒井日向守組・小性組大久保彦兵衛組の羽織である。番頭・組頭はそれぞれの意匠が施された羽織であるが、その麾下の番士は一様の羽織を着している。この結果、勢子の視覚的な把握はもちろんのこと、組内の団結心、あるいは他組に優ろうとする競争心が生まれたのではないか。また、組を率いる番頭にとっては、自組がいかなる働きをしているか、羽織によって一層際だつこととなり、懸命にならざるを得ない状況に置かれたと考えられる。

ただし、この様な観点でいくと、追懸騎馬の場合も本来であれば一組で一手を作るのが理想であったということになるが、馬上槍など、駈騎馬よりも高度な技術が求められる追懸騎馬の性質上、所属番士の大半がその水準を充たしている組がなかったものと思われる。確認した限りでは、享保十一年の小金原鹿狩において駈騎馬の番士が馬上槍を実現していたと判断出来る史料は見当たらなかった。馬上槍の出来る番士の不足という享保十年の

◎書院番酒井日向守組（駈騎馬一之手・左）

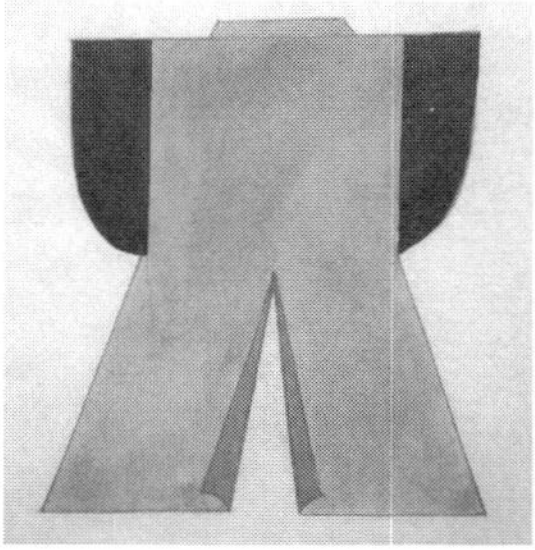

番頭・酒井日向守忠佳

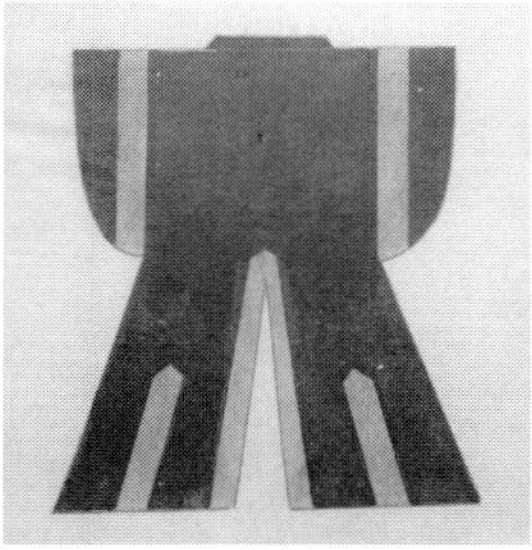

組頭・三宅惣九郎長房

番士23名

◎小性組大久保彦兵衛組（駈騎馬一之手・右）

番頭・大久保彦兵衛忠宜

組頭・小幡孫市直昌

番士18名

図３　駈騎馬の伊達羽織

註１：『大狩盛典』(五十七)所収。
　２：番士の人数は『御遊猟細記』(二)による。『柳営日次記』享保11年３月27日の条では酒井日向守組番士は22名、大久保彦兵衛組番士は19名とある。
　３：本書カバーも参照のこと。

小金原鹿狩で見えた課題は未だ解決していない可能性がある。

この様な問題はあるものの、享保十年の小金原鹿狩にあっては雑然としていた追懸騎馬・駈騎馬の構成が、すっきりとした形、すなわち三番方（書院番・小性組・大番）の番士を中心とした構成になったということは明らかである。幕府の軍事機構のなかで最も格が高く、主力部隊として位置づけられる書院番・小性組・大番が騎馬勢子の主流となったということは、軍事演習の面から大きな意味があったと考える。

（5）三番方歩行勢子（書院番・小性組・大番）

享保十一年の小金原鹿狩では、三番方の番士は騎馬勢子だけを勤めたわけではなく、歩行勢子も勤めている。三番方の番士による歩行立ちの勢子については、史料上、特定の名称は見当たらない。他の歩行勢子との混同を防ぐため、本書では三番方歩行勢子と呼ぶことにする。

当日の運用　三番方歩行勢子は、立切勢子や御向勢子と比べ、より活動的な役割を担った歩行勢子であるといえる。以下、やや煩雑になるが、『柳営日次記』と『御遊猟細記』から三番方歩行勢子の働きを再現してみよう。

歩行勢子を率いる三番方の番頭は御立場西の印西木戸で吉宗に拝謁を済ませた後、御立場左手、三二〇間（五七六メートル）のところに設けられた屯所に向かう（図2-5～7）。この時、番士はすでに組頭に引き連れられて屯所に到着しており、歩行立ちで鹿狩の開始を待っている。勢子の番士はいずれも竹柄の槍を携えている。御立場から法螺貝が鳴り、白麾が円形に振られた時が三番方歩行勢子の始まりである。

御立場から白麾が振られるのを見た大番頭森川下総守俊央は太鼓を三拍子で鳴らした。太鼓に従って三番方歩行勢子一之手である大番諸組は屯所から出て、屯所の前に張られている網に向かい、網から番頭まで三十間（五十四メートル）の距離で一列に並ぶ（図2-19）。大番が一列に並ぶと、網が開かれ、鹿が網の外に追い出される。再度網が閉じられるのを合図に下総守の太鼓の音は四拍子になり、調子が早くなる。この音を聞いた大番歩行勢子は網際に詰め寄せて鹿を突き留める。この際、組ごとに列を乱さぬ様に鹿を突き留めることになっている。追い出された鹿を粗方突き留めたのを見計らい、組ごとに番頭・組頭の指図があり、元の場所に戻る（網の前で一列になった場所であろう）。御立場からの合図で歩行勢子二之手である書院番と交替し、大番は屯所に引き返す（さらなる合図で歩行勢子三之手である小性組と交替し、書院番は屯所に引き返す）。この様に、大番・書院番・小性組の順で御立場からの合図に従って何度もこれを繰り返す。[30] 享保十年の鹿狩と比して網の張り方が複雑になっているのは（図2-3、4）、この様な行程があるためであろう。

事前の調練　三番方歩行勢子の働きはおよそ右の通りである。一之手から二之手、三之手と交替しつつ、大番・書院番・小性組それぞれの組が呼吸を合わせて一列に展開し、その横列を保ちながら鹿を突き留める。歩行勢子とはいえ相当に高度な勢子運用といえるが、鷹狩や追鳥狩を含め、勢子の経験豊富な両番であればともかく、大番にこの様な動きは可能であったのか。『御遊猟細記』（三）によると、鹿狩から数日を経た四月一日、吉宗は大番頭に対して「此度小金御鹿狩勢子被　仰付、常々御鷹野御供不相勤候所ニ、思召之外勢子之勤方宜被　思召、向後出精可相勤之旨」と褒詞を下している。大番の歩行勢子ぶりが誉められていることから、大番は無事に歩行勢子を勤めたということになる。史料上は確認出来ないが、恐らくは書院番や小性組の歩行勢子も及第点であったと思われる。

鹿狩当日の三番方歩行勢子の成功の裏には、事前の勢子調練があった。『大狩盛典』（十三）によると、三番方は鹿狩の二日前にあたる三月二十五日に江戸城田安門内の空き地で勢子の稽古を実施している。三月二十四日に大久保常春から勢子の諸々について指示が出たということを鑑みれば、その指示内容を踏まえて稽古したということであろう。

この様な勢子調練の実施が分かる事例は少ないものの、前述の通り、『御徒方万年記』には徒組の調練の記事が散見し、享保九年九月二十四日には田安門内空き地にて騎馬勢子の調練も実施されている。三番方歩行勢子の調練も三月二十五日以外にも実施されたのであろう。

三番方番士の編成　ところで、騎馬勢子（追懸騎馬・駈騎馬）と三番方歩行勢子はともに三番方番士で編成されているわけであるが、それは勢子の編成上、あるいは運用上、どの様な関係にあったのか。まず、追懸騎馬の選出であるが、三月二十四日の大久保常春の指示には、

一、大御番、一組五人宛二十人、駈騎馬可相勤候、右一番之追留迄之駈騎馬相勤、其後頭之手ニ附可申候、人数之義ハ頭々ニ而吟味有之、可致書出候

一、両御番・西丸書院番、一組五人宛罷出、右駈騎馬相勤候間、被得其意可被談候、且又右騎馬之世話、五人之御使番致候間可被得其意候

とある。文中の「駈騎馬」とは追懸騎馬を指している。右によれば大番・両番・西丸書院番から一組につき五名ずつを追懸騎馬とするということであるが、『御遊猟細記』（二）に記された追懸騎馬の名簿から判断するに、すべての組から五名の番士を追懸騎馬にするということではなく、当日の鹿狩において歩行勢子として参加することになっている組から五名の番士を出すということである（追懸騎馬の選別は組内で実施されたものと推察される）。また、同書の名簿を見るに、駈騎馬を勤めた小性組三組・書院番三組からは追懸騎馬を勤めた番士はいない。

右の文中に「一番之追留迄之駈騎馬相勤、其後頭之手ニ附可申候」とあるのはどういうことであろうか。この点については『御遊猟細記』（二）に「駈騎馬幷騎馬勢子之面々、相勤仕廻候以後、屯所へ一所ニ成、組一同ニ列シ歩行立之勢子勤之」とある通り、追懸騎馬を勤めた番士、および駈騎馬（引用文中では「騎馬勢子」）を勤めた都合六組は、騎馬による追い込みが終わった後、屯所に戻り、歩行勢子に加わるということを意味している。

ここにいささかの疑問がある。追懸騎馬を出した組の場合、追懸騎馬に割かれる人数は五名に過ぎない。また、

追懸騎馬の指揮をとったのは番頭ではなく、恐らくは「騎馬世話役」の使番である。すなわち、追懸騎馬による追い込みが実施されている最中でも、歩行勢子を勤める上で支障は生じない。しかしながら、番頭みずからが指揮を取る駈騎馬の場合、駈騎馬による追い込みが行われている間、駈騎馬を勤めた都合六手（六組）のなかで、駈騎馬に加わっていない番士は何をしていたのか。歩行勢子に加わらず、自分の組が駈騎馬を勤め終わるのを屯所で待っていたのか、歩行勢子の指揮をとり、駈騎馬の指揮をとっていない他組の番頭の指揮を仰いだのか。あるいは番頭・組頭の間で役割（駈騎馬の指揮と歩行勢子の指揮）を分担したのか。仮に自組の駈騎馬の面々が屯所に戻るまで歩行勢子に加わらなかったとすれば、駈騎馬を勤めていない大番はともかく、小性組は三組で、書院番は二組で歩行勢子を勤めることとなる。鹿を網に追い詰めるに際して、人員が不足するのではないか。この様な疑問を解決するに足る史料は見当たらない。

多少の疑問は残るものの、ここでは多くの三番方番士が騎馬勢子・歩行勢子を勤めたことに注目したい。他の勢子が果たした役割との比較において、小金原鹿狩の勢子の主役となったのは三番方の番士であり、それは畢竟、三番方を軍事的に強化するということが小金原鹿狩の大きな目的であったということを示しているのである。

「惣始」の合図と同じく、五十目筒の空炮が二発、さらに空炮五発が御立場で発せられ、十一年の鹿狩も終わりを告げた。『有徳院殿御実紀』同日の条によると獲物は猪が十二頭、狼が一頭、鹿が四七〇頭とある。享保十年の鹿狩の方が獲物の数が多いが、それは享保十年の小金原鹿狩によって獲物の数自体が減っていたということであろう。歩行勢子・騎馬勢子の併用、御立場からの合図を駆使した複雑な勢子運用、こうした諸々はそれまでの鷹狩や追鳥狩において試行錯誤されてきたものであり、享保十一年の小金原鹿狩は、吉宗による狩猟の集大成と位置づけられるのである。

第二節　受け継がれる小金原鹿狩

〈第一項〉吉宗の狩猟、その後

第四章から前節までで、享保十一年の小金原鹿狩という壮大な規模の狩猟が実現するまでの経緯を明らかにした。小金原鹿狩にいたるまでには勢子運用という点において幾多の試行錯誤があったということはこれまでに明らかにした通りであり、そうした意味で、享保十一年の小金原鹿狩は吉宗の狩猟の集大成と位置づけるに足る成果であった。

しかし、吉宗の狩猟はこの後も発展していく。特に騎馬勢子の運用についてはこの後も繰り返し指示が出ているのである。たとえば享保十一年十月七日、騎馬勢子を勤める番士への申渡にあっては、地面に降り立った鶉を騎馬勢子で囲むための指示が出ている(31)。

一、鶉落有之、鼻乗組頭衆被乗出候ハヽ、名之順之通、段々一所ニ乗次、間切レ不申候様可被心得候事、両輪ニ成候て、輪切レ不申様被相心得、遅キ馬ハ追候而輪並揃候節、拍子木打可申候間、早速馬留候而、馬之鼻輪之内江向ケ可被申候、留候節も馬出入無之様可被心得候

前章第二節で取りあげた享保七年三月十八日の追鳥狩にあっては雉子の逃げた方に速やかに移動し吉宗の方に追い立てるという程度であった指示が、右の指示では鶉を包囲するという次元に達しているのである。また、猪狩について享保十五年二月二十二日に申し渡された指示では、両番士による騎馬勢子・歩行勢子に関して細かな指示が見受けられる。注目すべきは馬上槍に関する指示である(32)。

一、御網之内江猪出、網江懸可申候様子ニ候ハヽ、鼻乗組頭より一行ニ乗出、御書院方ハ乗合、御網懸もれ候猪を引包突留可申候

但右之節入乱突留候義者無用ニいたし、銘々騎馬之手近江寄候所を突留可被申候、此節総騎馬混雑無用様可被申合候

網の内に猪が出て、網に懸かりそうな様子であれば、小性組の騎馬勢子は組頭を先頭に一列になって馬を駆り、書院番の騎馬勢子は小性組の騎馬勢子の動きに合わせて、網から逃れそうな猪を包み込んで突き留めよとの指示である。ここでは馬上槍が当然の命令として出されている。享保十年・十一年の小金原鹿狩から数年後、馬上槍を習熟した番士が増加したことを想起させる条文である。この他、騎馬勢子の隊列が乱れないようにとも指示されている。騎馬勢子の部隊同士の連携と、部隊として統一された動作が求められているわけである。

享保十年・十一年の小金原鹿狩は巷間よく知られるところではあるが、吉宗の狩猟はその後も改良が加えられていったのであり、それは組織的な軍事行動をこなす番士が増えたということである。ことに大型獣である鹿や猪を槍で仕留めるという鹿狩は番士の逞しさを涵養することにも繋がったであろう。さらに、番士を統率する番頭や組頭が勢子の指揮にあたったという点は、そうした役職に就いている者に指揮能力をつけさせるということにも繋がったのである。

〈第二項〉寛政の小金原鹿狩

吉宗の狩猟に対する取り組みは後世に受け継がれたのであろうか。本章でそれを論じ切ることは出来ないが、寛政七年（一七九五）三月五日に実施された小金原鹿狩を取りあげて、その解答のひとつとしたい。

寛政七年三月五日に実施された小金原鹿狩は、享保十一年以来の小金原鹿狩であるが、本来であればすでに実施されていたはずであった。すなわち、松平定信が老中であった頃の寛政三年七月二十四日にその実施が企画されているのである[33]。高見澤美紀氏は小金原鹿狩を計画した定信の意図について、「享保期への復古・文武奨励・

農政への配慮」、さらには「幕臣団の再掌握」をねらったものとしている。[34] 定信の武芸奨励全般に関しての評価であれば首肯出来るところではあるが、それのみでは後述する様な勢子運用の変化——より効率的な運用方法が求められたということ——についての説明にはなり得まい。高見澤氏のあげるものの他に、軍事調練としての小金原鹿狩に注目したということも理由としてあったと思われる。

寛政元年（一七八九）、アイヌ人が蜂起するという事件が起こった（クナシリ・メナシの戦い）。この事件自体は松前藩によって鎮圧されたが、幕府は事件を重大視した。蜂起の背景に南下の気配を見せていたロシアがいるのではないかと恐れたのである。それは北方の守りをどうするかという問題にも及ぶものであり、同年定信は幕臣最上徳内を蝦夷地に派遣してその防備の検討を開始している。また江戸湾の防備も定信をはじめとする幕閣の検討課題であって、寛政五年（一七九三）三月から四月にかけて、定信はみずから相模・伊豆湾岸の巡視に出ている。[35] 寛政の小金原鹿狩とはこの様な状況下で企画されたものであり、そこに軍事調練としての位置づけを小金原鹿狩に見出すのは容易であろう。

小金原鹿狩は寛政五年七月、定信が将軍補佐・勝手掛老中から罷免されたことで頓挫するものの、老中松平信明、若年寄立花種周によって再び計画された。寛政六年五月二十九日の両名の仰渡によれば「諸事享保十一年の通相心得可申」とあり、[36] 享保十一年の小金原鹿狩を範としたものであるということになる。ただし、勢子の規模やその運用を検討した場合、享保十一年の小金原鹿狩とは異なる点がある。相異点の第一は小金原鹿狩に動員された百姓勢子の規模である。享保十年・十一年の小金原鹿狩における百姓勢子はおよそ一万名。これに対し、寛政七年の小金原鹿狩にあっては七万名以上の動員がなされているのである。[37]

この様な百姓勢子の大幅な増加に比べれば、幕臣による勢子には目立った増加は見られないものの、その運用方法、特に駈騎馬・三番方歩行勢子については吉宗期の小金原鹿狩と比べて明らかに高度な運用が実現しており、鹿狩の有する軍事調練としての性格をさらに強めたものとなっている。以下、寛政七年の小金原鹿狩における勢子運用について、際だった変化の見られた三点、すなわち勢子の配置、駈騎馬の運用、三番方歩行勢子の運用について検討していく。

（1）勢子の配置の変化

図4は同年の小金原鹿狩を描いた絵図『寛政小金御狩場縄張間数絵図』（『大狩盛典』所収）より作成したものである。一見してまずその違いが分かるのは、網、立切勢子、三番方歩行勢子の配置場所が享保十一年の小金原鹿狩（図2）と反対になっている点であろう。

御立場（図4-1）から右に伸びた網（図4-2）は三七〇間（六六六メートル）、享保十一年の小金原鹿狩の網は四五〇間（八一〇メートル）であったから、一〇〇メートル以上短くなっている。また、御立場左手には一六九間（三〇四メートル）の竹矢来《たけやらい》が設けられている（図4-3）。網の張り方が変化したことで、立切勢子や三番方歩行勢子の配置も享保十一年とは反対になっている。この変更にどの様な意味があるのかは不明であるが、享保十一年の配置では何らかの不都合があったのであろう。

一方、駈騎馬の配置はそのままである（図4-4、5）。また、底本とした絵図に描かれていなかったため、図4もそれに従っているが、当然のことながら追懸騎馬は存在する。同年の鹿狩に関する他の絵図から鑑みるに、御立場とは反対側、すなわち御向勢子（図4-14）の前後左右で馬を駆り、獲物を追い詰めていったと思われる。

御立場前には享保の小金原鹿狩同様に、騎射場を示す松が四本植えられている。当日の騎射勤を命じられているのは書院番士四名、小性組番士三名、新番士一名、大番士一名、小姓一名、小納戸一名である（『大狩盛典』九十四）。これら十一名の騎射衆は鹿狩の最中に騎射場においてその腕前を披露することとなる。なお、図4に示した幕臣の勢子の周りには百姓勢子の包囲網が敷かれている。

鹿狩の開始は御立場より五十目筒の空炮を一発ずつ二度撃ち、次いで五発の釣瓶撃である。この点は享保の小金原鹿狩と同様であるが、寛政期にあってはこれに加えて五十目筒の空炮を二発、これは百姓勢子に対する合図である。この合図は鹿狩中、三度あったという[38]。合図に従って百姓勢子は包囲網を狭めていったものと考えられる。厖大な百姓勢子を円滑に運用するには、こうした段階を踏んだ指示を出す必要があったのであろう。

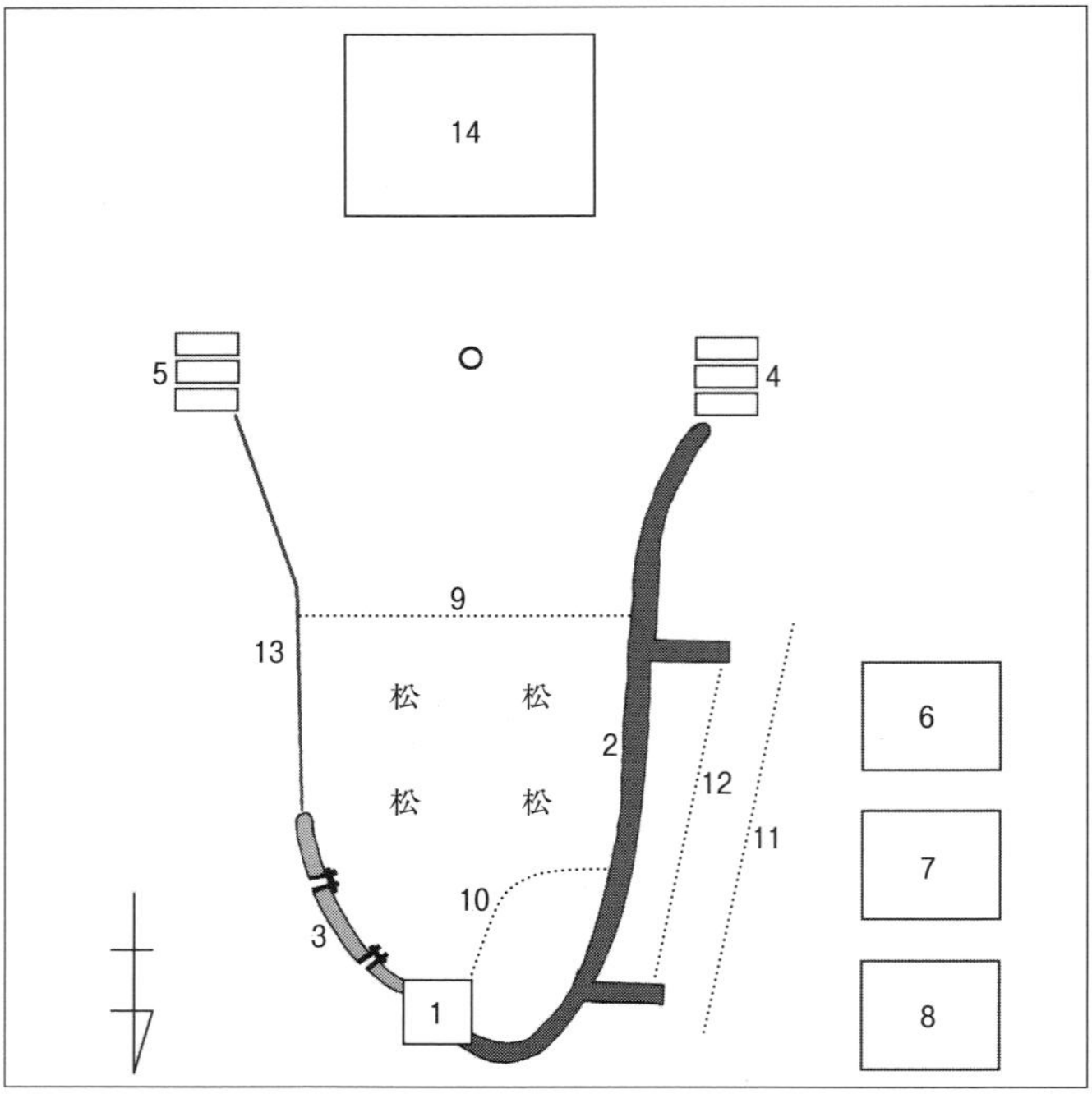

図4　寛政7年の小金原鹿狩

〔凡例〕
1…御立場　　2…網(「御網惣間数三百七拾三間」)
3…竹矢来(「竹矢来惣長壱百六拾九間」)
4…小性組駈騎馬、御立場に近い方から、三之手、二之手、一之手
5…書院番駈騎馬、御立場に近い方から、一之手、二之手、三之手
6…三番方歩行勢子一之手、大番屯所、計6組
7…三番方歩行勢子二之手、書院番屯所、計6組
8…三番方歩行勢子三之手、小性組屯所、計6組
9…駈騎馬が横列に展開　　10…駈騎馬が二重の横列に
11…中寄。三番方歩行勢子が屯所から出て一列に並ぶ。また、次の手が控える
12…三番方歩行勢子が出番の際に立ち並ぶ。この場所を基準に進退
13…立切勢子、御立場に近い方から、新番3組、小十人組6組、御厩方、徒組5組
14…御向勢子、百人組2組、持組3組、先手組20組
註：『寛政小金御狩場縄張間数絵図』(『大狩盛典』図之十一)より作成した。

（2）左右に広がる駈騎馬

寛政の小金原鹿狩においては、小性組三組（図4-4）、書院番三組（図4-5）がそれぞれ左右の駈騎馬を担当している。各組からは二十名程度の番士が駈騎馬として鹿狩に参加しているのでおよそ一六〇名の番士が駈騎馬を勤めていることになる。規模としては享保の小金原鹿狩と大差ないが（享保の小金原鹿狩における駈騎馬の方が若干名多い）、その運用面には大きな違いがある。寛政七年正月に小納戸頭取より駈騎馬の面々に出された指示によれば、左右六手の連携した勢子運用が見て取れるのである。

鹿が出る様子を判断し、御立場から白布が一文字に振られるのが駈騎馬開始の合図である。この合図を受けた駈騎馬は左右一之手から一行に乗り出して、目印の麾（図4中央の◯）まで進む。三之手の拍子木に従って御立場の方に前進し、騎射場の松から二十間（三十六メートル）のところで横列に展開する（図4-9）。網の内にいる鹿の様子から判断を下して、番頭の合図（麾）で小性組駈騎馬・書院番駈騎馬は左右に分かれて元の立場に戻る。御立場で白布が一文字に振られるたびにこれを繰り返す。元の場所に引き上げる途中であっても鹿が網に入ってきた際には再び図4-9で横列を形成する。この間、御立場前では騎射が行われているのであるが、御立場で白布が右回りに振られると、それは騎射の終了の合図である。

この後は御立場からの合図はないので、（番頭が）鹿が網の内に入るのを見計らい、駈騎馬の六手は再び目印の麾（◯）に集合し、拍子木に従って前進し（再び横列を形成しているものと思われる）、網の狭くなったところまで鹿を追い、馬を停止させずに六十名ずつ二重の横列を作り、御立場脇の網まで鹿を追い詰める（図4-10）。つづいて前列の六十名から三十名ずつ入れ替わりに鹿を突き留めていく。包囲した鹿をすべて突き留めた後は、書院番駈騎馬・小性組駈騎馬、それぞれ左右三行の縦列、互いに確認し合いながら揃って元の場所に戻る。鹿が再度網に入っていた際には再びこれを繰り返す。元の場所に戻る途中で鹿が入ってきた場合はそこから引返し包囲する。[39]

以上が寛政期における駈騎馬の運用である。横列に展開し、さらには二重の横列に変化して鹿を追い詰めるという運用は、駈騎馬六手に配属されている番士の高度な技術を前提とするものであり、日頃からの訓練も必須であろう。享保十年の小金原鹿狩では、鹿が多数網に入ったのを見た吉宗が左右の駈騎馬すべてに対して突撃を命じたところ、入り乱れるという結果になってしまった。寛政の小金原鹿狩における駈騎馬の水準は相当に高いということになる。

（3）三番方歩行勢子の進退

三番方歩行勢子については、一之手が大番（図4-6）、二之手が書院番（図4-7）、三之手が小性組（図4-8）という享保の小金原鹿狩の枠組みを踏襲し、基本的な動作も享保十一年の小金原鹿狩と同様であるが、変化したところもある。享保十一年の小金原鹿狩では、三番方歩行勢子の始動の合図が法螺貝と白麾であるのに対し、寛政の小金原鹿狩にあっては法螺貝のみの合図である。この様な差異は些細なものであるが、以下、寛政七年正月に小納戸頭取から三番方に出された指示を元に、三番方歩行勢子の働きを時系列で追い、享保の小金原鹿狩との違いを明らかにしてみよう。[40]

歩行勢子開始の合図である御立場からの法螺貝に従って、大番頭は三ツ拍子の太鼓を打ち、屯所から配下の番士が出払うまで打ち続ける。屯所から出た大番歩行勢子は中寄、絵図によれば網からの距離五十五間（九十九メートル）のところで一文字に並ぶ（図4-11）。御立場で白麾が振られるのに従って、網から十五間（二十七メートル）のところにまで詰め寄せる（図4-12）。この場所には目印として「芝切」が置かれている。網が開かれ、鹿が網の内から追い出されるのは大番（あるいは書院番・小性組）が図4-12に立ち並んだ時であろう。

番士は基本的に図4-12を基準として動くことになる。各組の番士はあらかじめ五人ずつの組に分けられており、この五人が立ち並んだところから網までが五人の持ち場となっている。網の内から鹿が追い出されると、五人は図4-12から進み出て鹿を突き留めるが、それは持ち場の内に限られ、他の五人の持ち場に鹿が逃げた際には鹿が逃げた先を持ち場とする五人が鹿を突き留める。最初の五人は元の場所（図4-12）に戻り、再度鹿がやってくるのに備える。他の五人の持ち場を荒らしてまで鹿を突き留めてはいけない。ただし、状況によっては総掛かりが命じられることもある。

大番が図4-12にまで進んだのを見計らい、二之手である書院番がやはり三ツ拍子の太鼓で屯所より出て、中寄（図4-11）のところに立ち並ぶ。御立場からの白麾の合図に従って大番は屯所に引き取り、図4-12に立つのは二之手である書院番となる。書院番の図4-12への前進に従って三之手である小性組が中寄（図4-11）に立ち並ぶ。

一之手から二之手、三之手と順繰りに前に出るという基本的な運用は享保期の小金原鹿狩にも見られたところであるが、こと鹿を突き留める段においては、両者の間には大きな差があるといえる。一文字に立ち並び、網際まで押し寄せて鹿を突き留めるという享保の三番方歩行勢子に比して、寛政の三番方歩行勢子はより組織的な動きを指示されているということになる。

以上、寛政七年の小金原鹿狩における勢子運用について検討した。寛政の小金原鹿狩にあっては、勢子の編成など、枠組こそ享保の小金原鹿狩を踏襲しているといえようが、その勢子運用の水準としては明らかに享保の小金原鹿狩を上回るものである。同年の小金原鹿狩は、繰り返される異国船の来航など、内外の緊張の高まるなかで実施された嘉永二年（一八四九）の小金原鹿狩に、ほぼそのままの形で受け継がれている。すなわち小金原鹿狩は寛政七年に「完成した」といえようが、この様な成果をもたらしたものは何か。直接的には小金原鹿狩の実施前にたびたび繰り返された勢子調練によるものであろう。しかし、それだけであるのか。

第四章において、享保二年の鷹狩復興の際、廃絶前の勢子運用の方法を知る者を探すことすら困難であったことを述べた。吉宗はその様な状況から狩猟を繰り返し、試行錯誤を積み重ね、その結果として小金原鹿狩を実現させたのである。小金原鹿狩こそ実施されなかったものの、狩猟自体は家重（九代将軍、在職　一七四五〜一七六〇）、家治（十代将軍、在職　一七六〇〜一七八六）も実施していたということを鑑みるならば[41]、寛政の小金原鹿狩とは、吉宗以来の狩猟の経験が受け継がれた末に実現したものといえる。吉宗の狩猟への取り組みとその成果は、後世に受け継がれたのである。

小括

以上、小金原鹿狩について、勢子運用の面から分析を進めた。第二節で考察した通り、小金原鹿狩以降も吉宗は狩猟を繰り返し、勢子に対しても新たな指示が出ていることを鑑みれば、小金原鹿狩にみられる勢子運用が吉宗のなかで理想の姿であったとはいえないものの、軍務にある幕臣の大多数を動員し、各自に複雑かつ高度な役割を与え、伊達羽織による視覚的な演出をもともなった小金原鹿狩は、享保二年以来の狩猟への取り組みの成果を、吉宗が世に示したものとして位置づけられる。

勢子運用についての試行錯誤は、第四章・本章においてたびたび強調するところであるが、もちろんそれは吉宗に対する称揚を目論んでのことではない。第二節で取りあげた通り、寛政（・嘉永）の小金原鹿狩における勢子運用は、享保の小金原鹿狩における勢子運用以上に組織化されたものであった。しかしそうした勢子運用は明らかに享保の小金原鹿狩における勢子運用を基礎としたものであり、水準こそ享保の小金原鹿狩の勢子運用を上回っているものの、同種の勢子運用であるといってよい。そしてそれは一方で、享保の小金原鹿狩、突き詰めれば吉宗の狩猟に対する試行錯誤がなければ実現の難しい勢子運用でもあった。寛政期であれ嘉永期であれ、小金

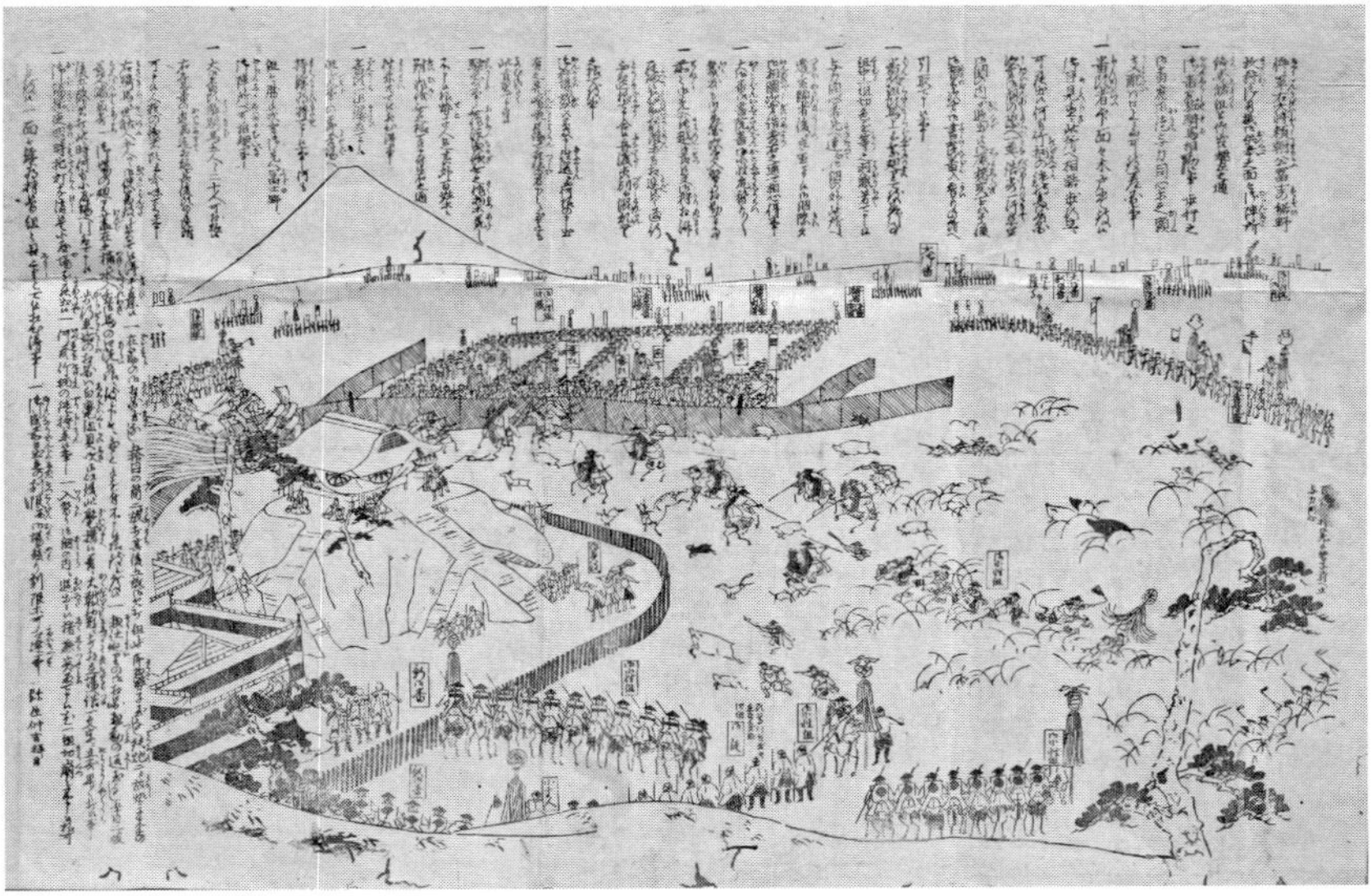

図5　『小金原御猪狩全図』（甲賀市水口図書館所蔵）

原鹿狩を実施するにあたって、仮に吉宗による成果がなかったとするならば、享保二年五月十一日の鷹狩の如き水準から取り組みを始めねばならなかったということになる。

軍事的色彩の強い鹿狩は、有効な軍事訓練を必要とする時代にこそ、その真価が発揮されるべきものでありながら、その実施には幾多の試行錯誤が求められる。吉宗が狩猟に関する試行錯誤を引き受け、その成果が軍事調練を必要とする後世の鹿狩の土台となったという点を鑑みるならば、吉宗の狩猟への取り組みは歴史的な意義を有しているのである。

なお、小金原鹿狩の他国諸大名への伝播について付言しておく。本章では論じたが、享保の小金原鹿狩が後世に受け継がれたことは論じたが、それはあくまで幕府内の話として論じたにすぎない。全国の諸藩は、幕府内で実施された小金原鹿狩をどの様に捉えたのか。この点について、ここでは一点、地方への伝播を考える一助となる史料を提示しておきたい。

図5は小金原鹿狩の様子を描いた木版画である

（『小金原御猪狩全図』、甲賀市水口図書館所蔵）。この木版画がどの小金原鹿狩を描いたものであるのか、それを明示する文言はない。しかしながら、御立場の左手に三番方歩行勢子が描かれているという点から寛政・嘉永の小金原鹿狩ではないということができ、周囲に記載されている文章に「騎馬世話人、五人ツ、御使番致候」とあることから、使番五人が「騎馬世話人」（追懸騎馬の指揮）を勤めた享保十一年の小金原鹿狩と判断できる。

国文学研究資料館の「日本古典籍総合目録データベース」で検索したところ[42]、小金原鹿狩についての史料は全国に残されている模様であるが、それは寛政・嘉永の小金原鹿狩の史料がほとんどである。この結果に則していうならば寛政・嘉永の小金原鹿狩は幕府外でも注目され、その結果多くの史料が作成され、それが現在の残存状況につながっているということになる。しかし、図5の様に広く衆人に周知させることが可能な木版画に享保十一年の小金原鹿狩が描かれたということは、当時の人々にとって小金原鹿狩が享保の段階から大きな関心を持って受け止められたと考えられるのである。

（1）松戸市誌編さん委員会編『松戸市史』（中）、松戸市役所、一九七八年。

（2）序論註(9)、高見澤美紀「享保改革期における将軍狩猟と旗本政策――享保一〇年小金原鹿狩の検討から――」。

（3）『御狩日記』全四巻、国立公文書館所蔵。

（4）同右、『御狩日記』（一）。

（5）同右。

諸役人幷ニ両御番之面々馬上ニ而鹿突留申度輩ハ可申上之由、頭取四人奉り、大久保佐渡守江若年寄達し、夫〻諸役人幷ニ両御番頭江被申渡候而、各書附差上られ候、其後馬達者ニ而追懸騎馬可相勤器量に当り候者撰出すへきのよし、頭取四人亦奉りにて、御鹿狩御当日出勤之両御番の番頭同しく組頭、御本丸幷ニ二之御丸両御番之内、騎馬鑓勤願之面々を率ひて騎馬鑓勤め願大勢有之候内を、馬達者に相見へ候計、両御番之番頭・組頭中撰出候而、田安広芝へ可被差出候田安御門広芝の内江可相集之旨申触候而、則彼地におゐて駆ニ篇宛幷ニ馬上之鑓之体、頭取四人検分を遂け、其甲乙を吟味之上、追懸騎馬の人数相定り候、二之御丸御番ハ元ゟ願の人数少なきゆへ検分迄は甲乙の吟味なく、追懸騎馬を出勤被申候、御本丸新御番組之内ゟも追懸騎馬出勤之衆ありと云共、新御番ハ初メ御前騎馬出勤之積りニ候故、此時之検分ニハ罷出不申候

（6）　高見澤氏は前掲註(2)論文で同年の小金原巻狩に騎馬勢子として参加した両番士の昇進について論及し、不参加であった番士よりも昇進の度合が強いとしているが、後段で述べる通り、享保十年の小金原巻狩は翌年の小金原巻狩のための「御試」であり、その様な位置づけである巻狩への参加が昇進に結びついたとは考えにくい。その様な側面を騎馬勢子参加に見いだそうとするのであれば、騎馬勢子参加者の石高や家柄も視野に入れた上で、それらに左右されない「騎馬勢子参加型昇進モデル」を提唱すべきではないか。また、仮にその様な昇進が実現されていたならば、武芸上覧への参加にもその様な傾向が見いだせるはずであるが、第三章で論じた通り、その様な傾向は見られないのである。

（7）　前掲註(3)、『御狩日記』(四)。※図は次頁に別掲

騎射場之図

一、壱番之組合、星付候場江馬を立、鹿出候ハヽ、追掛ケ射留可申候、面々請取之場所迄追候ハヽ、夫ゟ先きへハ不可参候、一へん追通候ハヽ、直ニ馬立所江立可申、代り之者ハ見合、星付之方へ可被参候、段々一番・二番・三番、順繰ニ可仕候

一、若し壱人計追懸射候時ハ、代り申間敷候、三人とも追懸候ハヽ、勿論、二人追懸射申候ハヽ、次之組と入替可申候

（8）　同右。

（9）　同右。

（10）　前掲註(3)、『御狩日記』(一)。

御立場ゟ貝の声聞へ候を合図として、頭取の面々下知を加へ、列卒の者共或は矢声を立、又ハ御鉄炮の者共其組〳〵を下知して鉄炮但、玉なしを放ちて、鹿を追出候何れも踏留の場を兼而定らる、列卒ゟ追入たる鹿をハ追懸騎馬を以て先を遮り、後を閉ぢて

御立場前江と追出候

（11）　同右、『御狩日記』(二)。

（12）　同右。

（騎射場之図）

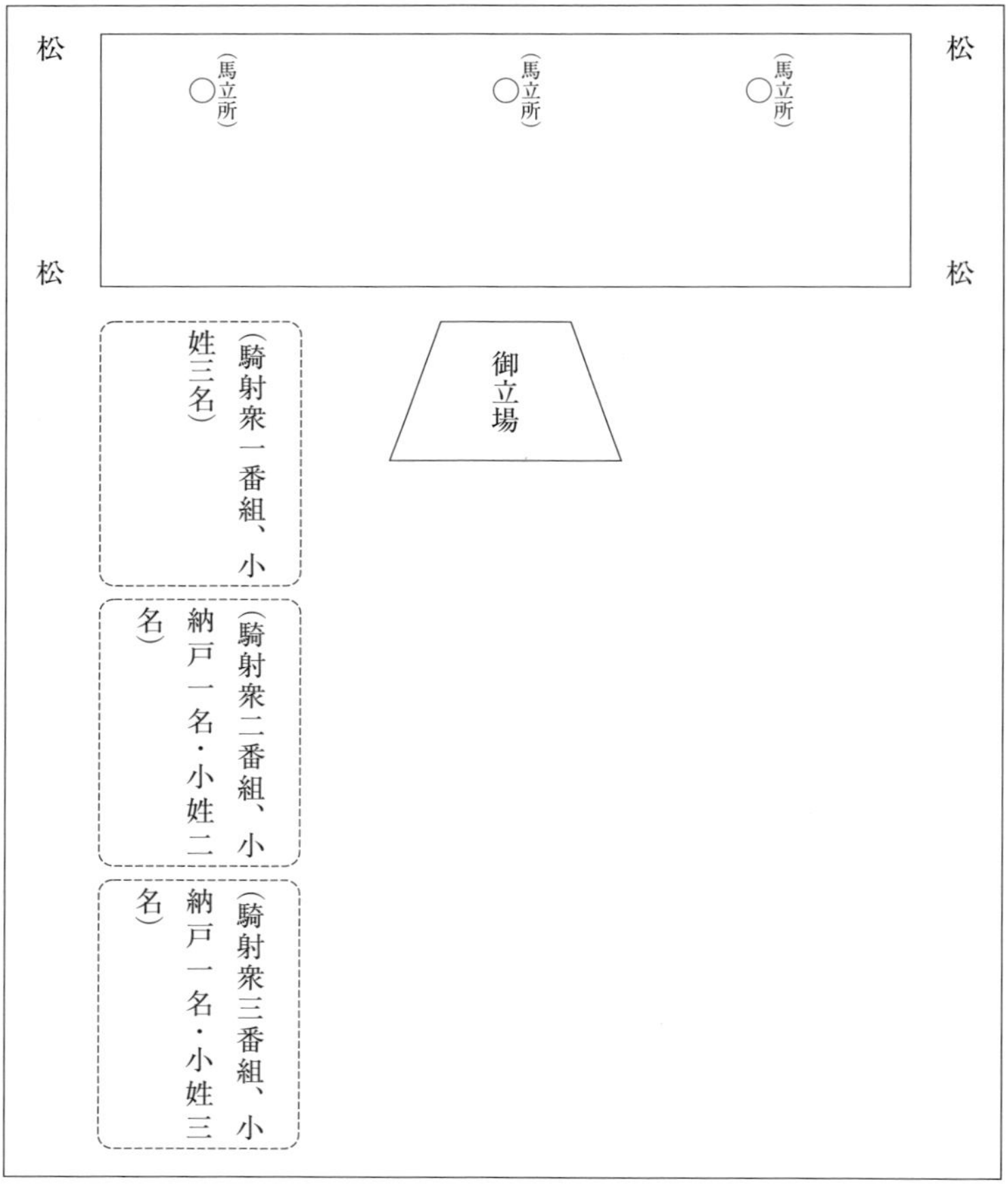
松
松
松
松
（馬立所）
（馬立所）
（馬立所）
御立場
（騎射衆一番組、小姓三名）
（騎射衆二番組、小納戸一名・小姓二名）
（騎射衆三番組、小納戸一名・小姓三名）

(13) 同右。

(14) 同右。

(15) 第二章註(32)、『御小性組方例書私録』「弓馬幷水稽古之事」。

(16) 吉宗期以前、家康・秀忠・家光は各所においてたびたび鹿狩を実施している。史書の類にはそれぞれの鹿狩についての記述が散見されるものの、吉宗期の如く、勢子の人員・運用方法まで詳細に記録したものは見つけられなかった。この点については今後の課題としたいが、断片的に、勢子に家臣が含まれているということが分かる史料がある。以下、Ⓐ慶長十五年（一六一〇）閏二月の鹿狩（秀忠）とⒷ寛永十二年（一六三五）十月八日の鹿狩（家光）を取りあげて、それを検証する。

Ⓐ慶長十五年（一六一〇）閏二月の鹿狩

慶長十五年閏二月十日、二代将軍秀忠（在職　一六〇五～一六二三）は三河国田原（現愛知県田原市）において鹿狩を実施するため、駿府を発ち、同十四日に現地に到着した。以後、二十四日に現地を出発するまでに断続的に鹿狩を実施している。この鹿狩に動員された勢子は『台徳院殿御実紀』（秀忠の年代記）ほか、種々の史書は三河国・遠江国の諸士およそ二万人と伝えている。

さて、同月十七日の鹿狩の最中、刃傷沙汰が勃発した。『台徳院殿御実紀』慶長十五年閏二月十七日の条にはこうある。

永井信濃守尚政が隊下の番士中川八兵衛某。岡部八十郎某と争闘に及ぶ。井伊掃部助直孝左備の隊長なりしが。馬に鞭あて速にはせより。大竹の杖をふりあげて双方を押分る。其ひまに中川が従者岡部を討しかば。八兵衛某も死を賜ふ。騒動にも狩場の諸士法令を守り。一人も争闘のかたには面をむけし者もなく。隊伍みだれざる事。御所法令のたぐひなきさま誠美観なりとて。世以て称賛せりといふ。

事件の概要は右に引用した通りではあるが、たとえば『当代記』には岡部・中川が秀忠の近習と書かれているなど、史書により細部に違いがある。ただし、鹿狩の最中に勢子を勤める岡部・中川が喧嘩をし、それが家臣を巻き込んだ刃傷沙汰になったという大筋は共通している。

ここで本書に関わって指摘しておきたいことは、吉宗期の如く、家臣が狩場の外に置かれたとすれば、仮に両名が喧嘩したとしても家臣がそれを知るのは時間を経てのことであり、両名の喧嘩がそのまま家臣を巻き込んだ刃傷沙汰に発展することはあり得ないという点である。同日の鹿狩において、勢子を勤める幕臣が家臣を引き連れていたということが考えられる。

Ⓑ寛永十二年（一六三五）十月八日の鹿狩

寛永十二年十月七日、三代将軍家光（在職　一六二三〜一六五一）は武蔵国板橋（現東京都板橋区）において鹿狩を実施した。勢子は『大猷院殿御実紀』同日の条に「大番士弓鐵炮の輩は勢子の為。昨夜よりまかり」とある通り、大番士と「弓鉄炮の輩」が勤めた。これに先立ち、同月六日、家光は老中兼小性組番頭の松平伊豆守信綱・阿部豊後守忠秋、目付新庄美作守直房・石谷十蔵貞清を現地に派遣した。その目的は、『大猷院殿御実紀』に「勢子立場割渡のため」、『大狩盛典』に「せこ立場応知行高可割渡之旨によつて也」とある通り、勢子を勤める者の知行高に応じて勢子に立つ場所を割り当てるためであった。知行高に応じた割り当てということは、知行高に応じた規模の家臣を狩場まで連れているということに他なるまい。仮に吉宗期の如く家臣を狩場から排除したとすれば、知行高がどれだけであろうと、家臣をどれほど引き連れていようと、その様な割り当ては無意味である。また、阿部家の年代記である『公餘録』巻一には同日の鹿狩について、「忠秋公様御家中勢固（子）弐百四拾・足軽中間分勢固拾五人」との記述があり、大名家（阿部家は当時三万石）の家臣が鹿狩に動員されていることが分かる。

（17）　高橋典幸ほか『日本軍事史』（吉川弘文館、二〇〇六年、※該当箇所は保谷（熊澤）徹の執筆）によると、家臣団が旗本の指揮を離れ、幕府から一元支配を受ける過程は以下の通りである。

文久二年（一八六二）、幕府は軍制掛（海陸御備向幷御軍制取調御用）からの上申に基づき、五番方をはじめとする旧来の軍制とは別個の、歩兵隊・騎兵隊・砲兵隊からなる三兵隊を編成した。このうち、歩兵隊の一部である重歩兵が主力である。重歩兵はミニエ銃（前装ライフル）を装備している。

重歩兵の人員には旗本から新たに兵卒を徴発し（兵賦）、これに充てることとなった（旗本兵賦）。同年十二月に発令された旗本兵賦令にあっては、旗本軍役の半分を割き、知行高に応じて兵賦を提出する。兵賦には知行地の農民を徴発するものとし、五年季で給金を支払うこととなった。ただし、もともと旗本は多くの奉公人を人宿と呼ばれる斡旋業者から抱え入れることが多く、兵賦もその様なかたちになることが多かったという。旗本兵賦には主人から個々に給金が与えられたものの、編成された歩兵組は役高三千石の歩兵奉行以下、新たに設置された士官相当の者たちの指示を受けることとなった。ただし、幕軍の本体は旧来の軍役に基づいており、たとえば第二次長州征伐にあっては旗本はそれぞれが軍役に応じて知行所の百姓を引き連れている。

第二次長州征伐を経た慶応二年（一八六六）八月、幕府は旗本軍役の改訂に着手し、旗本が軍役として動員すべき従卒を一元的に運用することを目指し、旗本に対して知行高に応じて従卒を差し出す様に命じた。こうして編成された部隊は組合銃隊と呼ばれ、組合銃隊頭や組合銃隊改役といった士官には旗本が任じられている。組合銃隊の兵員には旗本譜代の家来や旗本の知行所からの農民、新たに雇用された武家奉公人が入り交じり、また給金が旗本家によって異なるということもあり、軍隊組織としてまとめるのが難しいという問題が生じた。

そこで幕府は同三年九月、十年間の時限付きで旗本軍役を半知上納という形で金納化した（石高の半分を金納）。幕府はこの軍役金によって兵卒を雇用し、さまざまな軍事財源に用いようとしたのである。この結果、五番方をはじめとする旧来の軍事組織は解体され、旗本・御家人らはそれぞれの階層ごとに銃隊として再編成され、新たに雇用された兵卒で編成された歩兵隊とともに幕府の指揮を受けることとなった。

『日本軍事史』の以上のような所説をはじめとして、従来の研究ではこうした軍制改革を西洋軍事技術に基づいたものとしているが、旗本がその家臣団を指揮するという旧来の軍事形態を否定するという試みは、すでに吉宗期の軍事演習（狩猟）にあって見られるものである。

(18) 前掲註(3)、『御狩日記』(二)。

(19) 前掲註(3)、『御狩日記』(一)。

其内、馬上より鑓付るもあり、多ハおり立て鑓付候、追懸騎馬の面々も、初ハ鹿鑓を口附之者に渡し置、一向《ひたすら》馬上にてのミ鹿を追候処に、漸く鹿も多く群れ出、四方の列卒に追疲かされ候ゆへ、各鑓を馬上に取て、或ハ突伏、又ハ乗倒候、是又兼而の　御下知なり

(20) 前掲註(5)。

(21) 前掲註(3)、『御狩日記』(一)。

(22) 『御遊猟細記』全五巻、国立公文書館所蔵。

(23) 第一章註(33)、『柳営日次記』三月二十四日の条。
(24) 前掲註(22)、『御遊猟細記』(三)。
(25) 第一章註(33)、『柳営日次記』三月二十四日の条。
(26) 前掲註(22)、『御遊猟細記』(三)。

弓射ル小十人、十七人

大渡四郎三郎　土屋文右衛門　斎藤半太郎
小林平十郎　美濃部七十郎　建部伊織
図司文助　深沢惣太郎　飯田茂八郎
真方五平二　石井半四郎　井上長三郎
沢四郎左衛門　神尾五郎右衛門　吉田藤蔵
小宮山新八郎

右之分、勢子相勤、弓御用時分ハ弓相勤申候、右勤之間ハ並之立場ニ竹鑓持罷在、弓被　仰付候節、頭壱人差添罷有候而弓相勤候

※原因は不明であるが、一名分の脱落がある。

(27) 『大狩盛典』(百三十六)。

御当日勤方

一、小金　御立場江罷越候刻限、夜七ツ時出立、一之印迄立並、御相図五拾目筒玉なし二ツ打、其次五ツ打候を承り、百人組久貝忠右衛門・舟越五郎右衛門打、御持松田善右衛門・小野次郎右衛門方より打、其次山川安左衛門・逸見源兵衛段々打、佐々木五郎右衛門組ニ而打払、勢子声立、弐番杭江詰申候、夫より御相図吹貫出、又鉄砲百人組より段々打立、五郎右衛門組ニ而打仕廻、勢子声ニ而三之杭江詰寄、備立並申候、夫より鹿参り候得者、与力・同心竹杖ニ而　御立場之方江追帰し申候

(28) 第一章註(33)、『柳営日次記』三月二十四日の条。
(29) 同右。

(30) 同右。

一、番頭ハ印西之木戸ニ而　御目見、直ニ屯所ニ罷越、組頭者組中召連、
御成之（前欠）屯所江相詰、歩行立にて可罷在事、何も竹柄之鎗致持参、御差図次第御網之際江一並ニ詰寄セ、一行ニ立
並、御網内より追出し候鹿突可申候、其後御相図次第御書院方者入替り、屯所柄引取可申事
［中略］
一、大御番・御書院番・御小性組、替々幾度も御差図次第入替相勤可申候

前掲註(22)、『御遊猟細記』(一)。

一、歩行立始の相図　白麾
但シ貝吹候已後、此麾をふり候筈、但シ円形ニ振候筈
答、太鼓、組切ニ静ニ打、立場迄一文字に立並、早々打候節ハ網際へ詰寄、鹿突留可申候、右ハ何篇も同前

同右、『御遊猟細記』(三)。

一、屯所ニ有之内、　御成前御番順ニ被並居、御相図次第絵図之通歩行ニて御網之外江相詰、追出候鹿突留可被申候、
尤鹿参掛り候ハヽ、其組切に列を乱し不申、突留可被申候、此以後御小性組働之内、此方へ御相図次第太鼓可
申候間、押出し可被申候、幾篇も右之通可被得其意候事
［中略］
一、御相図之麾相見江候ハヽ、森川下総守致差図、御太鼓三拍子打せ可申候間、最前絵図ニて申達候通、屯所へ人（今カ）
数操出し、御網之外一列ニ立並可申候、右之通立並候上、御網開き鹿追出し候而、御網しまり申候、右之御網
のしまり申候ヲ相図ニ下総守致差図、四拍子ニ御太鼓はやめ打セ候間、御網際へ詰寄セ鹿を突留可被申候、尤
此時ハ入乱候儀も可有之候、扨右之通突候而、大概済候時分見合、番頭・組頭切ニ可致差図候間、元立候所え
人数集まり可申候、但シ纏ハ最前立置候所ニ其儘差置候事、右之通人数立直り、其後御書院番立並候ハヽ、見
合候て、小堀備中守以麾可致差図候間、先達而申達候通絵図一組〱に立並之順、最前申達候趣に、左ニ書付
之通り可被心得候

(31) 第二章註(32)、『御小性組方例書私録』「遠御成之部」。

(32) 同右。

(33)『大狩盛典』(十一)。

(34) 高見澤美紀「寛政期における小金御鹿狩と幕臣団」、『関東近世史研究』(四十五)、一九九九年。

(35) 前掲註(17)。

(36)『大狩盛典』(十一)。

(37) 前掲註(1)。

(38)『大狩盛典』(九十)。

(39) 同右。

一、鹿出候様子ニ寄、　御立場ニ而御相図ニ而白布一文字ニ振候を見請候ハヽ、双方一之手ゟ壱行ニ乗出し、目印之麾江乗合、三ノ手ゟ拍子木打合、騎射場四本松より弐拾間程手前ニ而壱行ニ乗留、立切可罷在、御網内鹿之様子を見切、番頭麾を掛、御書院方・御小性組、左右江乗別れ、立場江引取、始之通馬立罷在、又白布一文字御相図有之候ハヽ、何篇も前書同様相心得、尤引候節、鹿入来候ハヽ、半引返し同断、立切可申候、其後白布御相図右輪ニ振候ハヽ、騎射相済候与心得、これゟ御相図無之候間、鹿御網江入様子ニ寄、如初目印之麾江乗合、拍子木打、直ニ拍子木番少し先江乗、一統乗出し、御網狭く成候所を曲尺ニ左右ゟ拍子木打合、此所ニ而者不乗留、乍乗壱騎挟ミニ乗抜、拾六(六拾)騎ツヽ二側ニ成、直ニ　御立場脇網江乗詰、前之六拾騎ゟ三拾騎ツヽ入替り、鹿突留可申候、御網江追詰乗留候曲尺合者　御立場之方先江乗留可申候、是に随ひ御網之方ハ何ニ而も格好ニ不拘、御網江乗附、乗留可申事、追留候鹿、皆突留候ハヽ、御書院番方・御小性組方、三行ツヽニ成、左右江引別れ、無遅速様双方見合引取、立場江罷在、又鹿入来様子次第、何篇も右之通進退相働、鹿突留可申候、尤引取候半ニ而茂、鹿入来候ハヽ、此所ニ而乗合、又追詰突留可申候

(40) 同右。

一、御相図之御貝承り候ハヽ、一番ニ大御番頭差図仕、三ツ拍子之太鼓ニ而合来、其太鼓を惣人数操出しニ相用、壱組出払候迄打、先中寄江一文字ニ立並、其後白麾振候ハヽ、此御相図ニ而大御番方急之太鼓を為打、御網江詰寄可申候、是を見請候ハヽ、御書院方三ツ拍子之太鼓ニ而屯所を押出し中寄江立揃可罷在候、其後白麾振候ハヽ、大

御番頭麾を以致差図、屯所江引取可申事、此時御書院方急之太鼓ニ而大御番方之後詰寄引取候を待居候程ニ相心得、不透様入組、御網際江詰可相働候、御書院方急之太鼓打、仕廻候時、直ニ御小性組方三ツ拍子太鼓を為打、屯所を押出し中寄江立揃、其後白麾振候ハヽ、御書院番頭麾を掛引取、御小性組方急之太鼓ニ而入替、御網際江詰相働、大御番方屯所ゟ押出し、中寄江立揃、何篇も前書之通心得、御相図次第順ニ入替り致進退相働可申候、尤御貝御相図者始計有之、其後者白麾御相図計ニ而候事

但、御網江押詰候場合者御網を拾四五間隔候而踏留、踏留印者芝切置可申候此所ニ而相働可申候、且又御番方五人程ツ、組合セ置、其五人立並候場合ゟ御網迄を持場ニ致、鹿追出候ハヽ、其所持場之五人進ミ持場限突留可申候、他之持場江鹿行候ハヽ、其所持場之五人進ミ働キ、最前之五人者元之備江退、決而争鹿突留候筋ニ者無之候、右之通ニ心得、時宜ニ寄、惣掛りニ茂可致儀者其場之頭心得可有之候事

(41) 序論註(7)、今村嘉雄『十九世紀に於ける日本体育の研究』。

(42) 最終閲覧日：二〇一七年五月三十一日。

終章■吉宗の武芸奨励の意義

──伝統と革新、その二面性──

以上、吉宗による五番方番士に対する武芸奨励について分析を進めた。以下、各章において得られた知見をまとめつつ、その歴史的意義を検討する。

第一章では吉宗期以前の五番方番士に対する武芸奨励と、吉宗の武芸奨励の意図について論じた。番士に対して武芸を奨励することは吉宗によって始まったものではなく、それ以前から一貫して存在した幕府の基本方針であった。しかし、その様な基本方針が番士にまで貫徹されないというところに問題点があった。吉宗による積極的な武芸奨励は、吉宗自身の資質や信条、事情によるところが大きいものの、前代からの課題を引き継いだという面もあったのである。

第二章では、五番方番士の惣領を主たる対象とした惣領番入制度について論じた。同制度は、五番方番士、あるいは他の役職に就いている旗本の惣領が、家を継ぐ前に召し出されるという制度であり、限定的ではあるものの、収入の増加や昇進への影響といった恩恵をともなうものであった。同制度を通じた番入を果たすには、武芸吟味による選抜を勝ち抜かねばならず、惣領は武芸に励む必要があった。無制限ではないものの制度的な恩恵を示し、おのずから武芸に励むよう促すというのが同制度の眼目であった。武芸に励み番入を勝ち取った惣領は、番入後の武芸上覧・武芸見分、そして狩猟という、番士を鍛え上げるための方策に堪え得る人材となり得たという点で、惣領番入制度と五番方番士への武芸奨励とは不可分のものである。次世代の五番方を担うべき旗本惣領を鍛える効果的な方策であった。

第三章では、まさしく五番方番士に対する武芸奨励であるところの武芸上覧・武芸見分について分析した。武芸上覧や武芸見分は吉宗期以前から実施されてきたものであり、そうした意味では惣領番入制度の様な新しさはない。しかし、吉宗期以前にあって必ずしもうまくいかなかった武芸奨励、特に武芸見分の徹底とそれをうながす武芸上覧の実施という両者の連携を確固たるものとした点は、吉宗期以前の武芸奨励の停滞ぶりを鑑みた場合、ひとつの快挙であろう。

第四章・第五章では、吉宗によって再興された狩猟について、勢子運用に注目して論じた。吉宗の狩猟そのものについては、中絶状態にあった鷹狩の復興、享保十年、十一年に実施された小金原鹿狩の壮大さ、あるいは狩猟に赴いた際の吉宗の身体の頑健さ、狩猟の回数の多さといったことが注目されてきた。しかし、当初は勢子のやり方を知る者を探し出さねばならないという次元から始まって、後々にはさまざまな役割ごとに勢子を編成するというところにまで高水準な狩猟を実現したということ。あるいは、吉宗が眉をひそめるほどに馬術不習熟の番士がいたという水準から、狩場を自在にかけめぐる追懸騎馬、左右三手に分かれてかわるがわる突撃する駈騎馬といった騎馬勢子が作り出されたということ。この様な吉宗の勢子運用発展の過程には注意が払われてこなかったのではないか。大将の号令に従って組織的に動き、目標を捉える。旗本五番方から失われて久しい軍事能力が狩猟を通じて立て直されたということである。

また、吉宗によるこの様な成果がのちの幕府に受け継がれたことも忘れてはなるまい。寛政七年の小金原鹿狩は、水準こそ上回りつつもその基本的な枠組は享保十一年の小金原鹿狩を継承したものであり、それはほぼ同じ形で嘉永二年（一八四九）の小金原鹿狩に受け継がれたのである。

各章で得られた結論から導き出されるのは、吉宗の武芸奨励の持つ二面性、すなわち伝統と革新である。

第一の点は、伝統的な武士像（弓馬剣槍の術に秀でた戦闘者）に基づいた武芸奨励であるということである。特に武芸上覧については、吉宗の弓馬儀礼に関する研究がその土台として存在した。吉宗は小笠原常春・同持広に命じて番士に古式礼法にかなった弓馬の技術を身につけさせようとした。残念ながら剣術や槍術についてはほとんど実施されなかったが、惣領番入制度における武芸吟味の事例を鑑みれば、本来であれば弓馬剣槍すべてに通じた番士を育成しようという意図があったものと推察される。また、綱吉によって廃絶されていた狩猟を復興したということも、こうした性格を裏付けるものとなっている。

第二の点は、伝統的な武士像に基づいた武芸奨励を推進しつつも、その施策には幾多の新要素が含まれていたということである。惣領を当主となる前に番入させるという新しい制度（惣領番入制度）を創出したということがその代表例である。惣領番入制度で問われるのは伝統的な武士像に基づいた弓馬剣槍の術であったが、その技量の巧拙が番入につながるという新機軸を打ち出したことは革新的なものとして位置づけられる。また、吉宗期以前から実施されていた代表的な武芸奨励である武芸上覧・武芸見分については、両者を強力に結びつけることにより、効果的な武芸奨励として昇華させた。狩猟においては、旗本家臣を排除し、勢子を一元管理するという手法を生み出した。軍役体制に基づかない調練方法を創出したということである。

そしてさらにもう一点、大きな特徴が存在する。それは、旗本を主体とした五番方番士の質的な向上にこだわったことである。本書で課題としたのは五番方番士に対する武芸奨励であるが、それは畢竟、五番方の強化に他ならない。低下していく一方の五番方の軍事的能力を強化しようとする施策が武芸奨励ということであった。吉宗は前代からの懸案を解決すべく、武芸に秀でた番士の充実を目論んだが、決して非旗本層（たとえば御家人、あるいは牢人）の武芸達者を番入させるという手法は取らなかった。武芸に秀でていれば誰であっても五番方番士になれるという話があるとすれば、身分の低い御家人や禄を求める牢人が全力で武芸に取り組むことは容易に想像出来るし、その様な手法で五番方の人員を構成した場合、恐らく従来とは比較にならないほど勇猛な五番方が生まれたことであろう。

しかしながらその場合、三河以来の旗本を主体とする五番方の性格を変えることにつながり、ひいては五番方を頂点とする幕府の軍事体制そのものを動揺させることになる。軍事的な強力さを求められる幕末であればまだしも、近世中期にあってその様な危険を犯す必要はどこにもない。旗本で構成された五番方という枠組には手を付けないままで質的な向上を目論んだのが吉宗の武芸奨励である。このことは役方の能力主義的な傾向とは対照的であり、身分主義的な枠組を強固なものとするものであったが、一方で、五番方番士を構成する旗本が有閑貴族に堕することなく、戦闘者たる本分を保ち続けた要因ともなっていると考える。本書の副題を五番方強化策ではなく旗本強化策とした所以である。

最後に、吉宗の武芸奨励が後世に与えた影響について論じておきたい。

西洋の軍事技術とそれに係る戦術が導入されていく幕末にあって、旧来の軍事組織、すなわち五番方を頂点とする幕府の軍事形態は大きな変貌を遂げていく。それは先進的な西洋軍事技術を導入せざるを得ない当時の政治状況からいって避けられぬ運命であった。それでは、五番方番士はその所属する旧来の軍事組織とともに退場を余儀なくされたのか。吉宗による武芸の奨励が結局のところ一過性に過ぎなかったのであれば、吉宗によってもたらされた成果は画餅に帰し、吉宗の登場以前と同様、幕臣からは尚武の気風が失われ、無用の長物と化し、幕末の軍事改革から取り残される存在となったはずである。しかし、そうはならなかった。

慶応二年（一八六七）の八月から十二月にかけて、五番方をはじめとして徒組にいたるまで、従来の軍事組織はすべて廃され、鉄炮部隊として再編成された。両番（書院番・小性組）は奥詰銃隊、大番・新番・小十人組は遊撃隊と銃隊、各組に属する与力・同心は銃隊・撤兵隊、御徒は御徒銃隊となった(1)。本書で対象としてきた五番方はここに消え去るのである。ただし、解消されたのはあくまでも五番方という組織であって、五番方を構成した番士までもが幕府の軍制から排除された訳ではないということは考慮しておく必要があろう。

西洋の強力な兵器とそれに基づいた戦術から見れば、確かに十七世紀に定められた旧来の軍事組織は遅れたものであろう。軍事力を増大させようとするならばそれを改変、解消するのも当然である。しかしながら、五番方番士をはじめとして、旧来の軍事組織に属していた幕臣が、新たに設置された軍事組織の一員として迎えられたということは、幕臣が戦闘を担う兵士としての勇猛さを備えていたということになる。

軍職にある幕臣、特に上級幕臣である旗本で構成されている五番方番士が、自分たちの身分に甘んじ、何らの武勇を備えていない者ばかりであったとするならば、旧来の軍事組織の廃絶とともに排除されていたはずである。しかし現実はそうではなかった。天保以来の軍制改革の流れのなかで、軍職にある幕臣は講武所（安政三年に設立された幕臣のための武芸訓練場）に通い、武芸の稽古に励み、西洋式の炮術調練を受けた。熊澤徹氏によると、小性組のなかには「組中一統で講武所入りをはたし、砲術稽古にあたっ」た組もあったとのことである(2)。こうした努力があったからこそ、五番方の番士はその所属する軍事組織が廃絶された後も幕軍の一角を担えたのである。

このことは決して当然の話ではない。たとえば中国清朝の正規軍は八旗（満洲八旗・漢人八旗、蒙古八旗など）と明の軍隊を引き継いだ漢民族の緑旗（緑営）であったが、いずれも十八世紀末には弱体化し、軍隊としての力を失っていた。一七九六年に勃発した白蓮教徒の乱、一八五〇年に勃発した太平天国の乱、あるいは一八四〇年に起こった阿片戦争、一八五六年のアロー戦争において、清朝の正規軍は無力であった。巨大な軍事力を持っていたはずの清朝正規軍が無力化してしまったという歴史事実を鑑みた場合、五番方の番士から兵士として再編されるに足る武勇が失われなかったということはそこに何らかの理由があったはずである。

直接的には講武所における教練などを通じてその軍事能力が高められていたということがその理由であろう。しかしながら、「武士」としての戦闘能力を高めようという意識のない者が、講武所に通い、みずからを鍛えようとするであろうか。軍職にある武士に、尚武の気風、尚武の伝統があったからこそ、軍制改革を経てもなお武を担うものとして期待を寄せられる番士が存在したのである。

それでは、そうした尚武の伝統は何に由来するのか。筆者はそれを吉宗の武芸奨励に見る。むろん、吉宗期と幕末との間には百年以上の隔たりがあり、幕末の五番方番士に存在した尚武の気風を、吉宗期のそれと直接的に結びつけることには無理があろう。幕末の五番方番士にまで尚武の気風が受け継がれたのは、吉宗期以後の幕府の取り組みに負うところが大きい。しかしながらそれは吉宗の取り組みに範を求めるものであった。特に寛政の改革における武芸奨励は、吉宗による武芸奨励を拡大発展させたものである。小金原鹿狩がその代表例であるが、武芸上覧については吉宗期に存在した特定武芸に対する偏重が是正され、弓馬剣槍の上覧が実施されるという網羅的なものへと変貌したのである。尚武の淵源を吉宗の武芸奨励に見る所以である。

以上で本書を締めくくろうと考える。吉宗期を含む江戸前中期は、武力を必要とした時代ではない。そういう時代にあっては、たとえ五番方の番士が安逸な風潮に流れたとしても、それほどの深刻さはないはずである。幕府の指導者層は必ずしもそれをよしとしたわけではないが、対処も出来なかった。惰弱化の歯止めとなるべき武芸奨励がうまく機能せず、狩猟を通じて番士に軍事的な調練を施そうにもそのやり方すらが失われつつあるという悪条件から吉宗の武芸奨励は始まった。三十年の長きにわたり幕府軍の中核たる旗本五番方を鍛え続け、質・量ともに充実した武芸奨励を推進したということは、同時期にあって進められた幾多の改革とともに特筆されてしかるべき吉宗の業績なのである。

吉宗の武芸奨励とはおよそこの様なものであった。

（1）　熊澤徹「幕末軍制改革の展開と挫折」、『日本近現代史』（一）所収、岩波書店、一九九三年。なお、幕末の幕府における軍制改革についての理解は同論文と本書第五章註(17)『日本軍事史』、および野口武彦『幕府歩兵隊　幕末を駈けぬけた兵士集団』（中央公論社、二〇〇二年）による。

（2）　同右、熊澤論文。

あとがき

本書は平成二十五年（二〇一三）に総合研究大学院大学に提出した博士論文「江戸幕府武芸奨励策の研究――画期としての徳川吉宗――」をもととしたものである。

本書各章の初出については、以下の通りである。

序　論　博士論文序論
第一章　博士論文第一章
第二章「物領番入制度、その成立と意義――吉宗期の武芸奨励と関連して――」『日本研究』第四十五集、二〇一二年
第三章「物領番入制度と五番方――吉宗期の事例を中心に――」『日本研究』第四十六集、二〇一二年
付　論　博士論文付論
第四章　博士論文第三章。のち、馬術上覧の箇所は「徳川吉宗の武芸上覧」として笠谷和比古編『徳川社会と日本の近代化』（思文閣出版、二〇一五年）所収
第四章　博士論文第四章、のち、「徳川吉宗の小金原鹿狩――勢子運用の観点から――」（『日本研究』第五十集、二〇一四年）
第五章　同右
終　章　博士論文終章

本書刊行にあたり事実誤認の修正やその後の知見などを加えているので、内容に食い違いがあった場合、本書

を優先する。ただし、紙幅の都合もあり、第二章のもととなった二論文のデータは本書では大幅に縮小した。詳細なデータは二論文を参照されたい。

浅学菲才の私が、不十分な点も多々あるとはいえ、この様なかたちで研究成果をまとめることが出来たのは、多くの方々のお力添えのおかげである。とりわけ、京都府立大学・同大学院でご指導いただいた水本邦彦先生、総合研究大学院大学でご指導いただいた笠谷和比古先生、両先生から賜った学恩は計り知れない。

水本先生には、歴史学として成り立つのか覚束ないテーマで卒業論文を書くことをお許し下さったことにまずは感謝している。学部の三回生の頃、卒業論文に向けたゼミが始まった。大学の剣道部に所属していた私は、卒業論文で江戸時代の剣術をテーマとすることにした。現代の剣道における主要な稽古方法、つまり竹刀と防具を使用してお互いに打ち合うという竹刀稽古が生まれたのは江戸時代であるから、そのあたりを書けば面白いのではないかと考えたのである。

卑下をする気はさらさらないが、江戸時代の剣術云々というテーマが史学科の卒業論文として突飛であることは否定できない。テーマの変更を促されたとしても不思議ではないが、水本先生からその様な言葉が出たことは一度もなかった。牽強付会、視野狭窄な研究発表を繰り返す私に対して、時に思わぬ方向からのご指摘を含めて根気よくご指導いただいた。

当時の研究ノートを読み返すと、本書における論点のいくつかは水本先生からのご指導によるものであることがよくわかる。とりわけ「剣術の変遷は剣術流派内の論理のみで説明出来るのか。剣術流派を取り巻いた当時の社会状況、政治状況を考えるべきではないのか」というご指摘は、研究テーマを剣術から武芸奨励へとうつしたことに――ひいては本書の内容に――直接つながるものであった。

笠谷先生には博士論文提出にいたるまで、「懇切丁寧」という言葉では追い付かないほどにご指導いただいた。博士論文提出の締切間近、「深夜何時であっても相談は受けつける。いつでも連絡してきなさい」とのお言葉通り、笠谷先生は私からの相談にすぐさま対応して下さった。あれがどれほどにありがたく、心強いものであったか。

近世武家社会研究の専門家であり、他ならぬ吉宗の研究者でもある笠谷先生からは、吉宗の武芸奨励なるものを歴史学の論文として成り立たせる上で重要なご指摘をいくつも賜っている。その具体例をあげればきりがないが、総じて、史料から得た事実に対してより積極的な評価を与えようとするものであった。

性格によるものであるのか、私は史料から読み解いた事実について、「〇〇に過ぎない」「〇〇ということだけはいえそうである」といった評価を必要以上に下しがちである。これに対し、笠谷先生からは何度となく「どうしてそういう消極的な評価に留まっているのか。〇〇という事例は□□と展開していけるではないか」というご指導をいただいている。笠谷先生から賜った最大のご指導は、研究に対するあの力強い姿勢だったのかもしれない。

このほか、さまざまなご助言を下さった研究者の方々、史料閲覧の機会を与えて下さった図書館・資料館の職員の方々、弱音や愚痴につきあい叱咤激励し続けてくれた多くの友人、研究生活を支え続けてくれた家族・親族に対しても心より感謝申し上げる。なお、本書の刊行については思文閣出版社の田中峰人氏のご尽力に負うところが大きい。ここに改めてお礼を申し上げる次第である。

最後に、今年の三月に逝去された丸田雄生師範について記しておきたい。

京都府立大学の剣道部に所属していた私は、数年にわたり師範に稽古をつけていただいた。師範は当時七十代の半ばであったが、日本剣道最高位の範士九段の技、達人のそれとでもいうべき技で、若い我々を圧倒した。全力で打ちかかったにもかかわらず手痛い反撃を喰らったことは数え切れない。

師範から教わったのは剣道の技ばかりではない。剣道の持つ深遠なる理論、現代にいたるまでの長い歴史なども折りに触れて教えていただいた。私が卒業論文で江戸時代の剣術をテーマとしたのは、師範の語るそういったもろもろが面白く、自分でも何か研究してみたいと考えたからである。本書で論じているのは吉宗の武芸奨励であり、剣術それ自体からは隔たりがあるが、その出発点は間違いなく師範の教えであった。

我々では手も足も出なかった技の数々。裂帛の気合。そして、休憩中や稽古後のあの笑顔。生涯忘れることはない。吉宗による武芸奨励のもとで逞しく成長していく番士たちの姿に妙な親近感を覚えたのは、あの頃の自分と重ね合わせたからではないか。卒業記念に賜った師範揮毫の色紙は私の宝物である。

亡くなられた今、本書を手にとっていただけないことが残念でならない。今はただ、故人のご冥福をお祈りするばかりである。

平成二十九年五月

横山輝樹

索　　引

【人名・事項】

【史料名】

◎著者略歴◎

横山　輝樹（よこやま・てるき）

1980年，三重県生．
2013年，総合研究大学院大学博士後期課程修了．博士(学術)．現在，近鉄文化サロン上本町講座講師，伊賀市歴史研究会臨時職員．
主な著書に，「徳川吉宗の武芸上覧」(『徳川社会と日本の近代化』，2015年)，『伊賀市史』第２巻第８章２・３項（2016年）．

徳川吉宗《とくがわよしむね》の武芸《ぶげい》奨励《しょうれい》
――近世《きんせい》中期《ちゅうき》の旗本《はたもと》強化策《きょうかさく》――

2017(平成29)年７月20日発行

著　者　横山輝樹
発行者　田中　大
発行所　株式会社　思文閣出版
〒605-0089 京都市東山区元町355
電話 075-533-6860(代表)

装　幀　白沢　正
印　刷
製　本　亜細亜印刷株式会社

 ISBN978-4-7842-1899-8　C3021

徳川社会と日本の近代化 笠谷和比古編

日本が植民地化の途を歩まず独立を堅持したうえで、社会の近代化を達成しえたのはなぜか？　徳川日本の文明史的力量に着目し、徳川社会はどのような力powerを、いかにして形成しえたのか、多分野の研究者の書き下ろし論文25本により総合的に究明する。

▶A5判・730頁／本体9,800円（税別）　ISBN978-4-7842-1800-4

一八世紀日本の文化状況と国際環境 笠谷和比古編

18世紀の西欧社会は近代市民社会形成の胎動期にあり、東アジアでも豊穣の時代であった。一方、日本の18世紀の文化的状況はいかに形成され、それらは東アジア世界、また西洋世界までふくめたグローバルな環境下で、いかに影響を受けつつ独自の展開を示したか。多角的にアプローチした国際日本文化研究センターでの共同研究の成果23篇。

▶A5判・582頁／本体8,500円（税別）　ISBN978-4-7842-1580-5

江戸教育思想史研究 前田勉著

学問が出世に結びつかない身分制社会の近世日本において、ようやくつくられはじめた学校はさまざまに展開する可能性があった。学ぶ理由が明確でないなかで、学校はいかに生まれ、人々はそれになにを求めたのか。学習の方法、教育の目的に注目することで、官学／私学、儒学／国学／蘭学といった枠組みを超え、江戸教育思想史に新たな地平を拓く。

▶A5判・596頁／本体9,500円（税別）　ISBN978-4-7842-1866-0

近世大名のアーカイブズ資源研究 松代藩・真田家をめぐって 国文学研究資料館編

近世大名は、組織的・人的な活動を通じて多様な文書類を厖大に発生させた。本書は、松代真田家に伝来した7万数千点に及ぶアーカイブズを中心に、藩庁の全体構造や各部局の機能などについて、記録管理の観点から分析を試みたはじめての実践的な研究成果。

▶A5判・408頁／本体7,000円（税別）　ISBN978-4-7842-1840-0

幕藩政アーカイブズの総合的研究 国文学研究資料館編

幕政・藩政文書それぞれの管理・伝来について具体的に検討し、各藩において文書管理の実務にあたったものたちへ焦点を当てることで、幕藩文書管理の歴史に新たな知見を示す。近世から近代へとつながるアーカイブズ研究にさらなる実証的研究を積み上げる。

▶A5判・504頁／本体8,500円（税別）　ISBN978-4-7842-1798-4

幕末外交儀礼の研究 欧米外交官たちの将軍拝謁 佐野真由子著

本書が取り上げるのは、徳川幕府終焉まで計17例を数えた、欧米諸国の外交官による将軍拝謁。幕府は自らの儀礼伝統に則り、同時に西洋の慣習とも齟齬のない形で、その様式を完成させていた。政治交渉の過程とは異なる次元で展開した外交儀礼の形成過程は、従来の研究で見落とされてきた、もうひとつの幕末史である。

▶四六判・432頁／本体5,000円（税別）　ISBN978-4-7842-1850-9